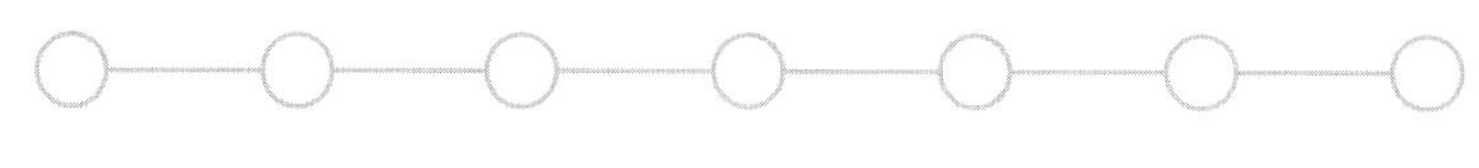

# 五行志隨筆

俞晓群 著

商务印书馆（上海）有限公司 出品
The Commercial Press (Shanghai) Co.Ltd

# 序　一

周　山

笔耕四十多年，结识了许多出版界的朋友，最难忘的是俞晓群。

一九八六年初冬，辽宁教育出版社副总编俞晓群带着他的左臂右膀王越男、王之江，第一次来上海组稿。根据晓群提出的住宿位置和房价要求，我托朋友在南京东路“张小泉剪刀店”隔壁弄堂里，联系了一家老式旅馆请他们住了下来。二十九岁的副总编，上海滩找不出。一接触、一交谈，气质、思路，上海滩难觅，便生出了相见恨晚、一见如故的感觉。

晓群是来组稿的，而我周围的朋友正好都是舞文弄墨者，一拍即合。在那个旧式旅馆的小房间里，我们促膝长谈，从侃选题、拟书名，到选择作者、联系会面。李君如的《观念更新论》、孙月才的《西方文化精神史论》、陈学明的《西方马克思主义论》、王绍玺的《贞操论》、我的《爱欲论》等一批书目，就在几天的讨论中被确定下来。

翌年五月，晓群第二次来沪组稿，临来前给我一信，特别说明：“首先是住宿，请代为安排三人的住宿，标准每人不要超15

元。”正好我的楼下就有一家“三八妇婴旅馆”，房价也符合晓群的标准，便一度成为辽教社在上海的固定居所。

这是后来创年码洋三亿元业绩的辽宁教育出版社，在筚路蓝缕时的一抹景象。

从此，我成了晓群在上海组稿、催稿、传达双方信息的代理人。那时家里没有电话机，晓群与我的联系方式就是写信。信中，我们不仅讨论选题、修改方案，也切磋学问、抨击时弊。晓群来信，一月数封，多数的信长达四五页纸。

晓群是一位学者型出版家。在大刀阔斧组稿发稿的同时，一直保持在数术领域的文化研究，出版了多部专著。一九九〇年之后的通信中，学术交流已成为重要内容。例如，我在一九九一年八月寄去一篇刚发表的论文《易经：人类最早的类比推理系统》，不久即收到晓群回信：“仁兄信中所论及‘类比’‘忘言’之类，小弟对此有‘共鸣’之体验。我近期发了一篇《数在中国传统文化中的意义》，即谈到中国人的思维方式问题，我认为中国传统思维是一种协调的或联想的思维，其实质就是类比。这一点在五行说的演变过程中反映得最为充分；而最为高超的作品就是《易经》。《易经》的高明之处就在类比时‘媒体’的选择，它选取了‘数’，而不像龟卜中用龟甲比附世界，那还只是类比的初级阶段。近几天，我在为三联写《数术发微》一稿时，悟出了一些道理，主要对‘象数’进行了一些深入探究，很有收获。真希望有机会与仁兄恳谈一番，让思想再明透些。”

一九九三年初，我为上海社科院出版社写《周易文化论》，想借晓群刚交付北京三联书店尚未出版的《数术发微》手稿一阅。晓群接到信，以最快速度将600多页手稿复印快件寄给了我。

这年下半年，我家里装上了电话。从此，更便捷的联系方式，取代了书信。

当传来晓群出任总编、社长的消息，我为辽教社庆幸。当传来辽宁教育出版社创下三亿元年度业绩的好消息，我一点儿也不感到意外。一个优秀的掌门人，可以使一个不起眼的出版社出类拔萃，如辽宁教育出版社。

有一天，忽然传来晓群被调离辽教社的消息，我十分惊诧。一度风光无限的辽宁教育出版社，从此风光不再。

多年以后，晓群来电告诉我，他已离开辽宁出版集团来到北京，出任海豚出版社社长。从他的语气中，我感觉到了一股龙归大海的气息。他问我手头有什么稿子可以给他，我毫不犹豫地将刚刚完稿的《读易随笔》发送给了他。不久他来上海组稿，我又将一部由十几位年轻博士利用暑假回家乡写的新农村调研报告，取名《这里是我们的根》，交给他看。稍稍翻阅，他就连声称赞“接地气”，适合上层领导“三农”决策参考。稿子带回北京，很快以16开本编辑出版，并分送给有关领导。然而，该书发行后，如泥牛入海，从上到下没有一点动静。多年之后，我与晓群相聚时还要议论一番这部“怀才不遇”的书。著者与编者的社会责任感，在有些人眼里不过是书生意气。

在中国历史上，还有一种比书生意气更不堪的文字，即便写进了历朝历代的历史书中，也照样被打入冷宫，很少有人光顾，那就是《五行志》。

如果说中国传统文化肇始于阴阳、五行这两个概念，估计不会有多少人反对。阴阳概念的形成时期，似乎可以从新石器后期的“数字卦”向“符号卦”转化得以认定。由于代表着世间万物的六爻重卦均为阴阳爻画的不同配置，于是便有了“万物负阴而抱阳，冲气以为和”的认识。当然，这一认识应该早在老子时代之前就已形成。有了对万物个体的这一基本认识，接下来的事情就是对千差万别的个体属性的分析和归类。于是，五行概念紧接着阴阳概念应运而生。

先人认为“负阴而抱阳”的万物，有各自不同的属性；他们将万物的属性加以分析，归纳为五个类：金、木、水、火、土，即五行。万物之间的错综复杂关系，是五类属性相生相克关系的具体表达。人类为万物之一，所以人类也同样受天地之间五行生克规律的制约。据田野考古发现，人类已有七百万年历史，进入文明时代毕竟只有七千年时间，对于世界的认识，还不如“不知晦朔”的朝菌。即便今日，对于人类社会如何受五行生克规律制约的认识，仍然少得可怜。

在先人眼里，自然界中的山崩地裂乃至一草一木的变异，均为五行变异所致；人类社会发生的变异，尤其社会高层的变化动荡，与五行变异同样具有相关性。于是，从汉代开始，主持编写历史的学者，便广泛收集自然界中的种种灾变，大到山崩地裂，小到一草一木，与世事尤其上层社会中的变异事件相联系，另辟《五行志》一栏，详细记录。一代又一代，一直至清代，历朝史书中的《五行志》所记录的五行变异与世事变异的内容，十分庞杂，也成为中国历史有别于世界其他国家历史的一道风景。

《五行志》中的这许多变异记录，一方面透露出史官对五行变异与世事变化之间因果关系的索求，究竟是五行变异导致了世事变化，还是世事变化导致了五行变异？另一方面透露了史官试图以五行变异与世事变化之间的关联性，向后来的统治者提出来自自然、来自上天的告诫。史官开辟《五行志》的功能，似乎是一种有别于正史的“资治通鉴”。然而，在“子不语怪力乱神”的儒学背景下，大多数读书人不会关注《五行志》；受西学影响的近现代，更乏人问津。

二十世纪九十年代开始，有一位学者将历朝历代的《五行志》及《灵征志》《灾异志》翻了一个底朝天。不仅如此，为了寻找《五行志》内容的源头出处，他还翻阅了相关的历史笔记。这位学者就是以出版人闻名于世的俞晓群。三十年前，晓群在写作《数术探秘》一书时，就经常与我讨论五行方面的问题；二十年前，他将很大一部分精力注入对《五行志》的纵向梳理、横向分类的深入研究。历时二十多年，积累了几百万字的读书笔记、札记、丛考，发表了一篇又一篇关于《五行志》的随笔，将已经被学术界打入冷宫的《五行志》重新呈现在人们面前。

这一本《五行志随笔》，将《五行志》所记录的不计其数的自然界、人世间所发生的变异、怪异现象，在纵向叙述的同时，更多地进行横向的分类分析。正因为如此，虽然本书仅收入二十几篇文章，却已将《五行志》的内容系统地展现在了我们面前；历代史官编写《五行志》的用心，也更清晰地呈现在我们面前。这是前无古人的一项工作。

自从十五年前晓群兄正式发表《五行志》随笔以来，我们每一次相聚，总要涉及人类社会受天地之间五行生克规律制约的话题，生发出只知其然不知其所以然的感叹。我以为，晓群兄倾二十多年精力于《五行志》，就是想要窥探一下这个玄秘，别无他意。

最近一次相聚，上海已进入严寒。喝了一点酒，暖暖的。晓群兄说起要在商务印书馆出一本《五行志随笔》，问我愿不愿意写个序，我当即点头："行！"于是有了上面这些拉拉扯扯的文字。

二〇二〇年元旦

（周山：上海社会科学院终身研究员、周易研究中心主任、上海周易研究会会长）

# 序　二

江晓原

晓群兄对历代官史中的《五行志》发生研究兴趣已二十余年。十六年前我曾为他的《数与数术札记》(中华书局，2005)写序，说读其书神游万里，思接千年，常兴“我思古人”之叹，那部书中已经可以隐隐看到他后来大举研究《五行志》的根苗。

这部《五行志随笔》，是他“《五行志》研究”系列中第一部问世的作品。我对晓群兄各方面的工作和写作一直非常欣赏和敬佩，今再读其书，当然要见贤思齐，因此决定思考一点更深刻的问题——尝试阐发晓群兄“《五行志》研究”背后所涉及的哲学问题，以及这项研究的学术意义。比起常见那种徒托空言的赞颂之序，或能略收锦上添花之效。

## “历史在糟粕处断裂”

以前我们习惯将《五行志》视为“封建迷信”和“糟粕”，所以我们很长时间都拒绝去看《五行志》中所描绘的世界。

一九七六年中华书局曾有《历代天文律历等志汇编》十册，其中仅最后一册以“附录”形式收入了《汉书》《续汉书》及《宋书》三史的《五行志》中少量“有关天文的资料”（在总共3968页中只占85页），正是因为编印者认为《五行志》中除此之外的绝大部分内容都是“糟粕”。

晓群兄曾长期思考有关“糟粕”的问题，最终意识到“历史在糟粕处断裂”，鄙意以为实属高论。我们已经长期习惯这样的思维定势：一旦某种事物被认定为“糟粕”，就极少有人会去关注它，许多人还避之唯恐不及。历代《五行志》中的史料就是如此。

而二十多年来，晓群兄在投身出版业的同时，一直辛勤耕耘着他抱负宏大的“《五行志》研究”系列。他力图回归历史现场，观察古人陈述中之所见，思考古人陈述中之所想，对历代官史中卷帙浩繁的《五行志》史料所进行梳理、解读和阐释。对于研读中发现的问题则仿前贤札记之法（比如顾炎武《日知录》），按概念、术语、人物、著作、占卜、年号等多种路径，逐一进行考证。意在将历代《五行志》中所记载的种种“怪力乱神”进行整理和解读，力求将以前因被认定为“糟粕”而遭遇断裂的历史文化在此处接续起来。

晓群兄的“《五行志》研究”工作，从学术“血统”言之，固然上接古人，然而他本人又是受过现代科学训练的，且长期从事出版工作，学植深厚，视野宽宏，故往往别具只眼，见他人之所未见，言他人之所未言。这项工作具有科学史、哲学史、文化史、文化人类学、古籍研究等多方面的意义和价值。

## 《五行志》与古代中国人的外部世界图像

十多年前我曾在小书《想象唐朝·唐人小说》中说过："在唐人小说所反映的唐人的精神世界中，肯定是没有唯物主义的，在那个世界里有鬼魂、神仙、狐狸精、猿猴精、妖怪等等，这些东西都和人相处在一个世界中。"唐人小说中所反映或想象的外部世界，当然和我们今天教科书标准答案中的外部世界大相径庭。

如果说这是小说家言，何足信据，那么历代官修史书，总该算是皇皇正史了吧？那总不是小说家言了吧？至少历代古人都没认为它们是小说家言吧？可是我们如果耐心看一看历代官史中的《五行志》，就会发现《五行志》中所反映、所描述的外部世界，和唐人小说中的外部世界非常相似。

很明显，晓群兄试图为读者接续的，正是古代中国人眼中的外部世界图像。

某些思想保守的人或许会产生疑问：即使《五行志》真的反映了古代中国人心目中的外部世界图像，那也只是反映了古人的愚昧而已，这样的图像，难道在今天还会有什么意义吗？这种究斥着怪力乱神的迷信“糟粕”，难道还真的值得重新整理、重新接续起来吗？

如果我回答说“答案竟是肯定的”，我猜想一定会有人觉得大谬不然，会横生驳斥批判的义愤和冲动。为了免遭这样的无名业火吞噬，我决定请一尊“科学之神”来护驾，我请到的神祇是霍金（Stephen Hawking）。

## 霍金晚年对外部世界真实性的哲学思考

霍金晚年勤于思考一些具有终极意义的问题，这些思考集中反映在他的《大设计》（*The Grand Design*）一书中，此书堪称霍金的“学术遗嘱”。该书第三章题为“何为真实”（What Is Reality），霍金从一个金鱼缸开始他的论证：

设想有一个鱼缸，里面的金鱼通过弧形玻璃观察着外部世界，现在它们中也出现了物理学家，决定发展它们自己的物理学，它们归纳观察到的现象，建立起一些物理学定律，这些定律能够解释和描述金鱼们通过鱼缸所观察到的外部世界，甚至还能正确预言外部世界的新现象——总之完全符合人类现今对物理学定律的要求。

霍金可以确定的是，金鱼的物理学肯定和人类现今的物理学有很大不同，这当然容易理解，比如金鱼观察到的外部世界至少经过了水和玻璃的折射。但现在霍金的问题是：这样的“金鱼物理学”可以是正确的吗？

按照我们以前长期习惯的、从小就由各种教科书灌输给我们的标准答案，这样的“金鱼物理学”当然不可能是正确的。因为它与我们今天的物理学定律不一致，而我们今天的物理学定律则被认为是“符合客观规律”的。

但再往下想一想，我们所谓的“客观规律”，实际上只是今天我们对人类所观察到的外部世界的描述，我们习惯于将这种描述定义为“真实”或“科学事实”，而将所有与我们今天不一致的描述——不管来自金鱼物理学家还是来自以前的人类物理学家——都判定为“不正确”，却无视我们所采用的描述其实一直在新陈代谢。

所以霍金问道：“我们何以得知我们拥有真正的没被歪曲的实在图像？……金鱼的实在图像与我们的不同，然而我们能肯定它比我们的更不真实吗？”

这是非常深刻的问题，而且答案并不是显而易见的——比如，为什么不能设想人类的生活环境只是一个更大的金鱼缸呢？

在试图为“金鱼物理学”争取和我们人类物理学平等的地位时，霍金非常智慧地举了托勒密和哥白尼两种不同的宇宙模型为例。这两个模型，一个将地球作为宇宙中心，一个将太阳作为宇宙中心，但是它们都能够对当时人们所观察到的外部世界进行有效的描述，都能够解决“古代世界天文学基本问题”——在给定的时间地点预先推算太阳、月亮和五大行星在天空的位置（事实上解决这个问题的精度哥白尼体系还不如托勒密体系）。霍金问道：这两个模型哪一个是真实的？这个问题，和问“金鱼物理学”是否正确，其实是同构的。

尽管许多人会不假思索地回答说，托勒密是错的，哥白尼是对的，但是霍金的答案却并非如此。他明确指出：“那不是真的……人们可以利用任一种图像作为宇宙的模型。”霍金接下去举的例子是科幻影片《黑客帝国》（*Matrix*，1999—2003）——在《黑客帝国》中，外部世界的真实性遭到了终极性的颠覆。

霍金举这些例子到底想表达什么呢？很简单，他得出这样一个结论：

**不存在与图像或理论无关的实在性概念**（There is no picture or theory-independent concept of reality）。他认为这个结论“非常重要”，因为他所认同的是一种“**依赖模型的实在论**”（model-dependent realism）。对此他有非常明确的概述：“一个物理理论和世界图像是一个模型（通常具有数学性质），以及一组将这个模型的元素和观测连接的规则。”霍金特别强调，他所提出的“依赖模型的实在论”在科学上的基础理论意义，他视之为“**一个用以解释现代科学的框架**”。

霍金这番“依赖模型的实在论”，很容易让人联想到哲学史上的乔治·贝克莱（George Berkeley）主教——事实上，霍金很快在下文提到了他的名字，以及他最广为人知的名言“存在就是被感知”所代表的哲学主张。非常明显，霍金所说的理论、图像或模型，其实就是贝克莱所说的“感知”的工具或途径。

在哲学上，一直存在着“实在论”和“反实在论”。前者就是我们熟悉的唯物主义标准答案：相信存在着一个客观外部世界，这个世界不以人的意志为转移，不管人类观察、研究、理解它与否，它都同样存在着。后者则在一定的约束下否认存在着这样一个“纯粹客观”的外部世界。比如“只能在感知的意义上”承认有一个外部世界。霍金以“不存在与图像或理论无关的实在性概念”的哲学宣言，正式加入了“反实在论”阵营。

也许有些渐渐失去耐心的读者正打算拍案而起，质问道：你闲扯这段霍金公案，到底想说什么？这和俞晓群的书有关系吗？

一段公案，对于不同对象可以有不同的要点，这段霍金公案，对于晓群兄的“《五行志》研究”来说，要点在于：我们今天用来描述外部世界的图像，并不是终极的——历史上曾有过各种不同的图像，**今后也必然还会有新的图像**，而且这些图像在哲学意义上是平权的，就好像“金鱼物理学”和人类物理学是平权的一样。

虽然今天我们通常接受由牛顿和爱因斯坦为我们提供的图像来描述外部世界，但古代中国人则用《五行志》所提供的图像来描述他们所理解的外部世界。

# 古代中国和西方在外部世界图像上的差异

许多人认为，古代中国人不致力于寻求外部世界的“所以然之理”，所以不如西方科学的分析传统优越。但是中国人处理知识的风格，却与博物学精神相通。

与此相对的是西方的分析传统，致力于探求各种事物之间的相互关联及因果关系。自古希腊开始，西方哲人即孜孜不倦地建构各种几何模型，以此来说明我们所见的宇宙（外部世界）如何运行，最典型的代表，即托勒密的宇宙体系。

两者的差别在于：古代中国人主要关心外部世界“如何”运行，而以希腊为源头的西方知识传统，更关心世界“为何”如此运行。通常在科学主义的语境中，我们习惯于认为“为何”是在解决了“如何”之后的更高境界，所以西方的传统比中国的传统更高明。其实西方并非没有别的知识传统，只是后来都未能光大。

然而考之古代世界的实际情形，如此简单的优劣结论未必能够成立。以天文学言之，古代中国人并不致力于建立几何模型去解释七政（日、月、五大行星）“为何”如此运行，但他们用抽象的周期叠加方法（古代巴比伦也使用类似方法），同样能在足够高的精度上计算并预报任意时刻的七政位置——古希腊天文学家归根结底要做的也是这件事情。而通过持续观察天象变化以统计归纳各种天象周期，同样可视为富有博物学色彩的科学活动。

再看物质文明的实际建设成就，古代中国人在能够容纳怪力乱神的外部世界图像的指导之下，同样创造出了辉煌灿烂的文明，同样达到了极高的技术水准。就好比用阴阳五行指导的中医，呵护了中华民族的健康几千年，不管西医多么“科学”和“先进”（想想两百年前，西医还是多么落后和野蛮），当西医进入中国的时候，中国有四亿人口这个简单的事实，就足以证明中医对中国人健康的呵护是有效的。又比如李冰父子当然不可能知道流体力学和结构力学（那时世界上根本没有这些理论），可是他们主持建造的都江堰，两千多年来一直有效灌溉着富饶的成都平原，至今仍在造福人类。

如果按照前述霍金在《大设计》中的意见，则西方模式的优越性将进一步被消解。因为在这样的认识中，我们以前所坚信的外部世界的客观性，已经彻底动摇。既然几何模型只不过是对外部世界图像的人为建构，则古代中国人干脆放弃这种建构直奔应用（毕竟在实际应用中我们只需要知道七政“如何”运行），又有何不可？

例如，传说中的“神农尝百草”故事，就可在类似意义下得到新的解读：“尝百草”当然是富有博物学色彩的活动，神农通过此一活动，得知哪些草能够治病，哪些不能治病。在这个传说中，神农显然没有致力于解释“为何”某些草能够治病而某些不能，更没有去建立“模型”以说明之，但中医能够用草药治病是毫无疑问的。

相传“子不语怪力乱神”，古代中国人的外部世界图像，是否与儒家的经典理念相冲突呢？其实并无冲突。“子不语怪力乱神”并不等于孔子否认怪力乱神的存在，只是表明孔子本人不谈论怪力乱神而已——谈论、处理怪力乱神，是巫觋们的职责，不是孔子给自己设定的职责，所以他不谈论这类话题。

## 古代中国人外部世界图像在今天的积极意义

那么，接下来的问题就是：古代中国这种容纳怪力乱神的外部世界图像，在今天还有什么积极意义吗？

答案是肯定的。这样一种能够容纳“怪力乱神”（即现代科学还未能解释的现象或事物）的外部世界图像，在今天确实具有积极意义。它在当下社会中，至少可以从两方面成为当代唯科学主义的解毒剂。

“当代科学”——当然是通过当代“主流科学共同体”的活动来呈现的——对待自身理论目前尚无法解释的事物，通常只表现出两种态度：

第一种，面对当代科学理论不能解释的事物，**坚决否认事实**。在许多唯科学主义者看来，任何现代科学理论不能解释的现象，都不可能真实存在，或者**不能承认它们存在**。比如不管UFO现象出现多少次，“主流科学共同体”的坚定立场是：智慧外星文明的飞行器飞临地球是不可能的，所有的 UFO 观察者报告的不是幻象就是骗局。又如对于人体特异功能，“主流科学共同体”的发言人曾坚定表示：即使亲眼看见也不能承认是事实。“主流科学共同体”为何要坚持如此僵硬的立场？原因是只要承认有当代科学理论不能解释的现象或事物存在，就意味着对当代科学至善全能、至高无上的形象与地位构成了挑战。

第二种，面对当代科学理论不能解释的事物，**将所有对此类现象或事物的探索讨论一概斥之为“伪科学”**（“糟粕”之说还算较为温和），拒人于千里之外，以求保持当代科学的“纯洁性”——对于神秘事物，你们去讨论探索好了，反正我们是不会参与的。

以上两种态度，最基本的共同点即断然拒斥怪力乱神。“主流科学共同体”中的许多人相信，这种断然拒斥是为了“捍卫科学事业”，是对科学有利的。而事实上，即使站在唯科学主义立场上，也可以明显看出，**断然拒斥怪力乱神实际上对于科学发展是有害的**。欧美发达国家对怪力乱神更为宽容的社会氛围常被我们视而不见。而且科学哲学早已断定，“伪科学”与“真科学”之间其实是无法划出明确界限的。今日之怪力乱神，完全可能被异日的科学理论所解释。

其次，一个能够容纳怪力乱神的外部世界图像，往往对应着宽容而且开放的，同时又能够敬畏自然的理念，这样的理念主张环境保护和绿色生活，主张与自然和谐相处，这对于矫正当代唯科学主义带来的对于自然界疯狂征服无情榨取的态度也是有益的。

当然，肯定中国传统文化中的外部世界图像在当下和未来的积极意义，并不等于盲目高估这种图像的历史成就。应该承认，按照今天流行的标准，在以往两三百年的历史中，这种图像在指导物质科学发展方面的贡献，确实不如西方科学的分析传统——尽管它确实曾指导古代中国人创造出辉煌灿烂的物质文明。

但是，未来情形又会如何，则是现在无法预测的。正如著名科学哲学家伊姆雷·拉卡托斯（Imre Lakatos）所指出的：任何一种研究纲领都无法被判定为彻底丧失活力；况且评价的标准也会随时代而改变。有朝一日，如果古代中国人的外部世界图像再次发扬光大（这可以表现为现代科学理论已经能够解释古代中国人外部世界图像中的怪力乱神），我们又有什么理由不乐观其成呢？

二〇二一年二月六日

于上海交通大学科学史与科学文化研究院

（江晓原：上海交通大学讲席教授、科学史与科学文化研究院首任院长）

# 自 序

我对二十五史《五行志》及《灵征志》《灾异志》产生兴趣，起始于二〇〇〇年初。当时我刚刚出版一本小书《数与数术札记》，上卷是我阅读十三经时，以其中的数字为关键词，记下的读书笔记；下卷是关于数与数术的专题文章。成稿后，我请王充闾先生作序。我记得，最初王先生对我的学术功底不太了解，他还问我说："你知道《易经》与《易传》的区别吗？"读过我的书稿之后，王先生大为感慨，写下一篇长序《古木无人径，深山何处钟》，交到我手上时，他还将全文一字一句读给我听。然后一面感叹："晓群啊，你有这么好的基础，为什么不做学者，却要去做编辑呢？"一面又对我说："你的研究方向很有意思，但只读经书不够，还应该读一读史书，那里的内容更为丰富。"

王充闾先生的提醒，引起我对读史的兴趣。但从何处入手呢？这让我想到二十五史中，与科技史研究关系密切的志书，如《天文志》《律历志》《五行志》等。还有我在阅读中村璋八、安居香山《纬书集成》时，见到此书中文版前言中，说到中国古代皇家占卜，以谶纬为例说，主要有三种占法在发挥着作用，一是天文占，二是五行占，三是史事谶。在某种意义上，不弄懂弄通这些内容，要想深入研究中国历史，只能是雾里看花，水中捞月。为什么？因为在浩瀚的古史典籍中，相关的内容几乎无处不在。

正是在这样的背景下，我以《五行志》为标的，开始了自己漫长的读史历程，时至今日，已经有二十多年的光景。至于“漫长”的原因，大约有三个：一是内容太多。在二十五部所谓正史中，共有十五部史书设有《五行志》，或有类同的《灵征志》《灾异志》。就内容而言，它们又涵盖了整个二十五史。如《汉书·五行志》的内容，就没有局限于汉代的内容，而是上溯到春秋时期;《晋书·五行志》《宋书·五行志》的内容，涵盖了三国、两晋、刘宋时代;《隋书·五行志》的内容，涵盖了梁、陈、北齐、北周、隋等。所以就时间与内容而言,《五行志》的历史记载是连续的，全覆盖的。二是工作太忙。我的本职工作是出版，在辽宁工作时，时间还略为充裕些；二〇〇九年我来到北京工作，一直压力很大，尤其是自己的写作，重点放在撰写与业务相关的大量随笔上，十余年间，有十多本相关著作陆续面世。因此在时间上，也会影响到自己的《五行志》研究。三是难度太大。实言之，在研究《五行志》之初，我低估了这个项目的工作量，本以为像此前研究十三经那样，做一做笔记，查找一下前人的注释与解说，再附上自己的笔记就可以了。实则史书与经书研究大不相同，史书的文字量巨大，内容也比经书丰富、庞杂得多。还有《五行志》研究的背景，自古以来，历代史学家对这一门类的内容评价不高，称其牵强附会，众说不一。再有近现代以来，受到极端科学主义的影响，《五行志》一类学说，更是被归于历史糟粕，专门性的研究很少，因此可以参照的资料也很少。另外就内容而言，虽然班固《汉书·五行志》建立了一整套比较完善的《五行志》体系，但经过漫长的历史过程，历代史官们在继承班固《汉书·五行志》基本框架的同时，根据自己的认知，不断改变《五行志》的记叙方式，甚至改变班固建立《五行志》的许多初衷，比如将祥瑞的内容，以及一些单纯的自然现象等内容，也简单地归入其中，这也为我的“纵向式古史研究”，增添了许多难度与工作量。

正是在这样的背景下，我的研究工作一波三折，在不断推进、不断修正的过程中，边学边做，踽踽前行。简单回顾，我围绕《五行志》的写作，大约建立了三个主题：一是十五史《五行志》及《灵征志》《灾异志》架构与占例的归类和整理，实际上是在建立一个《五行志》纵向研究的数据库，它们是我整个《五行志》研究工作的基础。在这项资料整理的过程中，我还得到许多新的认识，对后来的专题探讨，产生了巨大的影响。当然这个数据库是否出版，还是后话。二是在《五行志》研究的过程中，我以“五行占”为题目，开始撰写专栏文章，陆续在海内外报刊上发表。到目前为止，已经发表了百余篇。这项工作不但深化了我对《五行志》的认识，而且真实地展现了这一史学门类的政治与文化的走向。三是长期以来，我一直计划在研读《五行志》的基础上，最终推出一部以考据为主的著作，梳理清楚《五行志》的历史脉络与流变，以及历代正史中的一些问题。这项工作的难度不仅在阅读数量上，还在叙述的体例与方式上，比如章目的划分，究竟如何设置，才能将几千年历代史官连续不断的记述，比较清晰明白地表达出来呢？为此我曾多次修订初稿，每次都不是简单地修改，而是颠覆性地推倒重来。现在《五行志丛考》草稿已经完成，有近一百万字，题目如源流考、序文考、章目考、例目考、史家考、占家考、典籍考、史评考、舛误考、异议考、祥瑞考、天象考、年号考、字词考、皇帝考、后妃考、篡逆考、皇子考、人名考等等。对于这部著作，我能够在六十几岁的时候完成草稿，自己颇感欣慰。多年来我为此殚精竭虑，废寝忘食，总算有了一个比较满意的结果。但我没有急于拿出来出版，还有大量的核对工作需要完成。

正是在这个当口，商务印书馆上海分馆的编辑找到我，询问是否能拿出一部学术随笔。几经思考，我决定整理出这部《五行志随笔》。首先是有上述那么多年的学术积累，从中产生这样一部小书，应该是得心应手。其次是近年以来，我正在澎湃“上海书评”上，撰写我的《五行志》新专栏，已经发表的长篇随笔有《正史中的鬼》《谁是最坏的皇帝》《正史中的妖》《储君们》等。有了这样的基础，我才能够乐于接下这个任务，这也是我《五行志》研究的第一部著作。

最后说明一下本书的结构：我将全书分为上下两编，上编为《五行志》研究的一些基本概念，偏重于对《五行志》的章目与例目的阐释。其中也会涉及一些拓展的概念，比如“鬼”，《五行志》的章节分类中，原本是没有这一项的，但在历代《五行志》中，并非没有“鬼”的出现，为此本书设有专章解说。下编为《五行志》的专题研究，偏重于人物的阐释，如帝王、后妃、皇子、大臣、占家等；也有典籍、年号、天象等内容，再加上《符瑞志》的专题说明，使我们对《五行志》的本质，能有一个更为全面的认识。

既然是随笔集，我的文章构建自然不会面面俱到，而是面对历史的高山大川，采取择重观赏的基本原则。如果我们能将这样一些浓缩后的专题文字梳理清楚，再面对那样一个悠远、庞大而复杂的史学体系，《五行志》的“庐山真面目”，也可以大致了然于胸了。

撰于二〇二〇年十二月

# 目　录

## 下　编

# 上 编

# 十五史

班固《汉书》创建《五行志》，其体制一直延续到《清史稿》。这里面有两个问题需要说明，一是司马迁《太史公书》即《史记》之中，没有志书，自然也没有《五行志》，二者有什么关系呢？二是所谓二十五史，其中只有十三部史书包含《五行志》，即《汉书》《后汉书》《晋书》《宋书》《南齐书》《隋书》《旧唐书》《新唐书》《旧五代史》《宋史》《金史》《元史》《明史》；还有两部类同于《五行志》的篇目，即《魏书·灵征志上》《清史稿·灾异志》，共计十五部史书。

## 一、书与志

司马迁著《太史公书》即《史记》，其中有八书，没有志。班固《汉书》创建十志，以后诸史遵循其说，均有志书体例，虽然名目多有变化，主旨却绵延不断，千载流传。那么，八书与十志之间的关系如何呢？

《史记》八书为《礼书》《历书》《乐书》《律书》《天官书》《封禅书》《河渠书》《平准书》;《汉书》十志为《律历志》《礼乐志》《刑法志》《食货志》《郊祀志》《天文志》《五行志》《地理志》《沟洫志》《艺文志》。前人多有论证二者之间的关系，首先在称谓的变化，其次在内容的接续，再有是例目的创新。

先说称谓的变化。在南朝沈约《宋书·历志》序文中，说得非常清楚:“左史记言，右史记事，事则《春秋》是也，言则《尚书》是也。至于楚《书》、郑《志》、晋《乘》、楚《杌》之篇，皆所以昭述前史，俾不泯于后。司马迁制一家之言，始区别名题，至乎礼仪刑政，有所不尽，乃于纪传之外，创立八书，片文只事，鸿纤备举。班氏因之，靡违前式，网罗一代，条流遂广。《律历》《礼乐》，其名不变，以《天官》为《天文》，改《封禅》为《郊祀》，易《货殖》《平准》之称，革《河渠》《沟洫》之名；缀孙卿之辞，以述《刑法》，采孟轲之书，用序《食货》。刘向《洪范》，始自《春秋》，刘歆《七略》，儒墨异部。朱赣博采风谣，尤为详洽，固并因仍，以为三志。而《礼乐》疏简，所漏者多，典章事数，百不记一。《天文》虽为该举，而不言天形，致使三天之说，纷然莫辨。是故蔡邕于朔方上书，谓宜载述者也。汉兴，接秦坑儒之后，典坟残缺，耆生硕老，常以亡逸为虑。刘歆《七略》，固之《艺文》，盖为此也。河自龙门东注，横被中国，每漂决所渐，寄重灾深，堤筑之功，劳役天下。且关、洛高垲，地少川源，是故镐、酆、潦、潏，咸入礼典。漳、滏、郑、白之饶，沟渠沾溉之利，皆民命所祖，国以为天，《沟洫》立志，亦其宜也。世殊事改，于今可得而略。窃以班氏《律历》，前事已详，自杨伟改创《景初》，而《魏书》阙志。及元嘉重造新法，大明博议回改。自魏至宋，宜入今书。”

唐代刘知幾在《史通》中，也讲到这个问题。他说书志的功能，一是在纪传之外，记录那些没有说完的话，没有尽言的事情，“夫刑法、礼乐、风土、山川，求诸文籍，出于《三礼》。及班、马著史，别裁书志。考其所记，多效《礼经》。且纪传之外，有所不尽，只事片文，于斯备录。语其通博，信作者之渊海也”。二是称谓的不同，那是因为著作者不同，时代不同，地域不同，但本义是相同的。所谓“原夫司马迁曰书，班固曰志，蔡邕曰意，华峤曰典，张勃曰录，何法盛曰说。名目虽异，体统不殊。亦犹楚谓之梼杌，晋谓之乘，鲁谓之春秋，其义一也”（《史通·书志》）。

再说接续的内容。清代赵翼《廿二史劄记》有记，班固的《律历志》本于《律书》《历书》，《礼乐志》本于《礼书》《乐书》，《食货志》本于《平准书》，《郊祀志》本于《封禅书》，《天文志》本于《天官书》，《沟洫志》本于《河渠书》，还增加了《刑法志》《五行志》《地理志》《艺文志》云云。再接下来，《后汉书》改《地理志》为《郡国志》，还增加了《礼仪志》《祭祀志》《百官志》《舆服志》。《宋书》增加了《符瑞志》，《齐书》增加了《祥瑞志》云云。（《廿二史劄记·各史例目异同》）

以后诸史的事情，我们会在后文中论及。那么班固等史官为什么要这样做呢？唐代刘知幾早有解释："于其编目，则有前曰《平准》，后云《食货》；古号《河渠》，今称《沟洫》；析《郊祀》为《宗庙》，分《礼乐》为《威仪》；《悬象》出于《天文》，《郡国》生于《地理》。如斯变革，不可胜计。或名非而物是，或小异而大同。但作者爱奇，耻于仍旧，必寻缘讨本，其归一揆也。"（《史通·书志》）

前面提到，《汉书》十志中的四志，即《刑法志》《五行志》《地理志》《艺文志》，它们在《史记》八书中，都没有清楚的对应项，应该是班固独立创建的内容。但深入研究，它们与《史记》八书也有许多联系。哪部分内容有联系呢？说来也是一段奇事。按照通常理解，《天文志》谈论的是关于"天"的事情，其内容本于《天官书》；《五行志》谈论的是关于"地"的事情，但它的部分内容的源头，竟然也会出于《天官书》之中。因为在《汉书·五行志》中，班固加入了"五行沴天"一项，讲的是在五行的影响下，天空中会发生"日月乱行、星辰逆行"一类自然现象。显然它们属于"天象"的范畴，其中涉及天文的内容，都可以在《史记·天官书》中找到对应点，诸如日食、月食、彗星、日晕、天鼓、星陨、云气、雷电、虾虹、辟历、夜明云云。

以日食与彗星为例，《史记·天官书》有记："太史公推古天变，未有可考于今者。盖略以春秋二百四十二年之间，日蚀三十六，彗星三见，宋襄公时星陨如雨。天子微，诸侯力政，五伯代兴，更为主命。自是之后，众暴寡，大并小。秦、楚、吴、越，夷狄也，为彊伯。田氏篡齐，三家分晋，并为战国。争于攻取，兵革更起，城邑数屠，因以饥馑疾疫焦苦，臣主共忧患，其察禨祥候星气尤急。近世十二诸侯七国相王，言从衡者继踵，而皋、唐、甘、石因时务论其书传，故其占验凌杂米盐。"与此对照，《汉书·五行志》也有日食的记载，并且从春秋时期一直记到前汉时期，一项不落，如实叙录："凡春秋十二公，二百四十二年，日食三十六。《穀梁》以为朔二十六，晦七，夜二，二日一。《公羊》以为朔二十七，二日七，晦二。《左传》以为朔十六，二日十八，晦一，不书日者二……凡汉著纪十二世，二百一十二年，日食五十三，朔十四，晦三十六，先晦一日三。"（《史记·天官书》《汉书·五行志》）

再者，司马彪遵循《汉书·五行志》的撰写体例，在《后汉书》中也留下了有关天象的记载，内容包括日食、日抱、日赤无光、日黄珥、日中黑、虹贯日与月食非其月，云云。其中以日食记载，最为详尽："凡汉中兴十二世，百九十六年，日蚀七十

二：朔三十二，晦三十七，月二日三。”（《后汉书·五行志》）

## 二、史记与《史记》

阐释班固《汉书·五行志》与《史记》的关系，还有一个重要的问题，那就是班固在撰写《汉书·五行志》时，是否直接引用了《史记》中的内容。

在本书《古史舛误考》一章，“史记”一节中谈到，《汉书·五行志》中有十六段故事，开篇均称“史记”，如“史记成公十六年……”“史记秦始皇第三十六年……”云云。唐代颜师古注《汉书》，他认为，这些内容均取自司马迁《史记》。这个观点是不对的。

事实上，在十六段“史记”记载中，只有九处取自司马迁《史记》，其他的故事取自《春秋经传》《国语》等著作。而在整个《汉书·五行志》中，共计有十三段故事取自司马迁《史记》或与之相关，具体出处见本书《重要典籍记略》一章。需要说明，在十三段故事中，有草妖二例，没有以“史记”为开头；有火沴水一例，《水经注》称在司马迁《史记》中，但实际上司马迁《史记》正文未见记载。有马祸一例，司马迁《史记》正文中未见记载，但注释中有记。其余九例在诗妖、白眚白祥、木沴金、羊祸、鱼孽、牛祸、射妖、龙蛇之孽、下人伐上之痾的目下，它们均见于《汉书·五行志》，那十六段冠以“史记”的故事之中。以下略举二例：

其一是《汉书》言之不从诗妖有记：“史记晋惠公时童谣曰：‘恭太子更葬兮，后十四年，晋亦不昌，昌乃在其兄。’是时，惠公赖秦力得立，立而背秦，内杀二大夫，国人不说。及更葬其兄恭太子申生而不敬，故诗妖作也。后与秦战，为秦所获，立十四年而死。晋人绝之，更立其兄重耳，是为文公，遂伯诸侯。”这段故事见《史记·晋世家》有记：“晋君改葬恭太子申生。秋，狐突之下国，遇申生，申生与载而告之曰：‘夷吾无礼，余得请于帝，将以晋与秦，秦将祀余。’狐突对曰：‘臣闻神不食非其宗，君其祀毋乃绝乎？君其图之。’申生曰：‘诺，吾将复请帝。后十日，新城西偏将有巫者见我焉。’许之，遂不见。及期而往，复见，申生告之曰：‘帝许罚有罪矣，弊于韩。’儿乃谣曰：‘恭太子更葬矣，后十四年，晋亦不昌，昌乃在兄。’”

其二是《汉书·五行志》听之不聪鱼孽有记：“史记秦始皇八年，河鱼大上。刘向以为近鱼孽也。是岁，始皇弟长安君将兵击赵，反、死屯留，军吏皆斩，迁其民于临洮。明年，有嫪毐之诛。鱼阴类，民之象，逆流而上者，民将不从君令为逆行也。其在天文，鱼星中河而处，车骑满野。至于二世，暴虐愈甚，终用急亡。京房《易传》曰：‘众逆同志，厥妖河鱼逆流上。’”这段故事《史记·秦始皇本纪》有记：“（八年）河鱼大上，轻车重马东就食。”

## 三、十五史

清代顾炎武说：“沈氏曰:《救文格论》云：作史莫难乎志。纪传一人之始末，表志一代之始末，非闳览博物者，不能为也。”(《日知录·作史不立表志》）前文提到，纵观二十五史，其中列有《五行志》的史书，或者列有类同篇目的史书，只有十五部。《史记》没有志书，但有八书。以后诸史建立《五行志》者，有十五部，即《汉书》《后汉书》《晋书》《宋书》《南齐书》《魏书》《隋书》《旧唐书》《新唐书》《旧五代史》《宋史》《金史》《元史》《明史》《清史稿》，其中《魏书》称《灵征志上》,《清史稿》称《灾异志》。

下面梳理一下诸史《五行志》的形成过程。班固《汉书》创立十志，其中有《五行志》。范晔《后汉书》本无志书，后人将晋代司马彪《续汉书》十志归入其中，其意在接续《汉书·五行志》，如其序文写道：“《五行传》说及其占应，《汉书·五行志》录之详矣。故泰山太守应劭、给事中董巴、散骑常侍谯周并撰建武以来灾异。今合而论之，以续《前志》云。”(《后汉书·五行志》)

晋代陈寿《三国志》，虽然成书于《后汉书》之前，却因史料缺乏，没有列表志。唐代房玄龄《晋书》设有《五行志》，且从三国初年记起，补救了陈寿《三国志》的不足；究其内容，几乎全盘引自成书早于《晋书》的沈约《宋书·五行志》，所谓

“及司马彪纂光武之后以究汉事，灾眚之说不越前规。今采黄初以降言祥异者，著于此篇。”（《晋书·五行志》序）

《宋书》系南北朝时梁沈约所撰。沈约看到此前《三国志》等史书无志，故接续《后汉书》，在《宋书》中，把《五行志》等内容均从三国时期写起。对此，《宋书》志书序文写道：“《天文》《五行》，自马彪以后，无复记录。何书自黄初之始，徐志肇义熙之元。今以魏接汉，式遵何氏。”（《宋书·五行志》序）

另外，《宋书》还增加了《符瑞志》，其说亦跳出断代史的范畴，竟然从太昊帝宓牺氏写起。其中许多事例与前史《五行志》相同或类同，但解说却不同，《五行志》讲灾异，《符瑞志》却讲祯祥。例如，秦始皇帝时，街市上出现十二个长人，身高五丈，脚迹六尺。《汉书·五行志》认为，这是秦代灭亡的征兆：“史记秦始皇帝二十六年，有大人长五丈，足履六尺，皆夷狄服，凡十二人，见于临洮。天戒若曰，勿大为夷狄之行，将受其祸。是岁始皇初并六国，反喜以为瑞，销天下兵器，作金人十二以象之。遂自贤圣，燔《诗》《书》，坑儒士；奢淫暴虐，务欲广地；南戍五岭，北筑长城以备胡越；堑山填谷，西起临洮，东至辽东，径数千里。故大人见于临洮，明祸乱之起。后十四年而秦亡，亡自戍卒陈胜发。”（《汉书·五行志》）沈约《符瑞志》却认为，这是汉代兴起之符：“初，秦始皇世，有长人十二，身长五丈，足迹六尺，见于陇西临洮，前史以为秦亡之征，史臣以为汉兴之符也。自高帝至于平帝，十二主焉。”（《宋书·符瑞志》）

南梁萧子显《南齐书》有《五行志》；他又建立《祥瑞志》，大同于《宋书·符瑞志》。《梁书》《陈书》无志。《魏书》有志却无《五行志》，但有两卷《灵征志》；清赵翼认为，它就等同于《齐书》的《祥瑞志》。所谓："《魏书》改《天文》为《天象》，《地理》为《地形》，《祥瑞》为《灵征》，余皆相同，而增《官氏》《释老》二志。"(《廿二史劄记·各史例目异同》)其实不然。一看内容就会知道，《灵征志上》相当于《五行志》，《灵征志下》才类同于《祥瑞志》的内容。《北齐书》《周书》《南史》《北史》皆无志。《隋书》本亦无志，对此，顾炎武写道："姚思廉《梁》《陈》二书、李百药《北齐书》、令狐德棻《周书》皆无志，而于志宁、李淳风、韦安仁、李延寿别修《五代史志》，诏编第入《隋书》。古人绍闻述往之意，可谓弘矣。"(《日知录·作史不立表志》)

《旧唐书》《新唐书》《旧五代史》均有《五行志》；《新五代史》却没有，因为撰者欧阳修认为："甚矣，五代之际，君君臣臣父父子子之道乖，而宗庙、朝廷，人鬼皆失其序，斯可谓乱世者欤！"(《新五代史·唐废帝家人传》)又说："五代，干戈贼乱之世也，礼乐崩坏，三纲五常之道绝，而先王之制度文章扫地而尽于是矣！"(《新五代史·晋家人传》)又说："呜呼，圣人既没而异端起。自秦、汉以来，学者惑于灾异矣，天文五行之说，不胜其繁也。予之所述，不得不异乎《春秋》也，考者可以知焉。"(《新五代史·司天考》)欧阳氏认为，五代时期"天理几乎其灭”，没有礼乐制度可谈，所以他除写了《司天考》《职方考》以外，其他的典章制度一概没有写。《宋史》有《五行志》;《辽史》却没有。《金史》《元史》《明史》均有《五行志》。《清史稿》有《灾异志》，而且沿用《明史·五行志》的体例。另外，各志内容差异，将另文详述。

# 五行六事

五行，指金木水火土五种元素；六事，指貌言视听思五种行为，加上第六种行为皇极。它们是班固《汉书 · 五行志》立论的基础。

## 一、《洪范》

追本溯源，五行灾异说的定义，起于《尚书 · 洪范》。《洪范》的神化，又源于汉代刘歆。《周易 · 系辞传上》说："天垂象，见吉凶，圣人象之；河出图，洛出书，圣人则之。"刘歆解释，其中的河图是八卦，洛书是《尚书 · 洪范》中的一段话，共计六十五个字，即"初一曰五行；次二曰羞用五事；次三曰农用八政；次四曰协用五纪；次五曰建用皇极；次六曰乂用三德，次七曰明用稽疑；次八曰念用庶征；次九曰向用五福，威用六极"。班固正是根据这段话（《汉书》引有异文），建构了《汉书 · 五行志》的基本框架。但就内容而言，其实班固只选取了六十五字“洛书”中的四句话：一是“初一曰五行”，二是“次二曰羞用五事”，三是“次五曰建用皇极”，四是“次八曰念用庶征”。这就是五行六事的源头。

先说其中的五行。在《尚书·洪范》六十五字之后，又对五行解释说：“五行：一曰水，二曰火，三曰木，四曰金，五曰土。水曰润下，火曰炎上，木曰曲直，金曰从革，土爰稼穑。”再说其中的六事。《洪范》对六事解释说：“五事：一曰貌，二曰言，三曰视，四曰听，五曰思。貌曰恭，言曰从，视曰明，听曰聪，思曰睿。恭作肃，从作乂，明作哲，聪作谋，睿作圣。”再加上“皇极，皇建其有极”，是讲君王做事的法则，由此构成了所谓六事。这些概念，正是班固创建《五行志》的基础。

在此，班固《汉书·五行志》引入“皇极”一词，目的是在五行之外，加上一个“人”字；声称木金土火水五者同时发生变异时，就会引起人的变异，这个人，当然是集中在君王的身上，即为皇极。

## 二、《洪范五行传》

显然，《尚书·洪范》讲五行六事，是站在正面的角度看问题，阐释事物的规律；而班固《五行志》讲五行六事，是站在负面的角度看问题，研究事物的灾异。那么班固论说的依据是什么呢？正是汉代出现的一部著作《洪范五行传》。这部书采取一一对应的方式，逐一讲述了事物发生变异时，五行六事的负面意义。

对于五行，《尚书·洪范》说："水曰润下，火曰炎上，木曰曲直，金曰从革，土爰稼穑。"《洪范五行传》从负面解释："田猎不宿，饮食不享，出入不节，夺民农时，及有奸谋，则木不曲直。弃法律，逐功臣，杀太子，以妾为妻，则火不炎上。治宫室，饰台榭，内淫乱，犯亲戚，侮父兄，则稼穑不成。好战攻，轻百姓，饰城郭，侵边境，则金不从革。简宗庙，不祷祠，废祭祀，逆天时，则水不润下。"这五个否定句，构成了"五行灾异说"的基本框架。

对于六事，《尚书·洪范》说："一曰貌，二曰言，三曰视，四曰听，五曰思。"以及"皇极，皇建其有极"。《洪范五行传》从负面解释："貌之不恭，是谓不肃，厥咎狂，厥罚恒雨，厥极恶。时则有服妖，时则有龟孽，时则有鸡祸，时则有下体生上之痾，时则有青眚青祥。惟金沴木。言之不从，是谓不艾，厥咎僭，厥罚恒阳，厥极忧。时则有诗妖，时则有介虫之孽，时则有犬祸，时则有口舌之痾，时则有白眚白祥。惟木沴金。视之不明，是谓不悊，厥咎舒，厥罚恒奥，厥极疾。时则有草妖，时则有蠃虫之孽，时则有羊祸，时则有目痾，时则有赤眚赤祥。惟水沴火。听之不聪，是谓不谋，厥咎急，厥罚恒寒，厥极贫。时则有鼓妖，时则有鱼孽，时则有豕祸，时则有耳痾，时则有黑眚黑祥。惟火沴水。思心之不容，是谓不圣，厥咎霿，厥罚恒风，厥极凶短折。时则有脂夜之妖，时则有华孽，时则有牛祸，时则有心腹之痾，时则有黄眚黄祥，时则有金木水火沴土。皇之不极，是谓不建，厥咎眊，厥罚恒阴，厥极弱。时则有射妖，时则有龙蛇之孽，时则有马祸，时则有下人伐上之痾，时则有日月乱行，星辰逆行。”这六个否定，以及下面开列的具体题目，构成了“六事灾异说”的基本框架。

总结上述内容，班固正是根据《洪范五行传》的论述，列出了《汉书·五行志》的题目。五行为：木不曲直，火不炎上，金不从革，水不润下，稼穑不成；六事为：貌之不恭，言之不从，视之不明，听之不聪，思心之不容，皇之不极。五行的下面，记有这五种自然现象的故事；六事的下面，还有更多的标题，如咎、恒、极、妖、孽、痾、祸、眚、祥等。

## 三、木不曲直

木不曲直，《汉书·五行志》解释：“木，东方也。于《易》，地上之木为《观》。其于王事，威仪容貌亦可观者也。故行步有佩玉之度，登车有和鸾之节，田狩有三驱之制，饮食有享献之礼，出入有名，使民以时，务在劝农桑，谋在安百姓：如此，则木得其性矣。若乃田猎驰骋不反宫室，饮食沉湎不顾法度，妄兴徭役以夺民时，作为奸诈以伤民财，则木失其性矣。盖工匠之为轮矢者多伤败，乃木为变怪，是为木不曲直。”

在十五史《五行志》及《灵征志》《灾异志》中，有十三部史书记载了木不曲直的内容。即《汉书》一段。《晋书》九段。《宋书》十一段。《南齐书》九段。《隋书》五段。《旧唐书》四段。《新唐书》二十三段。《旧五代史》约七段。《宋史》三十三段。《金史》约四段。《元史》大德七年至至顺二年，十一段；至元五年至至正二十一年，三段。《明史》三段。《清史稿》十八段。《后汉书》《魏书》两部史书，未见记载。

上述十五史记载木不曲直，例目中的故事题目，略记如下：《汉书》：木冰；木介。《晋书》《宋书》：木冰；诸葛恪栋中折；晋宣帝庙地陷梁折；牙竿折；王敦仪仗生华；桓玄龙旂竿折；刘宋时一柱自燃；刘宋废帝时，禾蕈树生李实。《南齐书》：树枯冬生；华表柱生枝叶；桑树冬生；百年柏树忽生花；木化石。《隋书》：树生人状；巨木自拔；房梁生枝，独孤皇后专权；杨树生松枝，隋太子被废；木再荣，隋文帝崩。《旧唐书》：木冰，宁王薨。《新唐书》：老子祠枯树复生枝叶；木冰；毛桃树生李；天雨桂子于台州；万象神宫侧柽杉皆变为柏；高祖故第柿树死复生；李树枝忽上耸；树无风而摧；李树生木瓜。《旧五代史》：木生字；僵桃复起；圣祖殿前枯桧再生一枝；水上有文；葭芦最上一叶如旗状；芦叶皆若旗旐之状；旄节有声；木冰。《宋史》：木生字；柏中别生槐；木连理；木龙；菩提子；栏木生叶；桑生李实；栗生桃实；桑生瓜；樱桃生茄；木复生；木冰。《金史》：木冰。《元史》：木冰；虫食桑；木生字；李生黄瓜。《明史》：木冰；木妖。《清史稿》：木冰；木怪。

此中重要概念为木冰，它在诸史中的定义如下：《汉书·五行志》有记："刘向以为冰者阴之盛而水滞者也，木者少阳，贵臣卿大夫之象也。此人将有害，则阴气胁木，木先寒，故得雨而冰也……或曰，今之长老名木冰为木介。介者，甲。甲，兵象也。"《隋书·五行志》有记："《洪范五行传》曰：阴之盛而凝滞也。木者少阳，贵臣象也。将有害，则阴气胁木，木先寒，故得雨而冰袭之。木冰一名介，介者兵之象也。"《旧唐书·让皇帝宪传》有记："（开元）二十九年冬，京城寒甚，凝霜封树，时学者以为《春秋》雨木冰即此是，亦名树介，言其象介胄也。宪见而叹曰：此俗谓树稼者也。谚曰：树稼，达官怕。必有大臣当之，吾其死矣。十一月薨，时年六十三。上闻之，号叫失声，左右皆掩涕。"《宋史·五行志》有记："占曰：兵象也。"

## 四、火不炎上

火不炎上，《汉书·五行志》解释："火，南方，扬光辉为明者也。其于王者，南面乡明而治。《书》云：'知人则哲，能官人。'故尧舜举群贤而命之朝，远四佞而放诸野。孔子曰：'浸润之谮、肤受之诉不行焉，可谓明矣。’贤佞分别，官人有序，帅由旧章，敬重功勋，殊别適（嫡）庶，如此则火得其性矣。若乃信道不笃，或耀虚伪，谗夫昌，邪胜正，则火失其性矣。自上而降，及滥炎妄起，灾宗庙，烧宫馆，虽兴师众，弗能救也，是为火不炎上。”

班固对“火”非常重视，从五行变异的例目上看，其中记载木不曲直只有一段，即木冰；稼穑不成只有一段，即大水亡麦禾；金不从革只有两段，即石言与石鸣；水不润下有十一段，即大水与饥；而火不炎上多达三十段，均为火灾。其中有汉代以前的故事十三例，汉代的故事十七例。单从数量上看，先哲们始终把火视为威胁最大的自然力量，也可以从另一个角度来看，中国古代建筑以木质为多，因此对火灾最为恐惧。

在十五史《五行志》及《灵征志》《灾异志》中，全部记载了火灾的故事。其中《汉书》三十段。《后汉书》二十四段。《晋书》二十六段。《宋书》三十二段。《南齐书》十二段。《魏书》十段。《隋书》八段。《旧唐书》十四段。《新唐书》十九段。《旧五代史》六段。《宋史》从建隆元年到德祐元年，五十余段。《金史》十余段。《元史》从定宗三年到至正二十八年，九段；从元统元年到至元元年，六段。《明史》从洪武元年到崇祯十一年，有十六段；从成化二十一年到崇祯十三年，有火异八段。《清史稿》从顺治元年到宣统元年，有十四段；从顺治十年到光绪二十六年，有火异八段。

十五史《五行志》及《灵征志》《灾异志》对各类火的称谓不同，略记如下：《汉书》：滥炎，灾，大灾，疫，妖火，天灾，燔，大火，人火，天火。《后汉书》：灾火。《晋书》《宋书》：赤物，孽火。《南齐书》：野火，光上生精，火精，天火。《魏书》：地燃，山火潜行。《隋书》：野火剡起。《旧唐书》：石燃，火精，赤块。《新唐书》：天火，赤块。《旧五代史》：火妖。《元史》：飞火。《明史》：萤火，火星如斗，烛龙。《清史稿》：如星如磷，火球。

对于火灾，诸史之中还给出了一些重要的概念，略记如下：

其一，灾字，从文字上也可以看到，一是"灾"，再一是"災"，它们的文字结构，都是以火为主。其实在《汉书·五行志》中，这个字是专指火异的。再者《左传·襄公十六年》有记："夏，成周宣榭火，人火之也。凡火，人火曰火，天火曰灾。"这一定义又说明，灾字是专指天火。

其二，天火与人火，二者是不同的。在这里，人火是指人为放的火，而天火是指天谴。《汉书·五行志》中谈到的火，正是上述《左传》中所说的天火，而不是人们生活中通常见到的人火。对此，班固在火的序文中说得清楚："自上而降，及滥炎妄起，灾宗庙，烧宫馆。虽兴师众，弗能救也，是为火不炎上。"这里指出火不炎上的两个要点：一是火从天上来，二是人力难以扑灭。那怎么办呢？班固指出，只有"贤佞分别，官人有序，帅由旧章，敬重功勋，殊别適庶，如此则火得其性矣"。那火自然就会熄灭。《后汉书·五行志》记载灾火，并未言明人火与天火的区别。沈约撰写《宋书·五行志》，就将二者分得很清楚，比如，魏明帝时火灾，他引《易传》曰："上不俭，下不节，孽火烧其室。"又曰："君高其台，天火为灾。"再如："吴孙亮太平元年二月朔，建业火。人火之也。是秋，孙綝始秉政，矫以亮诏杀吕据、滕胤。明年，又辄杀朱异。弃法律、逐功臣之罚也。"《南齐书·五行志》也很清楚天火与人火的区别。《旧唐书·五行志》记载证圣元年火灾"则天欲避殿彻乐，宰相姚璹以为火因麻主，人护不谨，非天灾也，不宜贬损。乃劝则天御端门观酺，引建章故事，令薛怀义重造明堂以厌胜之"。史官对于天火的认识，也是清楚的。《新唐书·五行志》也有记载人力扑不灭的大火。《旧五代史·五行志》还有记载，见到有燃火起，明宗谓侍臣曰："火妖乎？"侍臣曰："恐妖人造作，宜审诘之。"宋代以降，诸史记载火灾，则以自然事件为要点，难以分清楚人火与天火的区别了。

其三，《后汉书·五行志》有两段话：一是"儒说火以明为德而主礼"，此说班固《汉书·五行志》未见。二是"凡灾发于先陵，此太子将废之象也"，此说《汉书·五行志》亦未见到。

其四，《晋书·五行志》火不炎上内容，除两例外，其余均取自《宋书·五行志》，依今点校本，文字与分段不尽相同。比如《晋书》记载"青龙三年七月"一段，点校标注有《旧占》；《宋书》记载此段"旧占"，无书名号。《宋书》有记："晋武帝太康八年三月乙丑，震灾西阁、楚王所止坊，及临商观牕”;《晋书》记载此段，改“牕”为“窗”。《宋书》有记:“班固所谓滥炎妄起，虽兴师不能救之之谓也。”《晋书》改“班固”为“旧说”。《宋书》有记:“与董仲舒说《春秋》陈火同事也。”《晋书》删去此句。《宋书》有记:“《书》云:知人则哲。”《晋书》将此句删去。《宋书》有记:“丙申，螽斯、则百堂及客馆、骠骑库皆灾。”此段中“螽斯、则百堂”,《晋书》无顿号，为“螽斯则百堂”。再者,《汉书·五行志》将火列在第二位,《晋书·五行志》遵此，也将火列在第二位;《宋书·五行志》却将火列在第三位。还有《宋书》共列火不炎上三十一段,《晋书》取其中二十四段。

其五,《南齐书·五行志》火不炎上有“火精”一词，前史未见。再者，例目之中引用汉代京房两部著作，一为《易传》,另一为《易》,疑是同一部著作。

其六,《魏书·灵征志上》火不炎上，在五行灾变的记载中，只有“火不炎上”单独列出标题，还给出序文，其余木金水土四项，都没有标题与序文。

其七,《隋书·五行志》遵循《汉书·五行志》体例，将火不炎上与视之不明分别论说。在火不炎上的例目之中,《隋书·五行志》记载火烧总章观，称为:“不祥之甚也。既而太子薨，皇孙不得立。”又记载同泰寺火灾，称为:“天诫若曰，梁武为国主，不遵先王之法，而淫于佛道，横多糜费，将使其社稷不得血食也。”此类凶险之说，有过于前史。

其八，《旧唐书·五行志》火不炎上，其中有两则武则天的故事，一是“证圣元年正月十六日夜”云云；二是“则天时，建昌王武攸宁置内库，长五百步，二百余间，别贮财物以求媚。一夕为天灾所燔，玩好并尽”。言辞顺达，值得玩味。《新唐书·五行志》火不炎上，其中有些故事与《旧唐书·五行志》相同，但文字有差异；而且通篇例目只记灾异，并无事应。再者，上述《旧唐书·五行志》记载“则天时”一段，《新唐书·五行志》未见。

其九，《旧五代史·五行志》火的故事，与地震等内容并列。

其十，《宋史·五行志》记载火灾，包含事例巨多，但是只记灾异，不记事应。其中“人火”亦有记载：“绍熙元年八月壬寅，处州火，燔数百家。十二月戊申，建宁府浦城县火。时查洞寇张海作乱，焚五百余家。”

其十一，《金史·五行志》无章目之分，火不炎上诸例集自文中，其中“卫绍王大安三年”发生火灾，有一段狂人记载，颇见意义。它写道：“是岁，有男子郝赞诣省言：‘上即位之后，天变屡见，火焚万家，风折门关，非小异也，宜退位让有德。’”

其十二，《元史·五行志》将火列在五行第二位，其五行一、二章均有火灾记载，共有九段。再者《元史·五行志》记载火灾均无事应，亦无占者解说，几乎见不到人文气息，唯有一例故事颇为生动，写道：“（元统二十八年）六月甲寅，大都大圣寿万安寺灾。是日未时，雷雨中有火自空而下，其殿脊东鳌鱼口火焰出，佛身上亦火起。帝闻之泣下，亟命百官救护，唯东西二影堂神主及宝玩器物得免，余皆焚毁。此寺旧名白塔，自世祖以来，为百官习仪之所，其殿陛阑楯一如内庭之制。成宗时，置世祖影堂于殿之西，裕宗影堂于殿之东，月遣大臣致祭。”

其十三，《明史·五行志》在火的名目之下，有火灾、火异两项记载，亦不记事应，但有一事例外：“嘉靖元年正月己未，清宁宫后三小宫灾，杨廷和言废礼之应，不报。”如此记载史事，应该是史官有意而为之。

其十四，《清史稿·灾异志》遵循《明史·五行志》体例，有灾火、火异两项，且只记灾异，亦无事应。读《清史稿》中华书局版，《清史稿·灾异志》原书中有掉字空两处，一为“（顺治）二十二年四月，□阳西门火”，再一为“（顺治）四十六年正月初四日，荔浦火，初□又火”。

## 五、稼穑不成

稼穑不成，《汉书·五行志》解释：“土，中央，生万物者也。其于王者，为内事。宫室、夫妇、亲属，亦相生者也。古者天子诸侯，宫庙大小高卑有制，后夫人媵妾多少进退有度，九族亲疏长幼有序。孔子曰：‘礼，与其奢也，宁俭。’故禹卑宫室，文王刑于寡妻，此圣人之所以昭教化也。如此则土得其性矣。若乃奢淫骄慢，则土失其性。亡水旱之灾而草木百谷不孰，是为稼穑不成。”

在十五史《五行志》及《灵征志》《灾异志》中，有九部史书记载了稼穑不成的故事。即《汉书》一段。《晋书》六段。《宋书》二段。《隋书》二段。《新唐书》二十五段。《宋史》三十二段。《元史》中统元年至至顺三年，十二段；元统元年至二十一年，一段。《明史》洪武二年至崇祯十三年，十四段。《清史稿》顺治元年至光绪三十三年，九段。

《五行志》及《灵征志》《灾异志》记载稼穑不成，其称谓如：《汉书》：大（水）亡麦禾。《晋书》：实不成；无麦禾；饥。《宋书》：实不成；无水旱，无麦。《隋书》：穷侈极丽；饥。《新唐书》《宋史》《金史》《元史》《明史》《清史稿》：饥。《后汉书》《南齐书》《魏书》《旧唐书》《旧五代史》《金史》六部史书，均无记载。

## 六、金不从革

金不从革，《汉书·五行志》解释：“金，西方，万物既成，杀气之始也。故立秋而鹰隼击，秋分而微霜降。其于王事，出军行师，把旄杖钺，誓士众，抗威武，所以征畔逆止暴乱也。《诗》云：‘有虔秉钺，如火烈烈。’又曰：‘载戢干戈，载橐弓矢。动静应谊，说以犯难，民忘其死。’如此则金得其性矣。若乃贪欲恣睢，务立威胜，不重民命，则金失其性。盖工冶铸金铁，金铁冰滞涸坚，不成者众，及为变怪，是为金不从革。”

十五史《五行志》及《灵征志》《灾异志》中，共有十四部史书记载了金不从革的例目。即《汉书》二段。《晋书》十一段。《宋书》十一段。《南齐书》一段。《魏书》三段。《隋书》一段。《旧唐书》约四段。《新唐书》十二段。《旧五代史》约二段，称草木石冰。《宋史》约二十一段，集自金。《金史》约一段。《元史》至元十三年至泰定四年，三段；至正九年至十年，二段。《明史》九段，称金异。《清史稿》七段。《后汉书》则没有记载。

以上十四史记载金不从革，例目中的故事题目，略记如下：《汉书》：石言；石鸣。《晋书》《宋书》：石瑞；金狄；石印；钟出涕；刃有火光；石生金粟；石言；镜中无头；金凤自飞；钱自飞。《南齐书》：金翅折。《魏书》：铜像流汗；金像流汗；铜像生须。《隋书》：铁自飞。《旧唐书》：铁像头自落；金刚血汗；十三宝；白玉床。《新唐书》：兵刃有光；石出字；石言；地出铁；钟自鸣；浑天仪出汗；碑失龟头。《旧五代史》：石像自动；石槽自走。《宋史》：水流出铁；石出字；地涌熔银；地出铜器；钟自鸣；地出玄圭；铸九鼎；地出印；地出铜马；兵刃火光；石自移；铜钱自飞。《金史》：石炭。《元史》：出铁矿；银矿不出；山石崩人；陨石。《明史》：钟自鸣；兵刃火光；天雨钱；弓弦自鸣；飞来钟；物自飞；炮自鸣。《清史稿》：钟自鸣；金铁出火；天雨箭；兵刃吐火。

## 七、水不润下

水不润下，《汉书·五行志》解释："水，北方，终臧万物者也。其于人道，命终而形臧，精神放越，圣人为之宗庙以收魂气，春秋祭祀，以终孝道。王者即位，必郊祀天地，祷祈神祇，望秩山川，怀柔百神，亡不宗事。慎其齐戒。致其严敬，鬼神歆飨，多获福助。此圣王所以顺事阴气，和神人也。至发号施令，亦奉天时。十二月咸得其气，则阴阳调而终始成。如此则水得其性矣。若乃不敬鬼神，政令逆时，则水失其性。雾水暴出，百川逆溢，坏乡邑，溺人民，及淫雨伤稼穑，是为水不润下。京房《易传》曰：'颛事有知，诛罚绝理，厥灾水，其水也，雨杀人以陨霜，大风天黄。饥而不损兹谓泰，厥灾水，水杀人。辟遏有德兹谓狂，厥灾水，水流杀人，已水则地生虫。归狱不解，兹谓追非，厥水寒，杀人。追诛不解，兹谓不理，厥水五谷不收。大败不解，兹谓皆阴。解，舍也，王者于大败，诛首恶，赦其众，不则皆函阴气，厥水流入国邑，陨霜杀叔草。'"

在十五史《五行志》及《灵征志》《灾异志》中，每一史均有水不润下的记载。即《汉书》记载十一段，其中春秋时期七段，汉代四段。《后汉书》记载二十三段，其将水不润下与听之不聪内容合一，故而有大水、水变色、河清三项合一。《晋书》四十余段，内容取自《宋书》。《宋书》七十余段，内容与《晋书》大同，分段不同。《南齐书》八段，其中有沙池漏水一例。

《魏书》二十二段。《隋书》八段。《旧唐书》大水与大雨混为一处。《新唐书》三十五段。《旧五代史》雨水不分，且例目为水淹风雨。《宋史》约四十八段。《金史》雨水不分。《元史》至元元年至至顺三年，十一段；元统元年至至正二十六年，一段。《明史》水潦，十五段；水变，一段。《清史稿》有二十三段，以帝王年号为界，十年为一个分段，直至宣统年间。

上述十五史记载大水，诸史例目中故事题目略记如下：《汉书》：春秋大水；诸吕相王；新垣平；罢寝庙。《后汉书》：窦太后；邓贵人；帝在襁褓；阿母王圣；大臣专政。《晋书》《宋书》：大雨霖；大风涌水；孙权废太子；魏明帝多占幼女；晋武帝采择民女；收取吴姬；贾后乱朝；大臣强盛；井水沸溢。《南齐书》：大水；萧颖胄沙池漏水。《魏书》：大水；大霖雨；水溢。《隋书》：大水；大臣反叛；修浮山堰；僭号；群小用事；伶人封王；独孤皇后；斩史万岁；废郊祀。《旧唐书》《新唐书》：谷水溢；山水暴涨；十里水影。《旧五代史》：井泉暴涨；决口处建碑立庙。《元史》：僧人救灾。《明史》：水潦，水变。《清史稿》：水变。

《汉书·五行志》论说水不润下，有事例十一段之多，在数量上仅次于火不炎上的三十段。对于称谓而言，《汉书·五行志》记载水不润下，只称其为大水；以后诸史遵循汉志的原则，也称大水；只有《明史·五行志》《清史稿·灾异志》，称大水为水潦与水变。

再者，诸史之中称大水为灾之处很少，《汉书·五行志》只是在水不润下的序文之中，引用京房《易传》的一段言论，里面用到一个“灾水”的概念;《晋书·五行志》水不润下的序文中，也引用了京房《易传》这段话。就《汉书·五行志》而言，灾字一般只用于火；这里出现在大水的引文之中，也是一件怪事。想来京房并未注意灾字的用法，或者有意而为之?《宋书·五行志》序文中，有“谓水失其性而为灾也”，也用到灾字。以后诸史《五行志》在大水的例目之中，均未见用到灾字。

## 八、貌之不恭

貌之不恭，《洪范五行传》定义:“貌之不恭，是谓不肃，厥咎狂，厥罚恒雨，厥极恶。时则有服妖，时则有龟孽，时则有鸡祸，时则有下体生上之痾，时则有青眚青祥。惟金沴木。”这是说，五行变异中的木对应六事变异中的貌，当貌之不恭时，就会发生下面列出的世间事物的变异。班固《汉书·五行志》逐一讲述了这些变异的故事，其中有两点需说明，一是空目，即有题无文的例目，有极恶一项；二是班固还记载了人们对于这个例目的不同意见，即刘歆认为，貌之不恭的目下，还应该包括鳞虫之孽、羊祸、鼻痾三项例目，对此班固在正文中，没有接受刘歆的意见。

十五史《五行志》及《灵征志》《灾异志》记载貌之不恭正文的例目，对照班固《汉书·五行志》中《洪范五行传》的定义，例目有所增减或变化，略记如下：《汉书》：狂咎，恒雨，服妖，鸡祸，鼠妖，金沴木。《后汉书》：貌不恭，淫雨，服妖，鸡祸，青眚，屋自坏。《晋书》：狂咎，恒雨，服妖，鸡祸，青祥，金沴木。《宋书》：貌不恭，恒雨，服妖，龟孽，鸡祸，青眚青祥，金沴木。《南齐书》：常雨，大雨雪，雷，雨雹，服妖，金沴木。《魏书》：雨雹，雪，霜，青眚，人痾，鸡祸。《隋书》：貌不恭，常雨水，大雨雪，木冰，大雨雹，服妖，鸡祸，龟孽，青眚青祥，金沴木。《旧唐书》：恒雨，服妖，龟孽，鸡祸，鼠妖。《新唐书》：常雨，服妖，龟孽，鸡祸，下体生上之痾，青眚青祥，鼠妖，金沴木。《旧五代史》：鱼虫禽兽。《宋史》：狂咎，恒雨，甘露，服妖，龟孽，鸡祸，鼠妖，金沴木。《金史》：狂咎，金沴木。《元史》：狂咎，恒雨，鼠妖。《明史》：恒雨，狂人，服妖，鸡祸，鼠妖，木妖，青眚青祥。《清史稿》：狂咎，恒雨，服妖，鸡祸，鼠妖，青眚青祥，金沴木。

再者，诸史在例目上的变化，略记如下：一是《汉书》下体生上之痾，《魏书》作人痾，《隋书》作下体生上体之痾。此中《隋书》应该是史官笔误。二是《汉书》极恶，《旧唐书》作极凶。后者应该是史官笔误。三是《汉书》金沴木，《明史》作木妖，《清史稿》作木怪。四是《新唐书》鼠妖，《明史》作鼠孽。

## 九、言之不从

言之不从，《洪范五行传》定义：“言之不从，是谓不艾，厥咎僭，厥罚恒阳，厥极忧。时则有诗妖，时则有介虫之孽，时则有犬祸。时则有口舌之痾，时则有白眚白祥。惟木沴金。”他是说，五行变异中的金对应六事变异中的言，当言之不从时，就会发生下面列出的世间事物的变异。班固《汉书·五行志》逐一讲述了这些变异的故事，其中有两点需说明：一是其中有两个目录是空目，即极忧、口舌之痾。在十五史的记载中，这两项都属于有目录而无内容的状态。但许多史书的序文中，依然包括这两个项目的记录，如《后汉书》《晋书》《宋书》《南齐书》《隋书》《旧唐书》《新唐书》；其余诸史如《魏书》《旧五代史》《宋史》《金史》《元史》《明史》《清史稿》，则将这两项去除掉了。二是班固记载，刘歆认为，言之不从的例目中应该包括毛虫之孽。班固接受了刘歆的建议，在后面的正文中，没有记载介虫之孽，而是记载了毛虫之孽的故事。以后诸史均按此办理，只有《元史·五行志》不同，它在言之不从的目下，既记载了介虫之孽，也记载了毛虫之孽，还有一段羽虫之孽。

下面将十五史《五行志》及《灵征志》《灾异志》正文的例目，略记如下:《汉书》：僭咎，恒阳，诗妖，犬祸，白眚白祥，木沴金，毛虫之孽。《后汉书》：讹言，旱，谣，狼食人。《晋书》：讹言，恒阳，诗妖，犬祸，白眚白祥，木沴金，毛虫之孽。《宋书》：言之不从，恒暘，诗妖，犬祸，白眚白祥，木沴金，毛虫之孽。《南齐书》：僭咎，常阳，歌谣，白眚白祥，木沴金。《魏书》：金沴，毛虫之孽。《隋书》：言不从，旱，诗妖，犬祸，白眚白祥，木沴金，毛虫之孽。《旧唐书》：诗妖，木沴金，毛虫之孽。《新唐书》：讹言，常暘，诗妖，犬祸，白眚白祥，木沴金，毛虫之孽。《旧五代史》：草木石冰，鱼虫禽兽。《宋史》：讹言，恒暘，诗妖，犬祸，白眚白祥，木沴金，毛虫之孽。《金史》：僭咎，诗妖，白眚白祥，毛虫之孽。《元史》：恒暘，诗妖，介虫之孽，白眚白祥，毛虫之孽，羽虫之孽。《明史》：恒暘，诗妖，犬祸，白眚白祥，金异，毛虫之孽。《清史稿》：恒暘，诗妖，犬祸，白眚白祥，木沴金，毛虫之孽。

再者，诸史记载中，称谓的变化略记如下：一是《汉书》僭咎，《后汉书》《晋书》《新唐书》《宋史》作讹言；《宋书》《隋书》作言不从。二是《汉书》恒阳，《后汉书》《隋书》作旱；《南齐书》作常阳；《新唐书》作常暘。三是《汉书》木沴金，《魏书》作金沴；《旧五代史》作草木石冰；《明史》作金异（金石之妖）；《清史稿》作金石之妖。四是《汉书》毛虫之孽，《旧五代史》作鱼虫禽兽。

## 十、视之不明

视之不明，《汉书·五行志》定义："视之不明，是谓不悊，厥咎舒，厥罚恒奥，厥极疾。时则有草妖，时则有蠃虫之孽，时则有羊祸，时则有目痾，时则有赤眚赤祥。惟水沴火。”这是说，五行变异中的火对应六事变异中的视，视之不明时，就会发生下面列出的世间事物的变异。班固《汉书·五行志》逐一讲述了这些变异的故事，其中有两点需说明：一是其中有三个空目，即舒咎、极疾、目痾，班固《汉书·五行志》正文未记，以后诸史也未记。二是据班固记载，刘歆认为，在视之不明的目下，还应该包括羽虫之孽、鸡祸。刘歆还反对将羸虫之孽放在视之不明目下，认为它应该放到思心不容目下。班固接受了用羽虫之孽换掉羸虫之孽的建议，因此在视之不明名下，羸虫之孽也成了空目。但没有接受鸡祸的建议。

十五史《五行志》及《灵征志》《灾异志》视之不明正文的例目，略记如下:《汉书》：恒燠，草妖，羊祸，赤眚赤祥，羽虫之孽。《后汉书》：恒燠，草妖，赤祥，羽虫孽。《晋书》：恒燠，草妖，羊祸，赤眚赤祥，羽虫之孽。《宋书》：恒燠，草妖，羊祸，赤眚赤祥，羽虫之孽。《南齐书》：草妖，赤眚赤祥，羽虫之孽。《魏书》：桃李花，羊祸，赤眚，羽虫之孽。《隋书》：常燠，草妖，羊祸，赤眚赤祥，羽虫之孽。《旧唐书》：草妖，羽虫之孽。《新唐书》：常燠，草妖，羊祸，赤眚赤祥，水沴火，羽虫之孽。《旧五代史》：草木石冰，虫鱼禽兽。《宋史》：恒燠，草妖，羊祸，赤眚赤祥，水沴火，羽虫之孽。《金史》：草妖，赤眚赤祥，羽虫之孽。《元史》：恒燠，草妖，赤眚赤祥，羽虫之孽。

《明史》：恒燠，草妖，羊祸，赤眚赤祥，羽虫之孽。《清史稿》：恒燠，草妖，羊祸，赤眚赤祥，羽虫之孽。

## 十一、听之不聪

听之不聪，《汉书·五行志》定义："听之不聪，是谓不谋，厥咎急，厥罚恒寒，厥极贫。时则有鼓妖，时则有鱼孽，时则有豕祸，时则有耳痾，时则有黑眚黑祥。惟火沴水。"他是说，五行变异中的水对应六事变异中的听，当听之不聪时，就会发生下面列出的世间事物的变异。班固《汉书·五行志》逐一讲述了这些变异的故事，其中有两点需说明：一是在这个例目中，有三个是空目，即急咎，极贫，耳痾；二是班固《汉书·五行志》正文中，接受了刘歆的建议，加上了介虫之孽一项。

十五史《五行志》及《灵征志》《灾异志》听之不聪正文的例目，略记如下：《汉书》：恒寒，鼓妖，鱼孽，豕祸，火沴水，介虫之孽。《后汉书》：大寒，冬雷，山鸣，鱼孽，水变色，蝗。《晋书》：恒寒，雷震，鱼孽，豕祸，黑眚黑祥，火沴水，蝗虫。《宋书》：恒寒，雷震，鱼孽，豕祸，黑眚黑祥，火沴水，蝗虫。《南齐书》：鼓妖，鱼孽。《魏书》：雨雹，雪，霜，无云而雷，鼓妖，雷，震，豕祸，黑眚黑祥，蝗虫螟。《隋书》：寒，鼓妖，鱼孽，彘祸（豕祸），黑眚黑祥，火沴水，虫妖。《旧唐书》：雷，豕祸，火沴水，蝗。《新唐书》：常寒，鼓妖，雷电，鱼孽，豕祸，黑眚黑祥，火沴水，蝗。《旧五代史》：水淹风雨，虫鱼禽兽，蝗。《宋史》：恒寒，雷，天鸣，陨石，鱼孽，豕祸，黑眚黑祥，火沴水，蝗。《金史》：恒寒，雷电，蝗。《元史》：恒寒，雷，鱼孽，豕祸，黑眚黑祥，河水清。《明史》：恒寒，恒阴，雨雪陨霜，雨雹，雷震，鼓妖，鱼孽，豕祸，黑眚黑祥，水变，蝗蝻。《清史稿》：恒寒，陨霜，雨雹，雷，鼓妖，鱼孽，豕祸，黑眚黑祥，火沴水，蝗。

## 十二、思心之不容

思心之不容，《汉书·五行志》定义："思心之不容，是谓不圣，厥咎霿，厥罚恒风，厥极凶短折。时则有脂夜之妖，时则有华孽，时则有牛祸，时则有心腹之痾，时则有黄眚黄祥，时则有金木水火沴土。"这是说，五行变异中的土对应六事变异中的思心，当思心之不容时，就会发生下面列出的世间事物的变异。班固《汉书·五行志》逐一讲述了这些变异的故事，其中有两点需说明：一是此中有一个空目，即极凶短折；二是班固接受了刘歆的建议，在《汉书·五行志》思心之不容正文中，加入了蠃（或作"嬴""裸"）虫之孽的故事，而没有记载华孽的故事。此后的《后汉书》《晋书》《宋书》《南齐书》《魏书》五部史书，均无华孽的记载，直到《隋书》才开始有了华孽的记载。

十五史《五行志》及《灵征志》《灾异志》思心之不睿正文的例目略记如下:《汉书》：霿呇，恒风，脂夜之妖，裸虫之孽，牛祸，心腹之痾，黄眚黄祥，金木水火沴土。《后汉书》：大风拔树，脂夜之妖，螟，牛疫，地震、山崩、地陷。《晋书》：恒风，夜妖，蠃虫之孽，牛祸，黄眚黄祥，地震。《宋书》：恒风，夜妖，蠃虫之孽，牛祸，黄眚黄祥，地震。《南齐书》：霿呇，恒风，脂夜之妖，山崩，地震。《魏书》：雾，大风，夜妖，蝗虫螟，牛祸，地震、山崩。《隋书》：常风，夜妖，裸虫之孽，华孽，牛祸，心腹之痾，黄眚黄祥，木金水火沴土。《旧唐书》：恒风，牛祸，地震。《新唐书》：常风，夜妖，蠃虫之孽，华孽，牛祸，黄眚黄祥，木火金水沴土。《旧五代史》：水淹风雨，地震。《宋史》：恒风，夜妖，蠃虫之孽，华孽，牛祸，黄眚黄祥，地震、山摧、雨毛。《金史》：恒风，脂夜之妖，裸虫之孽，牛祸，黄眚黄祥，地震、地生白毛。《元史》：恒风，脂夜之妖，裸虫之孽，华孽，牛祸，黄眚黄祥，地震。《明史》：恒风，风霾晦冥，虫孽，花孽，牛祸，黄眚黄祥，地震、山颓、雨毛、地生毛。《清史稿》：恒风，脂夜之妖，裸虫之孽，华孽，牛祸，黄眚黄祥，地震、山崩、地生毛。

## 十三、皇之不极

皇之不极，《汉书・五行志》定义：“皇之不极，是谓不建，厥咎眊，厥罚恒阴，厥极弱。时则有射妖，时则有龙蛇之孽，时则有马祸，时则有下人伐上之痾，时则有日月乱行，星辰逆行。”这是说，六事变异中的皇极，当皇之不极时，就会发生下面列出的世间事物的变异。班固《汉书·五行志》逐一讲述了这些变异的故事，其中有一点需说明:《洪范五行传》列出的皇之不极的目录有两个例目是空目，即眊咎、极弱。

十五史《五行志》及《灵征志》《灾异志》皇之不极正文的例目，略记如下:《汉书》：恒阴，射妖，龙蛇之孽，马祸，下人伐上之痾，日月乱行，星辰逆行。《后汉书》：恒阴，射妖，龙蛇孽，马祸，人痾、人化，死复生，疫，投蜺，日蚀、日抱、日赤无光、日黄珥、日中黑、虹贯日、月蚀非其月。《晋书》：恒阴，射妖，龙蛇之孽，马祸，人痾。《宋书》：常阴，射妖，龙蛇之孽，马祸，人痾，日蚀。《南齐书》：恒阴，马祸，下人伐上之痾。《魏书》：龙蛇之孽，马祸，人痾。《隋书》：云阴，射妖，龙蛇之孽，马祸。《旧唐书》：恒阴，龙蛇之孽，马祸，下人伐上之痾。《新唐书》：常阴，虹蜺、龙蛇孽，马祸，人痾，天鸣，陨石。《旧五代史》：无。《宋史》：恒阴，龙蛇孽，虹蜺，马祸，人痾，疫，天鸣。《金史》：龙蛇之孽。《元史》：龙蛇之孽，人痾，疫。《明史》：恒阴，龙蛇之孽，马祸，人痾，疾疫，陨石。《清史稿》：恒阴，龙蛇之孽，马祸，人痾，疫，陨石。

# 六　咎

《尚书·洪范》中有庶征一项，其下包括许多自然现象如雨、阳、燠、寒、风等。庶征之下又包括休征与咎征两项，休征为祥瑞，咎征为灾异。班固《汉书·五行志》列举咎征，有六咎之说，即狂咎、僭咎、舒咎、急咎、霿咎、眊咎。它们分属于六事，即貌之不恭、言之不从、视之不明、听之不聪、思心之不睿、皇之不极的目下。但在实际的记载中，有正文内容的例目，只有三项，即狂咎、僭咎、霿咎；其余三项均为空目。

## 一、狂　咎

狂咎，《洪范五行传》定义："貌之不恭，是谓不肃，厥咎狂……"班固《汉书·五行志》解释："人君行已，体貌不恭，怠慢骄蹇，则不能敬万事，失在狂易，故其咎狂也。"这是说，狂咎对应五行变异中的木，属于貌之不恭的目下；如果君王行为傲慢，不尊敬万事万物，就会有狂咎发生。

在十五史《五行志》及《灵征志》《灾异志》中，有十部史书记载了狂咎的内容。即《汉书》十四段。《后汉书》四段，称貌不恭。《晋书》六段。《宋书》十一段，称貌不恭。《隋书》八段，称貌不恭。《宋史》五段。《金史》约六段。《元史》一段。《明史》二段。《清史稿》一段。《南齐书》《魏书》《旧唐书》《新唐书》《旧五代史》五部史书，没有狂咎一项的记载。

上述十史记载狂咎，例目中的故事题目略记如下：

《汉书》：视远步高；举止高，心不固；礼，国之干也；敬，礼之舆也；礼，身之干也；敬，身之基也；礼义动作，威仪之则，以定命也；敬在养神，笃在守业；古之为享食，以观威仪、省祸福也；为臣而君，过而不悛，亡之本也；受享而惰，乃其心也；居丧而不哀，在慼而有嘉容，是谓不度，不度之人，鲜不为患；令尹无威仪，民无则焉，民所不则，以在民上，不可以终；视不过结襘之中，所以道容貌也；命事于会，视不登带，言不过步，貌不道容而言不昭矣；位而适卑，身将从之；大事奸谊，必有大咎；夫礼，死生存亡之体也；高仰，骄也，卑俯，替也，骄近乱，替近疾；单襄公，斗伯比，周内史过，孟献子，刘康公，甯惠子，叔孙穆子，子产，穆叔，卫北宫文子，叔向，昭子，卫彪傒，子赣。《后汉书》：樊崇等视刘盆子如小儿；山阳王荆哭丧不哀；窦皇后、窦宪专权；梁冀秉政；梁氏灭门驱驰。《晋书》

《宋书》：魏文帝居谅闇游猎；邓飏鬼躁；散发倮身之饮；贾谧无降下之心；齐王冏专骄；人不复着帩头；露卯变阴卯。《隋书》：侯景行不能正履；梁元帝骄矜之色；陈后主祀郊庙，称疾不行；侯安都箕踞而坐；后齐文襄帝秘不发丧；司徒高昂杀门卫；后齐后主慰问士兵，赧然大笑；炀帝每骄天下之士。《宋史》：狂人骂帝王；狂僧哀哭；狂人升堂践王坐；衰服入帐门。《金史》：狂人郝赞；狂僧公言："杀天子"；有人衣麻衣哭承天门；国家将早散瓦解。《元史》：有人伏丽正门楼斗栱内中。《明史》：狂人；军人孙堂病狂。《清史稿》：村夫归来，言多不经。

对于狂咎，做几点说明：

其一，在六咎之中，狂咎是失礼的最高表现，弱一级的是僭咎。在狂咎的例目之下，班固《汉书·五行志》中记载的狂咎故事，堪称十五史《五行志》之中，人文气息最丰富、最浓郁的一节。它列举的十四个例子，均为春秋时期的故事，内容完整，寓意指向明确，总结出春秋时期一些重要的阅人、做人的名言和方法，说是算命，实际上是在讲礼，讲做人的道理。但这十四个故事的体例，与《汉书·五行志》的其他例目很不相同，比如它们都没有记载汉儒们的观点，也没有列出汉代京房等人的名言，其写作风格很像《左传》，又像是插入的一节内容。

其二，关于狂人的故事，在诸史《五行志》下体生上之痾、下人伐上之痾、人痾、羸虫之孽等例目中，也有狂人故事的记载。比如《后汉书·五行志》皇之不极人痾的例目，也包括狂人的故事，与狂咎中的狂人故事毫无二致："光和元年五月壬午，何人白衣欲入德阳门，辞'我梁伯夏，教我上殿为天子'。中黄门桓贤等呼门吏仆射，欲收缚何人，吏未到，须臾还走，求索不得，不知姓名。时蔡邕以成帝时男子王褒绛衣入宫，上前殿非常室，曰'天帝令我居此'，后王莽篡位。今此与成帝时相似而有异，被服不同，又未入云龙门而觉，称梁伯夏，皆轻于言。以往况今，将有狂狡之人，欲为王氏之谋，其事不成。其后张角称黄天作乱，竟破坏。"

其三，在《宋书·五行志》貌之不恭狂咎中，有"人不复着帩头"与"露卯变阴卯"两个例目，《晋书·五行志》抄录时，将其归入貌之不恭服妖之中。

## 二、霿 咎

霿咎，《洪范五行传》定义："思心之不容，是谓不圣，厥咎霿……"班固《汉书·五行志》注释："思心者，心思虑也；容，宽也。孔子曰：'居上不宽，吾何以观之哉！'言上不宽大包容臣下，则不能居圣位。貌言视听，以心为主，四者皆失，则区霿无识，故其咎霿也。"这是说，霿咎对应五行变异中的土，属于思心之不容的目下。因为君王心胸狭窄，不能够包容臣下，所以不适合位居帝位，否则就会有霿咎的发生。

在十五史《五行志》及《灵征志》《灾异志》中，只有一部史书记载了霿咎，即《魏书 · 灵征志上》六段，其内容都是雾。录于下："世祖太延四年正月庚子，雨土如雾于洛阳。高祖太和十二年十一月丙戌，土雾竟天，六日不开，到甲夜仍复浓密，勃勃如火烟，辛惨人鼻。世宗景明三年二月已丑，秦州黄雾，雨土覆地。八月己酉，浊气四塞。四年八月辛巳，凉州雨土覆地，亦如雾。正始二年正月己丑夜，阴雾四塞，初黑后赤。三年正月辛丑，土雾四塞。九月壬申，黑雾四塞。延昌元年二月甲戌，黄雾蔽塞。时高肇以外戚见宠，兄弟受封，同汉之五侯也。"其中高肇的故事，《魏书 · 外戚传》有记："延昌初，（高肇）迁司徒。虽贵登台鼎，犹以去要怏怏形乎辞色。众咸嗤笑之。父兄封赠虽久，竟不改瘗。三年，乃诏令迁葬。肇不自临赴，唯遣其兄子猛改服诣代，迁葬于乡。时人以肇无识，哂而不责也。"

再者，雾本应归于恒阴，但《魏书 · 灵征志上》此段序文写道："班固说：上不宽大包容臣下，则不能居圣位。貌、言、视、听，以心为主，四者皆失，则区瞀无识，故其咎雾。"需要说明，此段话始见于《汉书 · 五行志》，但《魏书 · 灵征志上》在引用时，改动了其中的最后一个字，即将"霿"改为"雾"。根据《汉书 · 五行志》的定义，这还是有区别的，霿要归于思心之不睿的霿咎目下，雾要归于皇之不极的恒阴目下。

## 三、僭　咎

僭咎，《洪范五行传》定义："言之不从，是谓不艾，厥咎僭……"班固《汉书·五行志》解释："孔子曰：'君子居其室，出其言不善，则千里之外违之，况其迩者乎！'《诗》云：'如蜩如螗，如沸如羹。'言上号令不顺民心，虚譁愦乱，则不能治海内，失在过差，故其咎僭，僭，差也。"这是说，僭咎对应五行变异中的金，属于言之不从的目下。在这里，班固引用两段重要的话语，一个是孔子的话，语出《周易·系辞传上》，意思是说，君子处在自家的庭院中，发出言论之后，如果言论不是美好的，那么千里之外也会背叛他，何况是近处的呢？另一个是《诗经》中的话，语出《诗经·大雅·荡》，意思是说，百姓悲叹如蝉鸣，恰似落到沸腾的水汤之中。它们都是在阐释，由言之不从带来的不良后果。

在十五史《五行志》及《灵征志》《灾异志》中，有十部史书记载了僭咎的内容，其中《汉书》九段。《后汉书》一段，称讹言。《晋书》十二段。《宋书》二十一段，称言之不从。《南齐书》八段。《隋书》十一段，称言不从。《旧唐书》一段。《新唐书》十段，称讹言。《宋史》八段，称民讹。《金史》约一段。其余《魏书》《旧五代史》《元史》《明史》《清史稿》五部史书，没有僭咎的记载。

上述诸史记载僭咎的故事题目，略记如下：《汉书》：高位实疾颠，厚味实腊毒；名以制谊，谊以出礼，礼以体政，政以正民；嘉耦曰妃，怨耦曰仇；无德而贪；子容专，司徒侈，皆亡家之主也；语偷；朝不谋夕，弃神人矣，神怒民畔，何以能久；夫弗及而忧，与可忧而乐，与忧而弗害，皆取忧之道也；民之所欲，天必从之；言以考典，典以志经，忘经而多言举典，将安用之；礼失则昏，名失则愆，失志为昏，失所为愆；悼孔子；单襄公，师服，伯廖，汝齐，鲁穆叔，刘定公，叔孙穆子，子羽，叔向，子赣。《后汉书》：讹言。《晋书》《宋书》：讹言；刘禅；姜维；远听；闲话；金墉城；司马覃；虫病；挽歌；斗族；二月了；何曾私食。《南齐书》：消梨；忆高帝；穷厩；别食；癫童；扰攘建武上；和起；五色幡。《隋书》：天正；正道；和士开；韩长鸾；隆化；宣政；天子冢；广运；嬴殃；大业；雠谏士。《旧唐书》：埋小儿。《新唐书》：枨枨；族盐；埋小儿；入破；潜龙宫；郑注；狭母鬼；黄贼。《宋史》：石匣；腋底闹；乌帽飞；二郎神；讹言；妖星；贾似道；纸钱；图谶。《金史》：一年三改年号。

虽然《后汉书·五行志》序文中遵循《汉书·五行志》，列有僭咎一项，但在正文目录中，它的对应项却是讹言。其实这也是《后汉书·五行志》的一贯做法，究其原因，可能是两史的写法不同，《汉书·五行志》为汉代以上的通史，写作空间更为广阔；《后汉书·五行志》为断代史，没有那么多的史料可以用来发挥。另外，在《后汉书·五行志》言之不从例目之下，讹言的故事仅有一例："安帝永初元年十一月，民讹言相惊，司隶、并、冀州民人流移。时，邓太皇专政。妇人以顺为道，故《礼》'夫死从子'之命。今专主事，此不从而僭也。"以后诸史记载僭咎，遵循《汉书·五行志》的规则者不多，更多的史官按照《后汉书·五行志》的例目，记载讹言的故事。

# 六　恒

《尚书·洪范》中记有五行对应五种天象，即雨、阳、燠、寒、风;《洪范五行传》又加入一项：阴。如果这六种现象正常出现，所谓“风有好风，星有好雨”，即为休征；如果它们反过来，化作狂风暴雨、风霜雨雪、天寒地冻、久阴不雨等，即为咎征，又称恒雨、恒阳、恒燠、恒寒、恒风、恒阴。

## 一、恒　雨

恒雨,《洪范五行传》定义:“貌之不恭，是谓不肃，厥咎狂，厥罚恒雨……”班固《汉书·五行志》解释:“上嫚下暴，则阴气胜，故其罚常雨也。”这是说，恒雨对应五行变异中的木，属于貌之不恭的目下。由于君王傲慢，大臣强暴，所以导致阴气强盛，会有连绵阴雨发生。

十五史在《五行志》及《灵征志》《灾异志》貌之不恭序文中，都有恒雨一项；而且每一史的例目中，也都有恒雨的内容。即《汉书》三段。《后汉书》十二段，称淫雨。《晋书》十段。《宋书》十二段。《南齐书》十八段，包括常雨三段，大雨雪二段，雷十段，雨雹三段。《魏书》十段，称雨雹。《隋书》二十三段，包括常雨水七段，大雨雪十段，木冰四段，大雨雹二段。《旧唐书》见水不润下。《新唐书》二十段，称常雨。《旧五代史》见水不润下。《宋史》五十段，包括常雨三十三段，甘露十七段。《金史》约五段。《元史》七段，包括甘露。《明史》十六段。《清史稿》二十一段。

上述十五史记载恒雨，包含的内容不仅是雨，还有一些相关的自然现象，诸史记载也有不同，略记如下:《汉书》：大雨雪，震电。《晋书》《宋书》：震电，雷电。《南齐书》：大雨雪，雷，雨雹。《魏书》：雨雹。《隋书》：大雨雪，木冰，大雨雹。《旧唐书》：雨雹。《新唐书》：大雨雪，阴雪。《旧五代史》：雷震。《宋史》：雨雪集霰，甘露。《金史》：雨雹。《元史》：甘露。

再者，自《汉书·五行志》以降，历代史官记载下雨的类型与称谓，也是一个有趣的文化现象，略记如下:《汉书》：刘向称恒雨；刘歆称常雨。《后汉书》：淫雨，连雨，霖雨。《晋书》《宋书》：大雨，连雨，雨霖，雨水。《南齐书》：阴雨，连雨，积霖。《隋书》：常雨水，大雨。《旧唐书》：大雨，暴雨，澍雨，霖雨。《新唐书》：常雨，霖雨，连雨，久雨。《旧五代史》：连雨，大雨，暴风雨。《宋史》：淫雨，久雨，阴雨，大风雨，大霖雨。《金史》：霖雨，淫雨，阴雨，月雨。《元史》：淫雨，久雨，大霖雨。《明史》：霪雨，大雨，恒雨，积雨，骤雨，急雨，大风雨，大雨水。《清史稿》：霪雨，恒雨，骤雨，暴雨，大雨，大风雨。

在十五史《五行志》及《灵征志》《灾异志》中，有三部史书《后汉书》《明史》《清史稿》，只谈雨，不谈其他。再者，在《隋书》常雨水（恒雨）目下，有木冰一项，遵循前史规则，木冰应归于木不曲直名下。另外，《宋史》《元史》等恒雨中，有甘露一项内容，它应该归为休征，即祥瑞。

恒雨故事，如晋代司马彪所记：汉桓帝延熹二年夏天，霖雨五十余日不止。当时大将军梁冀秉政，他谋害桓帝所幸邓贵人的母亲，又擅自杀害议郎邴尊。桓帝欲诛杀梁冀，又担心他持掌大权日久，威势强盛，恐怕不能成功，反而害及吏民，因此经常与近臣中常侍单超等秘密商量，研究动手的方法。这一年八月，梁冀被伏罪诛灭。（《后汉书・五行志》《后汉书・孝桓帝本纪》）再者，汉灵帝建宁元年夏天，霖雨六十余日不止。当时大将军窦武阴谋叛变，废除中官。这一年九月，长乐五官史朱瑀等，与中常侍曹节一同起兵，先诛杀窦武，在阙下发生兵战，结果窦武败走，官兵追杀窦氏兄弟，死者数百人。（《后汉书・五行志》《后汉书・孝灵帝本纪》《后汉书・窦武传》）

## 二、恒　奥

恒奥（yù），《洪范五行传》定义："视之不明，是谓不悊，厥咎舒，厥罚恒奥……"班固《汉书・五行志》注释："盛夏日长，暑以养物，政弛缓，故其罚常奥也。"这是说，恒奥对应五行变异中的火，属于视之不明的目下，如果国家的政策弛缓，就会有恒奥现象的发生，如冬日温暖或无雪等。

在十五史《五行志》及《灵征志》《灾异志》中，有十一部史书记载了恒奥的故事，其中《汉书》五段。《后汉书》称恒燠，无例目。《晋书》四段。《宋书》四段。《魏书》五段，称桃李花。《隋书》一段，称常燠。《新唐书》五段，称常燠。《宋史》十六段。《元史》四段。《明史》十段。《清史稿》三段。《南齐书》《旧唐书》《旧五代史》《金史》四部史书，没有恒奥的记载。

上述诸史记载恒奥，例目的故事题目略记如下：《汉书》：亡冰。《后汉书》：冬温。《晋书》《宋书》：桃李华。《魏书》：桃李花。《隋书》：大热。《新唐书》：无冰；少雪；大燠。《宋史》：无雪。《元史》：无雪；桃李花。《明史》《清史稿》：无雪。

世间发生恒燠的天气，说明帝王做事软弱，或大臣执事不力。如班固记载，汉昭帝始元二年冬天，没有冰冻。时年昭帝只有九岁，大将军霍光秉政，开始推行宽缓的政策。（《汉书・五行志》《汉书・昭帝本纪》）再如，诸史记载，为政孱弱无力的皇帝，诸如东吴孙亮、曹魏少帝、晋惠帝、晋穆帝、刘宋顺帝、后齐文宣帝等，在他们的时代，都出现了恒燠的天气。

# 三、恒　风

恒风，《洪范五行传》定义："思心之不容，是谓不圣，厥咎霿，厥罚恒风……"班固《汉书·五行志》注释："雨旱寒奥，亦以风为本，四气皆乱，故其罚常风也。"这是说，恒风对应五行变异中的土，属于思心之不容的目下。雨旱寒奥各种天气的根本，取决于风。如果这四种天气发生混乱，就会发生常风的现象。

在十五史《五行志》及《灵征志》《灾异志》中，每部史书都记载了恒风的故事。即《汉书》五段。《后汉书》十二段。《晋书》二十四段。《宋书》六十一段。《南齐书》十九段。《魏书》三十九段。《隋书》十段。《旧唐书》六段。《新唐书》二十五段。《旧五代史》二段，在"水淹风雨"中。《宋史》三十三段。《金史》三段。《元史》七段。《明史》八段。《清史稿》十四段。

上述十五史记载恒风，对于风的称谓略记如下：《汉书》：异风，大风，暴风雨，大风雨。《后汉书》：大风拔树，大风雨雹。《晋书》《宋书》：大风，暴风，飙风，灾风，疾风，大风发屋，飘风，大风折木，大风拔木。《南齐书》：迅风，大风。《魏书》：大风，暴风，黑风，赤风。《隋书》：大风，回风。《旧唐书》：大风，暴风，大风雨。《新唐书》：大风拔木，大风霾，大风飘瓦。

《旧五代史》：大雨风，暴风雨。《宋史》：大风，暴风，飓风，黑风，海风驾潮，大风拔木。《金史》：大风。《元史》：大风，大风折木，大风霾。《明史》：大风，飓风，狂风，怪风。《清史稿》：大风，飓风，烈风，暴风。

班固记载恒风的故事，第一篇取自《春秋》："釐公十六年正月，六鹢退蜚，过宋都。"《左传》认为，只是因为大风的作用。刘向认为，此为常风之罚，象征着宋襄公刚愎自用，不容臣下，不听司马子鱼的谏阻，而与强大的楚国争夺盟主，六年之后兵败，被楚国俘虏，正好应验了六只鹢鸟的数字。(《汉书·五行志》《左传·僖公十六年》)

再者，风的种类复杂，班固还记载了京房《易传》的注："潜龙勿用，众逆同志，至德乃潜，厥异风。其风也，行不解物，不长，雨小而伤。政悖德隐兹谓乱，厥风先风不雨。大风暴起，发屋折木。守义不进兹谓耄，厥风与云俱起，折五谷茎。臣易上政兹谓不顺，厥风大焱发屋。赋敛不理兹谓祸，厥风绝经纬，止即温，温即虫。侯专封兹谓不统，厥风疾，而树不摇，谷不成。辟不思道利兹谓无泽，厥风不摇木，旱无云，伤禾。公常于利兹谓乱，厥风微而温，生虫蝗，害五谷。弃正作淫兹谓惑，厥风温，螟虫起，害有益人之物。侯不朝兹谓叛，厥风无恒，地变赤而杀人。"(《汉书·五行志》)

## 四、恒　阳

恒阳,《洪范五行传》定义:“言之不从，是谓不艾，厥咎僭，厥罚恒阳……”班固《汉书·五行志》解释:“刑罚妄加，群阴不附，则阳气胜，故其罚常阳也。”这是说，恒阳对应五行变异中的金，属于言之不从的目下。因为国家乱用刑罚，导致阴魂无处归附，所以阳气旺盛，发生恒阳的现象，如干旱无雨等。

在十五史《五行志》及《灵征志》《灾异志》中，有十一部史书记载了恒阳的故事，即《汉书》二十九段。《后汉书》十九段，称旱。《晋书》三十六段。《宋书》七十四段，称恒暘。《南齐书》三段，称常阳。《隋书》十二段，称旱。《新唐书》三十二段，称常暘。《宋史》四十段。《元史》十五段。《明史》十五段。《清史稿》二十段。有四部史书《魏书》《旧唐书》《旧五代史》《金史》，没有恒阳的记载。其中《魏书·灵征志上》记载言之不从，正文中只有金沴、毛虫之孽两项，恒阳等均没有记载。在《旧唐书·五行志》总序中，有言之不从的一段定义，文字与《汉书·五行志》大同；其中提到恒暘，但正文之中没有恒暘的例目。《旧五代史·五行志》《金史·五行志》既没有言之不从的序文，也没有恒阳的正文例目。

以上诸史记载恒阳的表现，统一是大旱的现象，但导致大旱的原因很多，略举例如:《汉书》：大旱；大雩；不雨；诸侯混战；

居丧不哀；庆父淫乱；修筑长城；出战匈奴；穿凿昆明池；始治巫蛊；连年暴师。《后汉书》：旱；天下僭逆；窦太后兄弟用事；有冤囚；幼帝孱弱；大臣强悍。《晋书》《宋书》：旱；毙马谡；曹爽专权；荀勖邪说；采择大臣女入殿；氐羌反叛；诸王征战；帝在襁褓；桓温陵僭；孙恩作乱；桓玄奢僭。《南齐书》：大旱；虏寇；唐寓之。《隋书》：大旱；不雨；兵乱；毁长城；修大明宫；筑长城；征高丽。《新唐书》：旱；无雪；人暍死；人相食。《宋史》：旱；不雨；祈雨；周祀残酷。《元史》：旱；西僧祷雨；鬻子女。《明史》：旱；步祷郊坛；解池旱涸，盐花不生。《清史稿》：旱；晚禾皆秕；长安河涸。

关于“暘”字，一义为日出，也指初阳；再一义为晴，《尚书·洪范》有记：“八、庶征：曰雨，曰暘，曰燠，曰寒，曰风。”汉代王充《论衡·寒温》有记：“夫雨者阴，暘者阳也；寒者阴，而温者阳也。”在班固《汉书·五行志》总序文中，记载为恒阳；此后《后汉书·五行志》《晋书·五行志》《南齐书·五行志》记载为恒阳或常阳，但沈约《宋书·五行志》总序文记载恒阳改为恒暘。沈约改用“暘”替代“陽”，意思是在二字相通，还是另有他意呢？此后《隋书·五行志》《旧唐书·五行志》《新唐书·五行志》《宋史·五行志》《元史·五行志》《明史·五行志》《清史稿·灾异志》均为“暘”。二者有通用，但意思不完全相同。

再者，班固记载恒阳故事，有旱、大雩、不雨三类，意义类同。如汉惠帝五年夏天大旱，江河水少，溪谷绝流。此前国家征集民众十四万六千多人修筑长安城，这一年长安城修缮完毕。(《汉书·五行志》《汉书·惠帝本纪》) 再如，汉武帝在位时，连年大旱，班固总结，缘于征讨匈奴，挖建昆明池，征讨大宛，李陵征匈奴未还，始治巫蛊等。(《汉书·五行志》《汉书·武帝本纪》)

## 五、恒 寒

恒寒,《洪范五行传》定义:“听之不聪，是谓不谋，厥咎急，厥罚恒寒……”班固《汉书·五行志》注释:“盛冬日短，寒以杀物，政促迫，故其罚常寒也。”这是说，恒寒对应五行变异中的水，属于听之不聪的目下。因为深冬时节日短夜长，寒冷的天气可以杀死万物，所以政令急迫，就会有常寒的现象发生。

其实恒雨与恒寒之间，存在着一种递升的关系。如《魏书·灵征志上》雪序文:“《洪范论》曰:《春秋》之大雨雪，犹庶征之恒雨也，然尤甚焉。夫雨，阴也，雪又阴也。大雪者，阴之蓄积盛甚也。一曰与大水同，冬故为雪耳。”

在十五史《五行志》及《灵征志》《灾异志》中，有十二部史书记载了恒寒的故事。其中《汉书》十八段，包括大雨雪十一段，陨霜三段，大雨雹四段。《后汉书》十四段，称大寒。《晋书》三十七段。《宋书》七十四段。《魏书》四十二段，包括雪七段，霜三十五段。《隋书》五段，称寒。《新唐书》四十九段，包括常寒十七段，霜十段，雹二十二段。《宋史》七十七段，包括雪三十一段，霜九段，雹三十七段。《金史》二段。《元史》二十七段，包括陨霜十一段，雨雹十五段，雨雪一段。《明史》二十八段，包括恒寒五段，雨雪陨霜十段，冰雹十三段。《清史稿》二十八段，包括大雨雪九段，陨霜九段，雨雹十段。《南齐书》《旧唐书》《旧五代史》三部史书，未见恒寒的记载。

上述诸史记载恒寒，例目中的故事题目略记如下:《汉书》:春秋大雪；淮南王反；匈奴入侵；周亚夫死；衡山王反；张汤死；京房死；燕多死；春秋陨霜；武帝伐四夷；京房论霜；石显专权；春秋大雨雹；蜚鸟皆死。《后汉书》：大寒；周纡诛伐深刻；邓太后专政；安帝信谗；桓帝诛杀过重；常侍、黄门弄权。《晋书》《宋书》：吕壹专权；陆议卒；孙权废太子；贾充用事；王浚被排挤；贾后专恣；齐王冏专政；刘载僭越；晋成帝幼弱，政在将相；孝武帝弱，张夫人专幸；冢宰专政；殷仲堪、桓玄、安帝蒙尘；卢循；诛刘藩。《魏书》：大雪；寒雪；雨雪；大霜；陨霜。《隋书》：诛尔朱文畅；文宣李后蒙难。《新唐书》：大雨雪；暴寒；海水冰；苦寒。《宋史》：雪盈尺；江水冰；帝责躬减膳；贫民冻死；罢上元节游幸；诏百官乘轿入朝；诏收养内外乞丐老幼；阴云中有雪丝长数寸堕地，查源洞寇张海起。《金史》：二月雷而雪；五月如冬。《元史》：霜杀桑；大雨雹；雨雪结冻如琉璃；

雹大如拳。《明史》：骡橐驼冻死二千蹄；雨红黄黑三色雪；屋上多巨人迹；雨雹击死鸟雀狐兔无算。《清史稿》：骤寒飞鸟坠地死；井冻；雹长可一丈一尺有奇；雹大如碌碡。

相对而言，恒寒是恒雨的升级版，所以恒寒的故事，也会较恒雨残酷。比如汉景帝中六年三月，雨雪；第二年，条侯周亚夫被下狱，并且饿死在狱中。（《汉书·五行志》《汉书·周亚夫传》）再如，汉武帝元狩元年十二月，大雨雪，民多冻死；这一年，淮南王、衡山王谋反，被发觉后，皆自杀，使者去他们的郡国治理余党，结果坐死者数万人。（《汉书·五行志》《汉书·淮南衡山王传》）还有，汉元帝建昭二年十一月，齐、楚地大雪，深五尺；这一年，魏郡太守京房被石显所告发，说他与妻父淮阳王舅张博、博弟张光，劝说淮阳王以不义，张博被腰斩，张光、京房被杀弃市，御史大夫郑弘坐免为庶人。（《汉书·五行志》《五行志·元帝本纪》《汉书·京房传》）

## 六、恒　阴

恒阴，《洪范五行传》定义："皇之不极，是谓不建，厥咎眊，厥罚恒阴……"班固《汉书·五行志》注释："云起于山，而弥于天；天气乱，故其罚常阴也。一曰，上失中，则下强盛而蔽君明也。"另有记载写道："皇极之常阴，刘向以为，《春秋》亡其应。一曰，久阴不雨是也。刘歆以为，自属常阴。”这是说，恒阴对应六事中的皇之不极，归于皇之不极的目下。当臣下强盛、君王蒙昧无知时，就会有恒阴或久阴不雨的现象发生。

在十五史《五行志》及《灵征志》《灾异志》中，有十二部史书记载了恒阴的故事。即《汉书》一段。《后汉书》无例目，但有一句注道“恒阴，中兴以来无录者”。《晋书》四段。《宋书》四段。《南齐书》七段。《魏书》与思心之不睿中的霿咎合为一处。《隋书》一段，称云阴。《旧唐书》四段。《新唐书》十六段，包括常阴六段，雾十段。《宋史》八段。《明史》八段。《清史稿》九段。《旧五代史》《元史》《金史》三部史书，未见恒阴的记载。

上述诸史记载恒阴，例目之中的故事题目略记如下:《汉书》:刘贺，夏侯胜，霍光；京房论恒阴。《晋书》《宋书》：沉阴不雨，孙亮被废；刘宋后废帝被废。《南齐书》：土雾如烟火。《隋书》：久阴不雨，独孤后废太子。《旧唐书》：淋雨百日，诛二张；孝和反正；诛窦怀贞；宪宗为皇太子。《新唐书》：常阴；连月阴霪；霖雨阴晦；云雾晦冥；雾；黄雾四塞；昏雾；白雾；大雾；烟雾。《宋史》：昏雾；大雾；昼蒙；昼暝；昏雾。《明史》：恒阴；阴雾弥月；阴晦大雾；昏雾蔽天；雾重如雨；雾气如药。《清史稿》：昏雾；大雾；阴霾。

班固记载恒阴的故事，只有一则，即汉废帝刘贺的故事：“昭帝元平元年四月崩，亡嗣，立昌邑王贺。贺即位，天阴，昼夜不见日月。贺欲出，光禄大夫夏侯胜当车谏曰：‘天久阴而不雨，臣下有谋上者，陛下欲何之？’贺怒，缚胜以属吏，吏白大将军霍光。光时与车骑将军张安世谋欲废贺。光让安世，以为泄语，安世实不泄，召问胜。胜上《洪范五行传》曰：‘皇之不极，厥罚常阴，时则有下人伐上。不敢察察言，故云臣下有谋。’光、安世读之，大惊，以此益重经术士。后数日，卒共废贺，此常阴之明效也。”（《汉书·五行志》《汉书·宣帝本纪》《汉书·刘贺传》）

# 十　妖

说到“妖”,《荀子·大略》曰:“口能言之，身能行之，国宝也。口不能言，身能行之，国器也。口能言之，身不能行，国用也。口言善，身行恶，国妖也。治国者敬其宝，爱其器，任其用，除其妖。”再如《西游记》中的妖精与妖怪，都是生动的形象。但在正史之中，妖的定义是什么呢?

## 一、妖的本义

《说文》记妖为“祆”，称“地反物为祆”。此语出自《左传·宣公十五年》，当时伯宗劝晋景公攻打潞国，他说:“天反时为灾，地反物为妖。”所谓反物，就是违反了事物的属性。由此追问，这里的“物”是指什么东西呢?晋代杜预《春秋释例》说，在小(杂)的方面，物包括昆虫草木;在大的方面，物包括日月星辰。当它们发生水旱饥馑、寒暑风雨、雷电雪霜、薄食夜明、彗孛賈错失其次、山崩地震等变异时，影响了物的本性，妖便出现了。进一步思考，人世间为什么会出现妖呢？伯宗接着说："民反德为乱，乱则妖灾生。"唐代孔颖达注："人反德则妖灾生，妖灾生则国灭亡。"这是说，因为人的行为违反了道德，所以妖会出现，最终会导致人亡国灭。

比如《书序》说，商朝太戊时，伊陟担任丞相。某日王朝的宫殿上，有桑木与谷物共同生长出来，仅仅七天生长巨大。这是什么征兆呢？伊陟说，它是在告诫君王，要修正自己的德行啊！商君按照伊陟的提示，去做修德的事情，桑与谷立即枯萎了。(又见《史记·殷本纪》）汉代刘向解释说，此为草妖，预示着国之将亡。再者"桑者，丧也"，桑树预示着丧亡的出现，谷物预示着生命的成长。二者共生于宫廷，预示着将有杀生之事发生。说明君王怠政，生杀大权旁落于下人之手。还有一种解释，野木在宫廷中暴长，预示着将有小人篡夺大臣的位子，从而危害国家的安全，使朝廷陷于虚空与荒芜。(《汉书·五行志》)

再如汉献帝建安年间，男子的服装上身长下身短，女子的服装下身长裙，上身短衣。当时益州从事莫嗣认为，这是一种服妖，它预示着阴阳颠倒，恐怕天下未能安宁（阳无下而阴无上也，天下未欲平也），最终天下大乱，汉代走向灭亡。(《后汉书·五行志》)

## 二、妖的地位

在二十五史中，妖的表现如何呢？可以说非常丰富，它们的记载是在诸史《五行志》及《灵征志》《灾异志》之中。班固《汉书·五行志》依照《洪范五行传》，将世间万物的变异，划分为六大类，即妖、孽、祸、痾、眚和祥。接着班固根据物种的不同，将草木的变异称为妖，将虫豸的变异称为孽，将六畜的变异称为祸，将人的变异称为痾，将事物本身的变异称为眚，将外来之物的出现称为祥。

如此看来，六种事物的变异，看似是一种并列的关系，其实不然。班固指出，这些变异的发生，还表现为一个升级的过程。妖是说变异还处在夭胎的初级状态，还很微小；孽是说变异已生长出芽孽的状态，开始显露头角；祸是说变化已经十分显著了；痾是说人生病的状态，此时的变异已很深入了。但总体而言，“是六名以渐为称，唯眚、祥有内外之异耳，大旨皆是妖也”（《春秋释例》）。可见虽然历代《五行志》及《灵征志》《灾异志》千变万化，其实它们的核心，都落在一个“妖”字之上。

由此想到《礼记·中庸》中的名句：“至诚之道，可以前知。国家将兴，必有祯祥；国家将亡，必有妖孽。”此处将妖与孽连用，成为世人的口头禅。但其本义并未改变，如南朝何胤注释：“妖孽，谓凶恶之萌兆也。妖犹伤也，伤甚曰孽，谓恶物来为妖伤之征。”

虽然妖、孽、祸与痾等变异有递进的关系，但在各自的门类中，它们的内容非常丰富，极其不同。纵观二十五史《五行志》及《灵征志》《灾异志》，粗略统计，妖的名下有十妖，孽的名下有十二孽，祸的名下有六祸，痾的名下有六痾，眚的名下有六眚，祥的名下有六祥等。本文单说十妖。

## 三、十 妖

十妖的出处，本源于五行配列中的五事配列，即貌、言、听、视与思。它们在发生变异时，妖就出现了。如班固说："凡妖，貌则以服，言则以诗，听则以声，视则以色者，五色物之大分也，在于眚祥。"这里说，凡是妖，貌对应服妖，言对应诗妖，听对应鼓妖，视对应草妖。那么思对应什么呢？思心之不容名下有夜妖，又称脂夜之妖，由此构成五行对应的五妖。再加上汉代《洪范五行传》增加的射妖，还有《汉书·五行志》增加的鼠妖，以及《明史·五行志》增加的木妖、花妖与金石之妖，就构成了所谓十妖。

在二十五史中，以班固《汉书·五行志》为先导，共有十五部史书专题记载了妖，它们是《汉书》《后汉书》《晋书》《宋书》《南齐书》《魏书》《隋书》《旧唐书》《新唐书》《旧五代史》《宋史》《金史》《元史》《明史》《清史稿》。其中《汉书·五行志》记有七种妖，即服妖、诗妖、草妖、鼓妖、脂夜之妖、射妖与鼠妖;《明史·五行志》记有木妖、花妖与金石之妖。再者，这里的鼠妖颇有歧义,《洪范五行传》应该没有鼠妖的记载，但《汉书·五行志》将服妖与鼠妖的故事，一并放在貌之不恭名下。另外,《魏书·灵征志上》与《隋书·五行志》，将鼠妖归于毛虫之孽;《明史·五行志》序文中称鼠妖为鼠孽，正文小标题又改称鼠妖。

我们在对十妖逐一简述之前，先做两点说明：一是对诸史之中十妖的统计，称其为段，多数以一个故事为段，也有以年号为段的。二是《晋书》与《宋书》,《旧唐书》与《新唐书》，其中的故事多有重复。

## 四、服　妖

服妖,《洪范五行传》定义:“貌之不恭，是谓不肃，厥咎狂，厥罚恒雨，厥极恶。时则有服妖……”班固《汉书·五行志》解释:“风俗狂慢，变节易度，则为剽轻奇怪之服，故有服妖。”这是说，服妖对应五行变异中的木，属于貌之不恭的目下。当人们的风俗变得狂傲不羁，改变了礼节的规矩时，会有一些奇装异服的出现，这就被称为服妖。

在十五史《五行志》及《灵征志》《灾异志》中，有十一部史书记载了服妖的故事。即《汉书》四段。《后汉书》十段。《晋书》二十三段。《宋书》二十四段。《南齐书》五段。《隋书》六段。《旧唐书》四段。《新唐书》十六段。《宋史》七段。《明史》五段。《清史稿》一段。《魏书》《旧五代史》《金史》《元史》四部史书之中，没有服妖的记载。

以上诸史记载服妖，例目中的故事题目略记如下：

《汉书》：太子申生，偏衣，金玦；郑子臧好聚鹬冠；刘贺多治仄注冠，白狗冠方山冠；成帝微行出游。《后汉书》：更始将军，衣绣拥髭；京都妇女作愁眉、啼妆、堕马髻、折要步、龋齿笑；梁冀诛后，京都帻颜短耳长，短上长下；京都长者皆着木屐；京都长者皆以苇方笥为妆具；灵帝好胡服、胡帐、胡床、胡坐、胡饭、胡箜篌、胡笛、胡舞；灵帝于宫中西园驾四白驴；省内冠狗带绶；灵帝身为商贾服；献帝时男子长躬而下甚短，女子好为长裙而上甚短。《晋书》《宋书》：魏武帝以古皮弁裁缣帛为白帢；魏明帝，翁仲；何晏好服妇人之服；吴妇人之修容者，急束其发，而劘角过于耳；晋兴后，衣服上俭下丰，着衣者皆厌褄盖裙；晋武帝时，中国相尚用胡床、貊盘，及为羌煮、貊炙；天下为家；鞋子前头，女圆男方，后变为男圆女方；《晋世宁》之舞，手接杯盘反覆之；五兵佩；撷子髻，贾后害太子；鸠杖；败编自聚于道；生笺单衣；绛囊缚髻；羽扇减其羽用八；忘设豹尾；人不复着帩头；露卯变阴卯；园内为酒垆列肆；颇类辆车；冠小裳大，禅代之象；飞天紒；日暮宜归；戴法兴，圆头履；王休仁，乌纱帽，反抽帽裙。《南齐书》：宫内服用射猎锦文；破后帽；倚劝帽；帽裙覆顶；游宴之服。《隋书》：后齐娄后，寝衣无故自举；文宣帝，衣锦绮，傅粉黛，数为胡服；宫人白越布折额，状如髽帼；后主于苑内作贫儿村；后周车服；杨勇，妇人领巾制同槊幡军帜。《旧唐书》：九品已上佩刀砺等袋，纷帨为鱼形；张易之，七宝帐；安乐公主，百鸟毛裙；豹头枕。《新唐书》：宫人羃䍦；长孙无忌，浑脱毡帽；太平公主，具纷砺七事；七宝帐；百鸟毛裙；豹头枕；韦后为亚献，以妇人为斋娘；英王踣；衣道士服视事；胡服胡帽，妇人则簪步摇钗，衿袖窄小，杨贵妃假鬓为首饰，好服黄裙；元和末，悲啼妆；高头草履；冠军士所冠者；囚髻；抛家髻；为我作某王头。《宋史》：朝天髻，覆其鞣而坐；鱼媚子；裂裳为小儿旗；小青盖；胎鹿皮制妇人冠；翠羽服饰；琉璃为首饰；赶上裙，不走落，快上马，泪妆，偏顶，鹁角；碾玉为首饰。《明史》：璎珞；曳撒大帽；白帜；纱縠、竹箨为带；不认亲。《清史稿》：尖头帽鞋。

《晋书·五行志》貌之不恭服妖中，“人不复着帩头”与“露卯变阴卯”两个例目，取自《宋书·五行志》貌之不恭狂咎之中。

服妖的故事十分丰富，举一例：汉昭帝时，昌邑王刘贺曾制作一种帽子，叫仄注冠，刘贺把它赐予大臣或家奴。史官评价，刘贺无故制作这种特殊的帽子，透露出他将要称尊为帝的消息；但他将这种帽子给家奴佩戴，又透露出他将从至尊坠入至贱的下场。刘贺还见到一条没有尾巴的大白狗，戴着一顶叫方山冠的帽

子。史官说，这也是服妖，预示着刘贺“死不得置后”的下场。(《汉书·五行志》)

## 五、鼠 妖

在诸史中，鼠的处境很奇怪，它在发生变异时，时而为妖，时而为孽。班固称其为鼠妖，将其放在貌之不恭名下。由于其下还列有服妖一项，因此在貌之不恭的正文之下，有了两种妖的存在。

在十五史《五行志》及《灵征志》《灾异志》中，有八部史书记载了鼠妖的故事。即《汉书》五段。《旧唐书》三段。《新唐书》十五段。《旧五代史》二段。《宋史》八段。《元史》一段。《明史》二段。《清史稿》七段。《后汉书》《晋书》《宋书》《南齐书》《魏书》《隋书》六部史书中，在貌之不恭的名目下没有关于鼠妖的内容。

上述诸史记载鼠妖，例目中的故事题目略记如下:《汉书》:鼷鼠食郊牛角；鼷鼠食郊牛；黄鼠衔其尾舞王宫端门中，汉燕王；长安城南有鼠衔黄蒿、柏叶，京房论鼠。《旧唐书》：白鼠；猫鼠同乳。《新唐书》：鼠夜去，李密，王世充；鼠害稼；猫鼠同乳；数百鼠反啮猫；鼠蛇斗。《旧五代史》：鼠蛇斗。《宋史》：鼠食苗；鼠害稼；五色鼠；鼠食牛角；猫乳鼠。《元史》：鹑卵化生鼠。《明史》：土鼠千万成群，夜衔尾渡江；鼠化鹌鹑；鼠生虾蟆腹中。《清史稿》：鼠食稼；鼠半虾蟆形；白鼠昼见罗寺经堂中，异香满室；鼠化鱼。

诸史讲鼠妖，典型的故事如汉昭帝年间，有一只黄鼠在王宫端门内跳舞，一日一夜，力竭而死。史官认为，此为燕刺王刘旦谋反将死之象。又如汉成帝年间，许多老鼠离开地下的鼠穴，爬到树上筑巢。史官认为，这预示着贱人将居显贵之位。后来赵飞燕出身微贱，却登上至尊的皇后位置，最终造成了皇帝子嗣断绝，为害国家。(《汉书·五行志》)

再如猫鼠的关系，也是鼠妖中的重点内容。唐大历年间，有军士家中猫鼠同乳，节度使朱泚将其装在笼子里，献给皇上，宰相常衮率领百官表贺。中书舍人崔祐甫却认为，这是不祥之兆，属于妖孽。因为它违背了自然之法礼，哪有猫不吃老鼠的道理呢？猫鼠同好，还预示着会有贪官污吏出现。(《旧唐书·五行志》)

## 六、草　妖

草妖，《洪范五行传》定义："视之不明，是谓不悊，厥咎舒，厥罚恒奥，厥极疾。时则有草妖……"班固《汉书·五行志》解释："诛不行则霜不杀草，繇臣下则杀不以时，故有草妖。"并说：

“凡妖，貌则以服，言则以诗，听则以声。视则以色者，五色物之大分也，在于眚祥，故圣人以为草妖，失秉之明者也。”这是说，草妖对应五行变异中的火，属于视之不明的目下。当霜不杀草时，即为草妖，它预示着朝廷诛杀之事不力，世间缺乏明智的君王。

在十五史《五行志》及《灵征志》《灾异志》之中，除《魏书》之外，其余十四部史书都有草妖的记载。即《汉书》九段。《后汉书》七段。《晋书》十八段。《宋书》二十段。《南齐书》一段。《隋书》一段。《旧唐书》六段。《新唐书》八段。《旧五代史》七段。《宋史》五十七段，其中有灵芝三十二段，嘉禾二十五段。《金史》七段。《元史》六段，包括灵芝四段，天雨粟二段。《明史》四段，称草异。《清史稿》九段。《魏书》虽无草妖记载，但有桃李花一节，与草妖类同。

历代关于草妖的记载，名目很多，在此列出诸史故事的题目如下：

《汉书》：霜不杀草；野木生朝；桃李冬华；墓柱生叶；断枯复生；天雨草。《后汉书》：八瓜同蒂；叶有伤；木生人状；树倒生。《晋书》《宋书》：根出血；草化稻；草塞湖；竹生花；桑哭；茱萸连理；木生人面；树自倒；宫墙生蒺藜。《南齐书》：菖蒲生五采。《隋书》：人参夜呼。《旧唐书》：柱生芝；御座生白芝；桃李华。《新唐书》：苦荬菜生蒜；竹结实；金生菌。《旧五代史》：木生字；僵木走；枯枝生叶；水生木纹；芦叶如旗。《宋史》：芝草；嘉禾。《金史》：野蚕成茧；嘉禾；芝草；木有文。《元史》：灵芝；天雨粟。《明史》：天雨粟；殿生荆棘；瓜出血。《清史稿》：天雨粟；竹结实；瓜出血。

以上草妖记载，有名的故事如汉昭帝时，上林苑中的大柳树折断倒地。某一天，那棵柳树突然又站立起来，还生长出枝叶，上面有虫子咬食的树叶，形成文字："公孙病已立。"还有，在昌邑王刘贺的国社中，也发生了枯树复生枝叶的事情。对此，术士眭孟认为，木属于阴类，是下民之象。这些现象的出现，预示着民间将有皇家的后代出任天子。当时执掌大权的霍光认为，眭孟妖言惑众，将他处死了。昭帝死后，朝廷果然征昌邑王刘贺嗣位。刘贺被废之后，又征昭帝兄卫太子之孙嗣位，他就是汉宣帝刘询，而宣帝的本名正是"病已"。(《汉书·五行志》)

## 七、诗　妖

自古诗歌流传，它如何会变成妖呢？《洪范五行传》定义："言之不从，是谓不艾，厥咎僭，厥罚恒阳，厥极忧。时则有诗妖……"班固《汉书·五行志》解释："君炕阳而暴虐，臣畏刑而柑口，则怨谤之气发于歌谣，故有诗妖。"这是说，诗妖对应五行变异中的金，属于言之不从的目下。当君王阳气过盛、暴虐成性的时候，大臣畏惧刑罚而不敢说话，于是抱怨与诽谤的情绪，就会由歌谣而发泄出来，所以会有诗妖的出现。

在十五史《五行志》及《灵征志》《灾异志》中，有十三部史书记载了诗妖的故事。即《汉书》六段。《后汉书》十二段。《晋书》四十一段。《宋书》四十六段。《南齐书》七段。《隋书》十九段。《旧唐书》七段。《新唐书》二十一段。《宋史》十段。《金史》三段。《元史》四段。《明史》三段。《清史稿》四段。《魏书》《旧五代史》两部史书，没有诗妖的记载。

以上诸史记载诗妖，诸史例目中的故事题目略记于下：

《汉书》：童谣。《后汉书》：谣；童谣。《晋书》《宋书》：诗；讹言；歌谣；曲牌，折杨柳；歌词；《阿子闻》；《廉歌》；《黄昙子》；灵秀山；《懊憹》。《隋书》：志公诗；陶弘景诗；王献之《桃叶》；后主新歌；陆法和题壁；连臂蹋蹀而歌；高祖诗；炀帝诗。《旧唐书》：谣；《桑条韦也》《女时韦也》《桑条歌》《酒令》《突厥盐》《里歌》《契苾儿歌》。《新唐书》：《武媚娘曲》《堂堂曲》《桑条韦也》《女时韦也》《突厥盐》《契苾儿歌》《里歌》；民谣；李遐周诗；拔晕。《宋史》：《五来子》；铁铭；石文；僧宗题壁；汪秀才曲；市井歌；《铁弹子白塔湖曲》。《金史》《元史》：童谣。《明史》：谣；道士歌。《清史稿》：童谣；碑文；石人铭文。

诸史诗妖的内容极为丰富，包括诗歌、童谣、曲词、讹言、题壁、碑文与民谣等。《隋书·音乐志》记载，陈后主陈叔宝嗣位后，荒于酒宴，尤其喜欢声乐，“又于清乐中造《黄鹂留》及《玉树后庭花》《金钗两臂垂》等曲，与幸臣等制其歌词，绮艳相高，极于轻薄。男女唱和，其音甚哀”。有名的诗句如“玉树后庭花，花开不复久”。当时的人说这是歌谶，为亡国之音。还有北周宣帝，曾酒醉与宫人连臂蹋蹀而歌曰：“自知身命促，把烛夜行游。”结果即位三年就死去了。（《隋书·五行志》）

## 八、鼓 妖

所谓鼓妖，实际上是借鼓之名，喻说一些怪异的声音。《洪范五行传》定义：“听之不聪，是谓不谋，厥咎急，厥罚恒寒，厥极贫。时则有鼓妖……”班固《汉书·五行志》解释：“君严猛而闭下，臣战栗而塞耳，则妄闻之气发于音声，故有鼓妖。”这是说，鼓妖对应五行变异中的水，属于听之不聪的目下。由于君王严肃刚猛，而且不与下属沟通，大臣战战兢兢，而且耳目闭塞，于是妄言的风气化为怪异的声音，所以会有鼓妖。

在十五史《五行志》及《灵征志》《灾异志》中，每一部史书都记载了鼓妖。即《汉书》三段，包括大声两段，无云而雷一段。《后汉书》十七段，包括冬雷十六段，山鸣一段。《晋书》十七段，包括雷震十二段，鼓妖五段。《宋书》十九段，包括雷震十四段，鼓妖五段；《南齐书》一段。《魏书》十八段，包括无云而雷三段，鼓妖一段，雷十一段，震三段。《隋书》八段。《旧唐书》四段。《新唐书》十八段，包括鼓妖四段，雷电十四段。《旧五代史》一段。《宋史》三十四段，包括雷震三十一段，天鸣三段。《金史》二段。《元史》一段。《明史》二十段，包括雷震十二段，鼓妖八段。《清史稿》十八段，包括雷震九段，鼓妖九段。

上述十五史记载鼓妖，诸史例目中的故事题目略记如下：

《汉书》：春秋柩有声如牛；哀帝时大声如钟；秦二世时无云而雷。《后汉书》：冬雷汉和帝死，后宫乱；陨石落地声；雷震；献帝时无云而雷；山中大声。《晋书》《宋书》：雷震，魏明帝晏驾；孙亮被废；贾后陷害鼎辅；刘聪僭号平阳；李雄称制于蜀；许昌声大如牛，贾后杀太子；苏峻鼓自鸣；石牛鸣，石季龙死；晋孝武无云而雷；石鼓鸣，孙恩乱。《南齐书》：天空有声。《魏书》：无云而雷；天鼓声；雷震毁天安殿东序帝崩。《隋书》：天雷有兵乱；五羌反；吐谷浑乱；无云而雷，隋汉王反；大业石鼓鸣乱。《旧唐书》：则天时雷震诛佞臣；霹雳震出棺柩。《新唐书》：宗秦客拜日，无云而雷；雷震哥舒曜；陨石落李茂贞帐前。《旧五代史》：雷震文宣王庙讲堂。《宋史》：雷震大不孝；雷不发声宽政之应；惠不及庶民；政策舒缓；雷声厉君弱臣强；天鸣主有惊忧。《金史》：蒲乃速震死。《元史》：雷击死小吏。《明史》：雷击断指肤裂二百余人。《清史稿》：雍正、光绪时，无云而雷。

在鼓妖之中，最凶险的故事是“无云而雷”，《汉书·五行志》记载，秦二世元年，曾经发生过这种天象，汉代刘向认为：“雷当托于云，犹君托于臣，阴阳之合也。二世不恤天下，万民有怨畔之心。是岁，陈胜起，天下畔，赵高作乱，秦遂以亡。”

唐代僖宗年间，也发生过无云而雷的天象，称之为“天狗坠”（《旧唐书·僖宗本纪》）。明代崇祯皇帝即位时，天空中有声音像天鼓一样。崇祯十六年，建极殿鸱吻中，有叫声像鹁鸠一样，曰“苦苦”，其声渐大，又化作犬吠之声，三日三夜不止。第二年三月，“帝崩于万岁山”（《明史·五行志》《明史·庄烈帝本纪》）。

## 九、脂夜之妖

脂夜之妖，又称夜妖。《洪范五行传》定义：“思心之不睿，是谓不圣，厥咎霿，厥罚恒风，厥极凶短折。时则有脂夜之妖……”班固《汉书·五行志》解释：“在人腹中，肥而包裹心者脂也，心区霿则冥晦，故有脂夜之妖。一曰，有脂物而夜为妖，若脂水夜汙人衣，淫之象也。一曰，夜妖者，云风并起而杳冥，故与常风同象也。”这是说，夜妖对应五行变异中的土，属于思心之不睿的目下。这里对于“脂”的解说有些奇怪，实际上是在喻说晦暝、风霾等现象。

在十五史《五行志》及《灵征志》《灾异志》中，有十二部史书记载了脂夜之妖，即《汉书》二段，称晦。《后汉书》无例子，但有一句“中兴以来，脂夜之妖无录者”。《晋书》四段，称夜妖。《宋书》三段，称夜妖。《南齐书》无例子，但在“恒阴”序文中有称“思心之咎亦雾”。《魏书》二段。《隋书》六段，称夜妖。《新唐书》三段，称夜妖。《宋史》十八段。《金史》一段。《元史》与恒风、黄眚黄祥混为一处。《明史》十段，称风霾晦冥。《清史稿》九段，称风霾晦冥。《旧唐书》《旧五代史》两部史书，未见脂夜之妖的记载。

上述诸史，脂夜之妖的故事题目整理如下：

《汉书》：晦。《晋书》《宋书》：夜妖；暝；暝；昏。《魏书》：夜妖；晦。《隋书》：昼晦；冥；雾；鬼哭。《新唐书》：昼晦；雨土。《宋史》：尘沙曀日；昼暝；晦冥；大风霾；尘霾昼晦。《金史》：大雾苍黑。《明史》：黑霾；风霾晦冥。《清史稿》：风霾晦冥；黄霾；红霾。

从诸史记载中分析，夜妖应该是一些自然现象。但《隋书·五行志》将“鬼夜哭”归于其下，预示着君王将死，或国家将亡。如北周发生鬼夜哭，第二年国灭；隋代仁寿宫发生鬼夜哭，后来独孤皇后与隋文帝先后死于其中；隋代大业年间发生鬼夜哭，此后君死国灭。还有《明史·五行志》记载，崇祯十七年三月辛丑，即崇祯帝死去的那个月，孝陵夜有哭声，却将其归于鼓妖的名下。

## 十、射 妖

射妖，《洪范五行传》定义：“皇之不极，是谓不建，厥咎眊，厥罚恒阴，厥极弱。时则有射妖……”班固《汉书·五行志》解释：“礼，春而大射，以顺阳气。上微弱则下奋动，故有射妖。”这是说，射妖属于皇之不极的目下。春天射箭是和顺阳气。如果君王微弱而臣下活跃，就会有射妖出现。

在十五史《五行志》及《灵征志》《灾异志》中，有五部史书记载了射妖的故事。即《汉书》二段。《后汉书》一段。《晋书》二段。《宋书》二段。《隋书》二段。《南齐书》《魏书》《旧唐书》《新唐书》《旧五代史》《宋史》《元史》《金史》《明史》《清史稿》十部史书，未见射妖的记载。

上述射妖的记载，诸史例目中的故事题目略记如下：

《汉书》：春秋时有蜮，含沙射影；楛矢；仲尼，肃慎矢。《后汉书》：何苗，何进。《晋书》《宋书》：邓芝，玄猨；晋恭帝禅位。《隋书》：齐神武；韦孝宽；魏祖；狐媚。

射妖的故事，班固有记“蜮”，说它可以“含沙射影”，故为射妖。又记有孔子识别“肃慎箭”的故事，也认为是射妖。(《汉书·五行志》) 在射妖之中，最有名的故事见于三国时期，蜀车骑将军邓芝征涪陵，见玄猨缘山，手射中之。猨拔其箭，卷木叶塞其创。芝曰：“嘻！吾违物之性，其将死矣！”俄而卒，此射妖也。一曰，猨母抱子，芝射中之，子为拔箭，取木叶塞创。芝叹息，投弩水中，自知当死。(《宋书·五行志》)

## 十一、木　妖

《明史 · 五行志》在“木”的名下，列入三种妖，即服妖、鼠妖（鼠孽）与木妖。前二者内容均有前史对应，唯独木妖，只见《明史 · 五行志》有记载。其下有记：枫树生李子、黄连生黄瓜、楠木生莲花、李树生豆荚、水中涌出大杉木、松树吐火、树挂白露、木甑飞堕等。另外，《清史稿 · 灾异志》中也有这部分内容的记载，又称之为“木怪”。

顺带说一下“怪”字，《说文》称：“怪，异也。”诸史《五行志》及《灵征志》《灾异志》中没有怪，也没有妖怪一词。《西游记》集妖怪之大成，孙悟空说“山高必有怪”，都是妖与怪的拟物化，与上述正史中的妖不同。

## 十二、花　妖

《明史 · 五行志》与《清史稿 · 灾异志》在“土”的名下，将脂夜之妖称为风霾、晦暝，并且在序文中列有花妖一项。但在《明史 · 五行志》的正文中，小题目又将花妖称为花孽，记载秋冬季节，花朵反季开放的故事，即桃李华。这应该是史官的笔误。

## 十三、金石之妖

《明史·五行志》与《清史稿·灾异志》在“金”的名下，有金石之妖。但《明史·五行志》在正文中，小题目又改为“金异”。

# 十二孽

孽，原义为庶子，即非嫡妻所生之子。如《说文》:“孽，庶子也。”清段玉裁注:“凡木萌旁出皆曰蘖，人之支子曰孽，其义略同。”这是说，树木分生出的枝杈称为蘖，人的庶生之子也称为孽，意思类同。再者，孽的引申之义，有地位低下，忤逆、不孝等。如《书经·太甲》有记:“天作孽，犹可违；自作孽，不可逭。”《庄子·人世间》有记:“心和而出，且为声为名，为妖为孽。”《新书·道术》有记:“亲爱利子谓之慈，反慈为嚚；子爱利亲谓之孝，反孝为孽。”

那么，在十五史《五行志》及《灵征志》《灾异志》中，孽的意义如何呢?

## 一、妖与孽

在班固《汉书·五行志》中，有六类事物的变异，即妖、孽、祸、痾、眚、祥。在这里，“孽”处在第二位。它具有两种含义：首先表示妖的出现早于孽，而孽是妖的升级，预示着事物的变异已经更深入了；其次是妖的表现见于草木，孽的表现则上升为虫豸一类东西了，正如《汉书·五行志》定义：“虫豸之类谓之孽，孽则牙孽矣。”

下面我们通过例子，将妖与孽的变异，做一个比较。先说妖，如汉代班固有记，汉哀帝年间，汝南西平遂阳乡，有一根木柱躺倒在地上，生长出枝叶，像人的形状，身子青黄色，面部白色，头上有须发，长到六寸一分。此类变异即为妖，此例称草妖。根据京房《易传》的理论，它预示着帝王衰落，下人兴起，所以会有树木生长出人的形状。(《汉书·五行志》) 再说孽，如南北朝沈约有记，晋惠帝永熙初年，卫瓘的家人做饭时，米饭落到地上，变成了螺，还长出脚，可以行走。干宝说，螺的身上有甲壳，预示着有兵象。第二年卫瓘被人杀死了。(《宋书·五行志》) 此类变异即为孽，此例称龟孽。

再如，《书序》中有一段故事写到，商高宗祭祀先祖成汤的时候，有一只赤色的雉鸟飞来，落在鼎的耳朵上，大声鸣叫。当时高宗感到恐慌，祖己说：“要先让君王宽心，然后纠正他所做的事情。”

这件事情的发生，与“桑谷生朝”类似，对此现象需要回答三个问题：第一个问题“野鸟入殿”，预示着亡败之异。正如汉代龚遂所言，野物入朝“恐宫室将空，危亡象也”。所以它属于妖孽，不是祯祥。第二个问题“赤色羽毛的野鸟飞落到鼎耳上”，按照五行分类，它不是“妖”，而是“孽”，即羽虫之孽。第三个问题，它预示着将要发生什么事情呢？汉代刘歆认为，《易》中有《鼎》卦，鼎又是宗庙中的器物，它是长子用来供奉先祖的东西。而野鸟从外面飞来，落在鼎耳上，预示着君王的继嗣将要发生变化。再者鼎有三足，它象征着“三公”；而鼎的耳朵是为了搬运而设置的，野鸟落在上面，预示着小人将占据三公的位置，败坏宗庙的祭祀。(《汉书·五行志》)

## 二、孽的构成

以下再释五行灾异之中，关于孽的定义。前文提到，孽的原义为“庶子”，即非嫡妻所生的儿子。《公羊传·襄公二十七年》注：“庶孽，众贱子，犹树之有孽生。”班固《汉书·五行志》称孽为虫豸，包括五虫、龟鱼龙蛇，它还喻指某些下贱的东西，如华孽、女孽等。关于虫豸的定义，《三国志·薛综传》有记：“日南郡男女倮体，不以为羞，由此言之，可谓虫豸，有靦面目耳。”宋代孙光宪《北梦琐言·卢程以氏族傲物》亦有记：“卢程擢进士第。为庄皇帝河东判官，建国后命相。无他才业，唯以氏族傲物。任圜常以公事入谒，程乌纱隐几，谓圜曰：‘公是虫豸，辄来唐突！’……”

十五史《五行志》及《灵征志》《灾异志》，一共记载了十二种孽，即龟孽、介虫之孽、蠃虫之孽、毛虫之孽、鳞虫之孽、羽虫之孽、鱼孽、华孽、花孽、女孽、龙蛇之孽、鼠孽。

此中有两点需说明：一是鼠的变异，《汉书》《旧唐书》《新唐书》《旧五代史》《宋史》《元史》《清史稿》有记，均称之为鼠妖。只有《明史·五行志》貌之不恭序文中，称之为鼠孽。二是女孽，仅见于《隋书·五行志》，归于"华孽"的目下。三是花孽，仅见于《明史·五行志》，归于花妖的目下。

## 三、龟　孽

龟孽，《洪范五行传》定义："貌之不恭，是谓不肃，厥咎狂，厥罚恒雨，厥极恶。时则有服妖，时则有龟孽……"班固《汉书·五行志》解释："水类动，故有龟孽……寒气动，故有鱼孽。雨以龟为孽，龟能陆处，非极阴也；鱼去水而死，极阴之孽也。"这是说，龟孽对应五行变异中的木，属于貌之不恭的目下。当人们体貌不恭的时候，世上就会出现种种变异，其中有龟孽发生。班固进一步指出，龟产生于水中，又能在陆地上生活，所以作为水中的孽物，还不属于最阴冷的东西。而鱼离开水就会死掉，所以与龟比较，鱼孽才是更为阴冷的孽物。

在十五史《五行志》及《灵征志》《灾异志》中，有六部史书记载了龟孽的故事。即《宋书》一段。《隋书》一段。《旧唐书》三段。《新唐书》五段。《旧五代史》一段。《宋史》九段。《汉书》《后汉书》《晋书》《南齐书》《魏书》《金史》《元史》《明史》《清史稿》九部史书，未见龟孽的记载。

以上诸史记载龟孽，例目中的故事题目略记如下:《宋书》:米化龟，卫瓘死。《隋书》：龟戏宫人，晋王害太子。《旧唐书》:六眼龟；毛龟。《新唐书》：六眼龟；鼍聚于扬州城门；鱼鳖蔽江而无首；龟鸣，地出石龟。《旧五代史》：建龟堂。《宋史》：凿金明池龟出；黑龟；绿毛龟；二首龟，蔡京，郑居中；六目龟；白龟；冰龟；龟大小死者蔽野。

有几点需说明，一是《新唐书·五行志》将鼍归于龟类。鼍，今有注：鳄形目鳄科鼍亚科鼍属的一种，又名中华鳄、扬子鳄；俗名土龙、猪婆龙。二是一般说来，龟的属性处于吉凶二者之间，有些被视为吉祥之物，如六眼龟、白龟、绿毛龟、石龟；有些被视为不祥之物，如龟众、龟鸣、龟无首与冰龟。有些时候吉凶会发生变化，如《旧唐书》与《新唐书》的《五行志》就有记六眼龟，颇似祥瑞，但已走失，又成灾异。下面举例说两段龟孽的故事：

其一是“龟戏宫女”的故事，发生在隋代开皇年间。当时宫中的人传说，每天晚上，会有怪物潜入宫女的房中，奸淫作乱。隋文帝杨坚说：“门卫把持很严，哪里能有人进来呢？一定是妖精在作怪。”因此通知，如果晚上此物再来，就用刀砍它。到了晚上，那个东西果然又来了。当它往床上爬时，宫女挥刀砍下去，仿佛砍在枯骨之上。那个东西跳下床就跑，宫人追了出去，见到它跳入池水不见了。第二天，文帝让人将池水淘干，见到一只大龟，身上还有刀砍的印记。此事预示着后来晋王杨广阴谋作乱，他为了废掉太子杨勇，有谄媚后宫人物的事情发生。(《隋书·五行志》)

其二是“二首龟”的故事，见于宋代大观元年。有人献上一只二首龟，以为是吉祥之物。蔡京对此深信不疑，还说:“此事就像当年齐桓公见到象罔一样，预示着最终称霸天下。”(此齐小白所谓象罔见之而霸者也。)但郑居中说:“龟的头怎么能有两个呢？蔡京还说是祥瑞，他的心思不可推测啊。”于是皇帝听信了郑居中的话，让人将二首龟扔到金明池中。(《宋史·五行志》)

## 四、介虫之孽

介虫是五虫之一，指有甲壳羽翅之类的虫子，生于阳气，《春秋》中称为螽虫，如今称为蝗虫。《大戴礼记》有记:“西方介虫，龟为长，鳖蚌属……介虫之精者曰龟。”《礼记·月令》有记:“孟秋行冬令，则阴气大胜，介虫败谷，戎兵乃来；行春令，则其国乃旱，阳气复还，五谷无实；行夏令，则国多火灾，寒热不节，民多疟疾。”

何谓介虫之孽?《洪范五行传》定义:“言之不从,是谓不艾,厥咎僭,厥罚恒阳,厥极忧。时则有诗妖,时则有介虫之孽……”班固《汉书·五行志》解释:“介虫孽者,谓小虫有甲飞扬之类,阳气所生也,于《春秋》为螽,今谓之蝗,皆其类也。”这是说,介虫对应五行变异中金,属于言之不从的目下。

在十五史《五行志》及《灵征志》《灾异志》听之不聪中,有十三部史书记载了介虫之孽。即《汉书》十六段,包括螽九段,蝗七段。《后汉书》十九段,称蝗。《晋书》七段,称蝗虫。《宋书》十段,称蝗虫。《魏书》九段,称蝗虫螟。《隋书》四段,称虫妖。《旧唐书》八段,称蝗。《新唐书》十六段,称蝗。《旧五代史》五段,称蝗。《宋史》二十六段,称蝗。《金史》七段,称蝗。《明史》十三段,称蝗蝻。《清史稿》八段,称蝗蝻。《南齐书》《元史》听之不聪目下,未见记介虫之孽。《元史·五行志》介虫之孽,放在言之不从目下。

在介虫之孽的名下,上述诸史记载介虫之孽,例目中介虫的称谓略记如下:《汉书》:螽虫,蜚,负蠜,蝝,蝗虫。(按:螽,本义是指一种昆虫,身体绿色或褐色,善跳跃,对农作物有害,引申义是蝗类的总名。蠜,蚱蜢。蝝,蝻,蝗的幼虫。)《后汉书》《晋书》《宋书》《隋书》《元史》:蝗虫。《魏书》:蝗虫,班虫,蚸蛎。(按:蚸蛎:粘虫。班虫:椿象。)《旧唐书》《新唐书》:螟蝗。《旧五代史》:蝝,飞蝗。《宋史》:蝻虫,蝗虫，蛾。《金史》：野蚕，蝗蝝。《明史》：飞蝗，蝗蝻。《清史稿》：蝗虫，蝻蚜，蠕。（按：《清史稿·灾异志》有记：“咸丰七年，邢台有小蝗，名曰蠕，食五谷茎俱尽。”）

其实在《洪范五行传》中，是将介虫归于言之不从目下。刘歆《言传》却认为，介虫应该在听之不聪目下。而班固《汉书·五行志》接受了刘歆的意见，因此《汉书·五行志》只是在言之不从序文的目录中，有介虫之孽一项，正文中却没有；十五史中介虫之孽的故事，实际上大都在听之不聪的目下。只有《元史·五行志》很奇怪，它没有遵循班固《汉书·五行志》的做法，在言之不从的目下，依然记载了介虫之孽的故事，同时也记载了毛虫之孽、羽虫之孽的故事。不过在《元史·五行志》言之不从的序文中，史官既没有提到介虫之孽，也没有提到毛虫之孽、羽虫之孽。但在《元史·五行志》总序文中，史官写道：“恒暘，则有介虫之孽。释者谓小虫有甲飞扬之类，阳气所生也，于《春秋》为螽，今谓之蝗。按刘歆云，贪虐取民则螽与鱼同占。刘向以为介虫之孽，当属言不从。今仿之。”可见《元史》史官这样做，也是有想法的。

再者，《元史·五行志》言之不从记载介虫之孽，即为蝗虫，其中有“鹙食蝗”一段故事写道：鹙鸟食蝗虫，吃进去又吐出来，死去的蝗虫堆积如山，应该是神鸟了。蝗灾造成人相食，才是失政的关键。见《元史·五行志》记：“（至治）二年，汴梁祥符县蝗，有群鹙食蝗，既而复吐，积如丘垤。”

## 五、嬴虫之孽

嬴虫，无麟甲毛羽的虫类，也有将人归于倮虫。如《大戴礼记·曾子天圆》有记："倮虫之精者曰圣人。"又如《宋书·五行志》有记："说曰，夫裸虫人类，而人为之主。"

何谓嬴虫之孽？在《洪范五行传》思心之不容的定义之中，未见嬴虫之孽一项；而在班固《汉书·五行志》解说之中定义："温而风则生螟螣，有裸虫之孽。"后面还引刘歆《思心传》中的解说："时则有嬴虫之孽，谓螟螣之属也。"究其原因，据班固《汉书·五行志》记载，《洪范五行传》将嬴虫之孽列在视之不明目下，刘歆认为不对，视之不明目下应该是羽虫之孽，而将嬴虫之孽归到思心之不容目下。

十五史《五行志》及《灵征志》《灾异志》，均按照刘歆的意见，在思心之不容的目下，记载嬴虫之孽。如《后汉书》："华孽，刘歆传为嬴虫之孽，谓螟属也。"《晋书》："刘歆《思心传》曰：'时有嬴虫之孽，谓螟螣之属也。'"《宋书》："华孽，刘歆传以为嬴虫之孽，谓螟属也。"但《南齐书》《魏书》《隋书》《旧唐书》《元史》的序文中，没有嬴虫之孽的例目，而《魏书》《隋书》《元史》的正文中有记；《新唐书》《宋史》序文中有嬴虫的记载；《明史》《清史稿》称虫孽。

在十五史《五行志》及《灵征志》《灾异志》中，有十二部史书记载了嬴虫之孽。即《汉书》四段。《后汉书》三段。《晋书》四段。《宋书》十段。《魏书》十四段，在蝗虫螟的目下。《隋书》二十段，称裸虫之孽，讲的却是人痾。《新唐书》八段。《宋史》二十四段。《金史》一段。《元史》十六段。《明史》二段，称虫孽。《清史稿》九段。《南齐书》《旧唐书》《金史》三部史书，未见裸虫之孽的记载。

上述十二部史书记载蠃虫之孽，诸史例目中的故事题目及虫子的名字略记如下:《汉书》《后汉书》《晋书》《宋书》：螟。《魏书》：虸蚄，步屈虫，蚕，蚂蚁。《隋书》：旱疫鬼，狂人，长人，死复生，无头婴儿，怪胎，人变兽，母变龟，树变兽。《新唐书》：虸蚄虫，螟，蚯蚓，蚂蚁，紫虫，黑虫。《宋史》：虸蚄虫，黑虫，蚕茧，步屈虫，蠓虫，蝪虫，螟。《金史》：虸蚄虫。《元史》：螽，蝝，蠖，蛹，虸蚄，野蚕，青虫。《明史》：雨虫，春蚕，黑虫。《清史稿》：黑虫，白虫，青虫，五色虫，两头虫。

需要说明的是，《汉书·五行志》记载蠃虫之孽，起于春秋时期，称螟虫为蠃虫，如“隐公五年秋，螟。董仲舒、刘向以为时公观渔于棠，贪利之应也。刘歆以为又逆臧釐伯之谏，贪利区霿，以生蠃虫之孽也”。而《隋书·五行志》直接把人等同于蠃虫，在蠃虫之孽的目下，列出的内容如旱疫鬼、狂人、长人、死复生等，如“陈永定三年，有人长三丈，见罗浮山，通身洁白，衣服楚丽。京房占曰：长人见，亡。后二岁，帝崩”。按照班固《汉书·五行志》的观点，这些内容本应该归于下体生上之痾，或下人伐上之痾的目下。

## 六、毛虫之孽

毛虫，有毛皮的走兽。《大戴礼记·易本命》有记：“有毛之虫三百六十，而麟为长。”至于毛虫之孽的产生，汉代刘歆《言传》认为，应该对应五行变异中的金与言之不从，正所谓：“说以为于天文西方参为虎星，故为毛虫。”《洪范五行传》的观点不同，它认为在言之不从的目下，应该是介虫之孽。但班固等汉儒们接受了刘歆的观点，在正文中没有写介虫之孽的内容，而以毛虫之孽替代。但后史只有《元史·五行志》不但记毛虫之孽，还记介虫之孽、羽虫之孽；其余诸史只记毛虫之孽。

在十五史《五行志》及《灵征志》《灾异志》中，有十四部史书记载了毛虫之孽的内容：《汉书》二段。《后汉书》二段。《晋书》六段。《宋书》九段。《魏书》五段；另有《瑞图》十七段，都是关于白鼠的故事。《隋书》七段。《旧唐书》九段。《新唐书》八段。《旧五代史》二段。《宋史》二十二段。《金史》二段。《元史》既记载了介虫之孽即蝗虫，也记载了毛虫之孽四段，意为既尊刘向，又尊刘歆，成为诸史唯一一种记法。《明史》四段。《清史稿》六段。

上述诸史中记载毛虫之孽，例目中的动物名称略记如下：《汉书》：麋，熊。《后汉书》：狼。《晋书》《宋书》：两足兽，四角兽，鼷鼠，麏，麈，兔，麖，象。《魏书》：虎，狼，豹，狐魅，白鼠。《隋书》：狸，熊，狐，豹，兔，狼。《旧唐书》：

狼，熊，赤兔，玄狐，虎，白兔，鹿，麟，狐。《新唐书》：狼，兔，熊，狐，虎，鹿，麞。《旧五代史》：熊，狐。《宋史》：象，兔，鸷兽，犀，虎，异兽，狸，熊，猫，狐。《金史》：虎，狐，狼。《元史》：鹿，狼，狈，虎。《明史》：熊，虎，兔。《清史稿》：熊，兔。

诸史记载毛虫之孽，有现实中的故事，也有传说故事。如《后汉书·五行志》记载汉顺帝、汉灵帝年间，有一地发生狼群咬死九十七人的事件。京房《易传》认为，这是因为君王将要失去道德，殃及人民，所以人们逃避到深山之中，导致狼食人的事情发生。而《宋书·五行志》记载，晋武帝时，南阳有人献上两足猛兽，此事就有些传奇了。按照京房《易传》的观点，猛兽的足少，说明大臣不能胜任工作。晋代干宝认为，这预示着王室将要发生动乱，十四年后太子被废，晋开国三十五年后，愍怀帝被废。

## 七、鳞虫之孽

鳞虫，有鳞片和甲壳的爬虫类动物，如鱼、龟。《大戴礼记·易本命》有记：“鳞之虫三百六十，而蛟龙为之长。”至于鳞虫之孽，在班固《汉书·五行志》中，实际上是一个“空目”，即有名目而无内容。这个概念是刘歆在《貌传》中提出来的，他认为鳞虫之孽应该对应五行变异中的木，以及貌之不恭，即“说以为于天文东方辰为龙星，故为鳞虫”。班固记载了刘歆的观点，却没有在《汉书·五行志》正文中，记载鳞虫之孽的内容。究其原因，鳞虫之中包括龟、鱼、龙、蛇等，《汉书·五行志》将它们分别记载为龟孽、鱼孽、龙蛇之孽，其实都属于鳞虫之孽的内容。

## 八、羽虫之孽

羽虫，带有羽毛的飞禽。《大戴礼记·易本命》云："有羽之虫三百六十，而凤凰为之长。"刘歆《视传》的观点，认为羽虫之孽应该放在视之不明的目下，因为“说以为于天文南方喙为鸟星，故为羽虫”。而《洪范五行传》认为，视之不明的目下应该是蠃虫之孽。最终班固《汉书·五行志》接受了刘歆的观点，将蠃虫之孽转到思心之不容的目下，而将羽虫之孽放在视之不明的目下。但刘歆还说，鸡也属于羽虫，所以也应该与羽虫之孽一起，放到视之不明的目下。对此班固未接受刘歆的观点，而将鸡祸对应五行变异中的木，即属于貌之不恭的目下。

以后诸史之中出现一个奇观，即序文或曰目录，与正文出现误差。如班固《汉书·五行志》序文中，记蠃虫之孽，正文中却不记蠃虫之孽，改记羽虫之孽。《晋书·五行志》视之不明序文，遵循班固记法，也是序文记蠃虫之孽，正文记羽虫之孽。《后汉书·五行志》与《宋书·五行志》视之不明序文中，依然记载蠃虫之孽，但在序文后面注道："蠃虫，刘歆传以为羽虫。"正文记羽虫之孽。《南齐书·五行志》羽虫之孽序文写道："刘歆《视传》有羽虫之孽，谓鸡祸也。班固案《易》鸡属巽，今以羽虫之孽类是也，依歆说附《视传》云。"《隋书·五行志》视之不明序文改为羽虫之孽，《旧唐书·五行志》总序依然称蠃虫之孽。以后诸史如《新唐书》《宋史》《明史》《清史稿》视之不明序文，均称羽虫之孽，《元史》视之不明序文，两虫均无记载。

在十五史《五行志》及《灵征志》《灾异志》中，每一史都有羽虫之孽的记载。其中《汉书》七段。《后汉书》四段，称羽虫孽。《晋书》二十段。《宋书》二十二段。《南齐书》四段。《魏书》四段。《隋书》十一段。《旧唐书》六段。《新唐书》二十五段。《旧五代史》五段，称虫鱼禽兽。《宋史》十五段。《金史》六段。《元史》四段。《明史》三段。《清史稿》二段。

十五史《五行志》及《灵征志》《灾异志》记载鸟类，品类繁多，录于下：《汉书》：蜚雉，雊鹆，白黑乌，鹊，鹈鹕，皀鹊，雉，燕，爵。《后汉书》：五色大鸟，凤皇（凰）。《晋书》：爵，鹈鹕，燕，鹰，巨鷇，秃鹙，鹊，大鸟，凤皇，翟雉，服留鸟，鹑，鹅，苍黑色大鸟，鸥，白鹭，野雉，乌。《宋书》：戴颀，鹳，鸥，大鸟。《南齐书》：大鸟，五采大鸟，乌。《魏书》：白枭，秃鹙鸟，鸭，雄雉。《隋书》：野鸟如鸢，野鸟如山鹊，众鸟鼓翅而鸣，雉，万春鸟，枭，鹳，秃鹫，鸺鸟，鸿雁，乌，鹊。《旧唐书》：白鹊，鸣鶵，大鸟，赤乌，鹊，水鸟。《新唐书》：猪噬鸭头，巨兽鸟，鸣鶵，无名小鸟，雌雉化雄，乌，鹊，大鸟，鸲鹆，鸮鵊，黄雀，异色鸟，鸠，鹳，秃鹫，白颈乌，雀，燕，乌变鹊，鹰化鹅，鸢，枭，鸱，鸺鹠鸟。《旧五代史》：鹊，鸢，雉，乌。《宋史》：鹤，突厥雀，凤，黄雀，白鹊，凤凰，白乌，鸮，翠羽鸟，鸢，鸦，枭，飞鸣立死，鸳鸯。《金史》：白鹊，四足雀，白鹑，白雉，大鸟，鹤。《元史》：凤凰，大鸟，鸱鸮；还有白雉，在言之不从的目下。《明史》：鸭，鹤，鸠身猴足鸟。《清史稿》：鸦，异鸟。

以上鸟的种类很多，它们出现时寓意不同。比如秃鹫，它出现在君王的宫廷中，往往预示着死亡的降临。汉代昌邑王刘贺称王时，就有秃鹫落在他的殿上，刘贺让人将秃鹫射杀。刘向认为，此事缘于刘贺奢靡无度，慢侮大臣，不敬尊长，而野鸟入宫，预示着宫室将要虚空。刘贺不觉悟，最终亡灭。京房《易传》也说："辟退有德，厥咎狂，厥妖水鸟集于国中。"（《汉书·五行志》）南朝沈约记载，汉献帝建安二十三年时，有秃鹫鸟聚集在邺宫文昌殿后池，第二年魏武王曹操死去。魏文帝曹丕黄初三年，秃鹫聚集在洛阳芳林园池；黄初七年又一次聚集。这一年夏天，魏文帝死去。景初末年，秃鹫又聚集在芳林园池，

因为有以前的故事，每次聚集都会有大丧发生，所以魏明帝曹叡非常厌恶秃鹫，结果这一年，魏明帝也死了。(《宋书·五行志》)

## 九、鱼　孽

鱼孽，《洪范五行传》定义："听之不聪，是谓不谋，厥咎急，厥罚恒寒，厥极贫。时则有鼓妖，时则有鱼孽……"班固《汉书·五行志》注释："寒气动，故有鱼孽。雨以龟为孽，龟能陆处，非极阴也；鱼去水而死，极阴之孽也。"这是说鱼孽对应五行变异中的水，属于听之不聪的目下。由于寒气涌动，所以会有鱼孽出现。恒雨时以龟为孽，因为龟可以在陆地上生存，还不是极阴之物；而鱼离开水就会死去，所以鱼才是极阴之孽。正如《南齐书·五行志》鱼孽序文中解释说："《传》曰：极阴气动，故有鱼孽。鱼孽者，常寒罚之符也。"

再者，鱼孽与介虫之孽，《汉书·五行志》记载，刘歆《听传》认为，听之不聪目下应该有介虫之孽，但没说不应该有鱼孽；班固接受了刘歆的观点，将介虫之孽列入听之不聪的目下，但也没有将鱼孽删去，因此在听之不聪目录中，就有了两项孽并存。

在十五史《五行志》及《灵征志》《灾异志》中，共有十二部史书记载了鱼孽的故事。其中《汉书》四段。《后汉书》一段。《晋书》二段。《宋书》二段。《南齐书》二段。《隋书》五段。《新唐书》七段。《旧五代史》一段。《宋史》九段。《元史》一段。《明史》二段。《清史稿》四段。《魏书》《旧唐书》《金史》三部史书，未见鱼孽的记载。

上述诸史记载鱼孽，例目之中涉及的故事题目如《汉书》：始皇时河鱼大上；武帝时蛙与虾蟆群斗；成帝时天雨鱼；哀帝时大鱼见。《后汉书》：灵帝时大鱼见，有大臣死。《晋书》《宋书》：鱼上武库屋顶。《南齐书》：大鱼见。《隋书》：梁时玄武湖鱼翘首望帝；北齐时鸬鹚泊鱼尽飞去；北周时鲤鱼乘空而斗；隋开皇时白鱼变老翁；隋大业时凿地得鲤鱼。《新唐书》：大鱼；大蛇；大虾蟆；天雨鱼。《旧五代史》：水变色；游鱼死。《宋史》：巨鱼；巨鳅；赤鱼见，蔡京贺。《元史》：天雨鱼。《明史》：天雨鱼；木化鱼。《清史稿》：巨鱼见；海猪；海牛。

以上诸史的故事中，“大鱼”的事件记载最多，它预示着将会有坏人入朝，或者有大臣死去。如京房《易传》曰：“海数见巨鱼，邪人进，贤人疏。”班固曾记载，成帝、哀帝年间，都有大鱼出现在北海及东莱。（《汉书·五行志》）司马彪亦曾记载：汉灵帝熹平二年，东莱海出现大鱼二枚，长八九丈，高二丈余。明年，中山王刘畅、任城王刘博都死去了。（《后汉书·五行志》）

# 十、华 孽

华孽，《洪范五行传》定义：“思心之不容，是谓不圣，厥咎霿，厥罚恒风，厥极凶短折。时则有脂夜之妖，时则有华孽……”班固《汉书·五行志》解释：“刘向以为于《易》，《巽》为风为木，卦在三月、四月，继阳而治，主木之华实。风气盛，至秋冬木复华，故有华孽。一曰，地气盛则秋冬复华。一曰，华者色也，土为内事，为女孽也。”这是说，华孽对应五行变异中的土，属于思心之不容的目下。因为秋冬季节，草木反季复华，所以华孽会出现。

在十五史《五行志》及《灵征志》《灾异志》中，有六部史书记载了华孽的例目。即《隋书》三段。《新唐书》八段。《宋史》六段。《元史》九段，记的是嘉禾。《明史》二段，称花孽。《清史稿》九段，称花妖。《汉书》《后汉书》《晋书》《宋书》《南齐书》《魏书》《旧唐书》《旧五代史》《金史》九部史书，未见华孽的记载。

以上诸史记载华孽，涉及的故事题目如《隋书》：华而不实；张贵妃，孔贵嫔；冯小怜。《新唐书》：天反时为灾；冰花。《宋史》：天反时为灾；冰瓦生花。《元史》：嘉禾；一株多穗。《明史》《清史稿》：桃李花。

以上故事需要说明两点：一是华而不实，是说树木只开花，不结果实及种子。《隋书·五行志》讲到南北朝时，后齐武平元年，曾经发生槐树华而不结实的情况。史官说，槐树象征着三公之位，它发生华而不实，正是三公萎落之象。到第二年，和士开被诛杀，陇东王胡长仁，太保、琅邪王俨皆遇害，左丞相段韶薨。二是女孽，《隋书·五行志》列举两段故事，根据班固《汉书·五行志》观点："一曰，华者色也，土为内事，为女孽也。"

## 十一、龙蛇之孽

龙蛇，本来应该属于麟虫，如《魏书·灵征志上》写道："《洪范论》曰：龙，鳞虫也，生于水。云亦水之象，阴气盛，故其象至也，人君下悖人伦，上乱天道，必有篡杀之祸。"班固《汉书·五行志》有记鳞虫之孽，但其下没有内容，而将龙蛇之孽等单列出来，加以记载。如《洪范五行传》定义："皇之不极，是谓不建，厥咎眊，厥罚恒阴，厥极弱。时则有射妖，时则有龙蛇之孽……"班固《汉书·五行志》注释："《易》曰：'云从龙。'又曰龙蛇之蛰，以存身也。阴气动，故有龙蛇之孽。"这是说，龙蛇之孽对应六事变异中的皇之不极，产生于阴气涌动。

在十五史《五行志》及《灵征志》《灾异志》中，有十四部史书记载了龙蛇之孽。即《汉书》六段。《后汉书》五段，包括龙蛇孽四段，投蜺一段。《晋书》十二段。《宋书》十三段。《魏书》四段。《隋书》十三段。《旧唐书》十段。《新唐书》二十段，包括虹蜺九段，龙蛇孽十一段。《旧五代史》三段。《宋史》十七段，包括虹蜺十段，龙蛇之孽七段。《金史》四段。《元史》二段。《明史》五段。《清史稿》九段。只有《南齐书》一部史书，没有龙蛇之孽的记载。

上述诸史龙蛇之孽，例目中的故事题目略记如下:《汉书》:夏后氏之衰；龙斗于郑；汉时龙见于井；鲁严公蛇斗；文公时蛇自泉宫出；武帝时蛇斗孝文庙，巫蛊之乱。《后汉书》:安帝时黄龙见，杨震死，废太子；河内野王山上有龙死；黄山宫有死龙，诛王莽，曹魏兴；灵帝时青蛇上座；见投蜺，蔡邕。《晋书》《宋书》:曹魏时龙见于井；龙乳人家孙皓降；晋武帝龙见于井；司徒府见大蛇。《魏书》:白蛇见于井，世祖、庄帝崩；黑龙如狗，北魏衰。《隋书》:南梁时龙斗，帝崩；龙见于井，侯景反；龙见南兖州池，陈后主亡国；东魏大蛇见，高仲密反；龙见大堂，帝崩；龙见浴堂，帝崩；龙死枯木中，帝崩；龙见井中，后齐亡；赤黑蛇斗，周灭；黑龙坠地死，周灭；隋时龙见井中，杨谅被废。《旧唐书》:青龙；六眼龟；蛤蟆斗巨蛇，诛窦怀贞、岑羲十七家；黑白蛇吞死，大雨；胡僧杀巨蛇；李撰见巨蛤蟆；三色龙。《新唐书》:虹蜺；白虹；五龙见于岐州之皇后泉；京师朝堂砖下有大蛇出；成都丈人庙有肉角蛇；龟蛇斗；龙斗。《旧五代史》:黄龙似蜥蜴，王处直死；鼠蛇斗。《宋史》:白虹；吃龙，大水；龙斗珠坠，大水。《金史》：黄龙见；龙见于熙州野水。《元史》：山蛟；四足蛇；黄龙见于井。《明史》：杏花营见龙卵；人骑龙；黑龙吸水；龙斗。《清史稿》：五彩蛇；龙困民家，乘雨而去；大墓山现龙首；龙鳞巨如葵扇；光绪灵台龙见于井。

总结以上诸史故事，有几点提示：一是见到龙，一定是大凶之兆，会有国家灭亡或君王死去。如天凤年间，黄山宫有死龙出现，结果汉兵诛灭王莽，汉室复兴。汉桓帝延熹七年，河内野王山上有龙死，长可数十丈。襄楷认为，这是改朝换代的预兆，到了建安二十五年，魏取代了汉。(《后汉书·五行志》) 二是龙蛇被困于井中，大臣将有被拘禁的灾难。如刘向说："龙贵象而困井中，诸侯将有幽执之祸也。"(《宋书·五行志》) 三是此中记载的虹蜺，被定义为未成形的龙。如蔡邕说："所谓天投蜺者也。不见足尾，不得称龙。"(《后汉书·五行志》)

## 十二、花　孽

花孽，即"华孽"，《明史·五行志》中有两段记载。《清史稿·灾异志》中有九段记载，记载秋冬季节，花朵反季开放的故事，即桃李华，实为称华孽为花妖。

## 十三、女　孽

女孽，见于《汉书·五行志》，班固在注说华孽时写道："一曰，华者色也，土为内事，为女孽也。"《隋书·五行志》思心之不睿华孽的目下，记有女孽的故事。

## 十四、鼠　孽

关于鼠的记载，诸史《五行志》及《灵征志》《灾异志》中，有五种情况，一是鼠妖，属于貌之不恭之下的例目，见于《汉书·五行志》《旧唐书·五行志》《新唐书·五行志》《旧五代史》《宋史》《元史》《清史稿》。二是将老鼠的变异对应五行变异中的土，见于《汉书·五行志》思心之不睿黄眚黄祥："昭帝元凤元年九月，燕有黄鼠衔其尾舞王宫端门中，往视之，鼠舞如故。王使夫人以酒脯祠，鼠舞不休，夜死。黄祥也。时，燕剌王旦谋反将败，死亡象也。其月，发觉伏辜。京房《易传》曰：诛不原情，厥妖鼠舞门。"三是将鼠的变异归于毛虫之孽，见于《魏书·灵征志上》。四是将鼠归于貌之不恭青眚青祥的目下，如《隋书·五行志》记："陈祯明二年四月，群鼠无数，自蔡洲岸入石头淮，至青塘两岸。数日死，随流出江。近青祥也。京房《易飞候》曰：鼠无故群居不穴众聚者，其君死。未几而国亡。"五是《明史·五行志》貌之不恭序文写道:“《洪范》曰:木曰曲直。木不曲直,则失其性矣。前史多以恒雨、狂人、服妖、鸡祸、鼠孽、木冰、木妖、青眚青祥皆属之木,今从之。”此中称鼠妖为鼠孽,正文小标题又改称鼠妖。

# 六　祸

祸，灾难，损害。《说文》：“祸，害也，神不福也。”《论衡·累害》亦有云：“来不由我，古谓之祸。”一般说来，祸字多为动词，如《墨子·法仪》：“爱人利人者，天必福之。恶人贼人者，天必祸之。”又《左传·昭公元年》：“然宋之盟，子木有祸人之心，武有仁人之心，是楚所以驾于晋也。”

## 一、六畜之祸

十五史《五行志》及《灵征志》《灾异志》，记载人世间灾异，其中有“祸”一项，此处祸是名词。如班固《汉书·五行志》：“及六畜谓之祸，言其著也。”由六畜构成六祸，即鸡祸、犬祸、羊祸、豕祸、牛祸与马祸。按理说，根据“五行变异”的定义，这六种动物都可以在其他的分类中找到它们的位置，比如

“鸡”，可以归类于羽虫之孽；其余的动物犬、羊、豕、牛、马，都可以归类于毛虫之孽。但是，由于它们是家畜，即所谓“六畜”，所以班固将它们单独开列出来。这是因为六畜与人类接触密切，所以它们发生异变时，对人类社会的影响，与其他动物比较，往往会更加深切。

著名的例子如班固《汉书·五行志》记载：汉宣帝黄龙元年，未央殿中有一只母鸡变为公鸡，而且虽然毛色变化，却不会啼鸣，不会交配，腿上也没有距。汉元帝初元中年，丞相府史家的母鸡孵小鸡时，逐渐变成公鸡，长出鸡冠、足距，还能啼鸣、交配；永光中年，又有人献上一只雄鸡，头上生着犄角。面对如此之多的“鸡祸”出现，京房曾叹息道：“鸡知时，知时者当死。”他是说，鸡是知道时辰的生灵，它出现变异，预示着将有能预测时势的人死去。京房由此推断，自己就是一位知时者，即可以推往知来的人，因此这些鸡祸的出现，预示着自己将会死于非命。刘向认为，京房的推占不对，鸡祸的出现，主要是预示着国家将要发生的一些重大变化，比如君王更替或后宫变乱等，怎么会是针对京房个人的呢？其实京房也知道这个道理，只不过他预感到自己的厄运，因而与之联系。

果然，在元帝建昭二年，京房陷入了一场宫廷争斗之中，由于受到石显诬告，时任魏郡太守的京房，在四十一岁时，以诽谤政治、归恶天子的罪名，遭到诛杀，曝尸于市上。《汉书·五行志》记载，这一年十一月，齐楚之地，天降大雪，雪深五尺。直到汉成帝时，京房才得到平反昭雪。班固《汉书》为京房作传，文末不禁叹道："京房区区，不量浅深，危言刺讥，枢怨强臣，罪辜不旋踵，亦不密以失身，悲夫！"（《汉书·京房传》）

## 二、鸡　祸

鸡祸，《洪范五行传》定义："貌之不恭，是谓不肃，厥咎狂，厥罚恒雨，厥极恶。时则有服妖，时则有龟孽，时则有鸡祸……"班固《汉书·五行志》解释："于《易》，《巽》为鸡，鸡有冠距文武之貌。不为威仪，貌气毁，故有鸡祸。一曰，水岁鸡多死及为怪，亦是也。"这是说，鸡祸对应五行变异中的木，属于貌之不恭的目下。鸡的头上有冠，腿上有距，象征着文武大臣。所以如果人们失去了威仪，面貌损毁，就会有鸡祸发生云云。

班固根据《洪范五行传》的原则，将鸡祸放在五行变异中木的目下，属于貌之不恭。但班固《汉书·五行志》还记到，刘歆《貌传》认为，此处不应该是鸡祸，而应该是羊祸。班固未接受他的观点，依然记载为鸡祸。

再者《南齐书·五行志》鸡祸序文有记："《貌传》又曰：上失节而狂，下怠慢而不敬，上下失道，轻法侵制，不顾君上，因以荐饥。貌气毁，故有鸡祸。一曰：水岁鸡多死及为怪，亦是也。"还有《魏书·灵征志上》鸡祸序文说："《洪范论》曰：京房《传》曰：鸡小畜，犹小臣也。角者，兵之象，在上，君之威也。此小臣执事者将秉君之威以生乱，不治之害。”

十五史记载《五行志》及《灵征志》《灾异志》，有十一部史书中有鸡祸的内容。即《汉书》二段。《后汉书》一段。《晋书》八段。《宋书》十段。《魏书》五段。《隋书》二段。《旧唐书》一段。《新唐书》六段。《宋史》五段。《明史》四段。《清史稿》九段。《南齐书》《旧五代史》《金史》《元史》四部史书没有鸡祸的记载。

上述十一部史书记载鸡祸，其例目中的故事略记如下:《汉书》：周景王，雄鸡自断其尾；鸡化为雄，鸡生角，京房，刘向。《后汉书》：雌化为雄，蔡邕，黄巾军。《晋书》《宋书》：雌鸡变为雄，不鸣不将，干宝；雄鸡无翅，贾后，愍怀太子；雌鸡逃承雷中，周玘；雌鸡变为雄，王敦；阎嵩家雄鸡；鸡生角，桓玄。《魏书》：鸡二头，文明太后；鸡雏四足四翼，崔光；鸡生角，灵太后临朝专政。《隋书》：鸡鸣不鼓翅，太子废；天下鸡多夜鸣。《旧唐书》：天下频奏雌雉化为雄，高宗，则天。《新唐书》：雌鸡化为雄；斗鸡，玄宗；鸡生角。《宋史》：鸡夜鸣；鸡人言；鸡卵出蛇。《明史》：鸡卵出人形；雌鸡化雄。《清史稿》：鸡翼生爪；鸡腹内出婴儿；雄鸡生卵，鸡四翼。

鸡祸的发生，有许多时候会与生杀有关。如汉灵帝光和元年，南宫侍中寺中的一只雌鸡欲变化为雄鸡，一身羽毛都已经变得跟雄鸡一样了，但头上的鸡冠尚未变化。灵帝问议郎蔡邕是何原因，蔡邕预测到将会有下人暴乱，但最终不会成功。不久发生黄巾军之乱，果然应验了蔡邕的预测。(《后汉书·五行志》) 类似的故事南北朝时期也有发生，北魏世宗正始元年四月，河南有鸡雏生出四足四翼。大臣崔光上书，根据上面蔡邕的故事，推测时下有大臣作乱。世宗读过崔光的奏折非常高兴，几天之后将茹皓等人处死，还将崔光提拔为抚军将军。(《魏书·灵征志上》《魏书·崔光传》)

再如晋惠帝时，陈国有一只鸡生来没有翅膀，长大后跌入坑中摔死了。王隐解释说："雄鸡为继嗣的皇子之象，土坑为母亲之象。如今雄鸡无翅，坠坑而死，难道是太子将被母亲杀害吗？"后来贾皇后诬陷并杀害愍怀太子，应验了王隐的判断。有记贾皇后派人逼迫愍怀太子喝下毒药，太子不肯喝，来人就用捣药的药杵，将愍怀太子打死。当时太子大呼救命，声音传得很远。时年二十三岁。(《宋书·五行志》《晋书·愍怀太子传》)

## 三、羊 祸

羊祸,《洪范五行传》定义："视之不明，是谓不悊，厥咎舒，厥罚恒奥，厥极疾。时则有草妖，时则有赢虫之孽，时则有羊祸……"班固《汉书·五行志》解释："羊上角下蹄，刚而包柔，羊大目而为精明，视气毁故有羊祸。一曰，暑岁羊多疫死，及为怪，亦是也。"这是说，羊祸对应着五行变异中的火，属于视之不明的目下。而羊的头上有角，脚上有蹄，刚而包柔；羊的眼睛大而精明，所以视力毁坏，就会产生羊祸。

在十五史《五行志》及《灵征志》《灾异志》中，有九部史书记载了羊祸，其中《汉书》一段。《晋书》一段。《宋书》二段。《魏书》四段。《隋书》二段。《新唐书》五段。《宋史》二段。《明史》二段。《清史稿》八段。《后汉书》《南齐书》《旧唐书》《旧五代史》《元史》《金史》六部史书未见羊祸的记载。

《汉书·五行志》之后，诸史记载羊祸，其中的羊几乎都是怪胎。现将诸史中羊祸的故事题目略记于下:《晋书》：无后足。《宋书》：无后足；三角。《魏书》：二身，八足，两尾。《隋书》：云中坠羊；二尾。《新唐书》：无尾；肉角，二尾；羔如犊；雨中坠羊。《宋史》：无角；骈首。《明史》：怪胎；人面羊身。《清史稿》：大羊；五角，三足；羊群忽不见。

班固记载羊祸，最早的故事引自春秋时期，鲁定公时，季桓子挖井得到一个土罐子，其中有虫子长得像羊一样。汉儒认为，羊是地上的动物，这里被幽藏在土中，象征着鲁定公不用孔子，而听信季氏的话云云。(《汉书·五行志》《史记·孔子世家》)

对于羊祸中的怪胎故事，诸史之中的解说很丰富。如足少，预示着下官不能胜任职务；二首，预示着君臣不能统一思想；羊羔一头，二身，一牝，一牡，三耳，八足，预示着将有国丧；羊无尾，预示着隋炀帝无后；天上坠下羊，预示着大旱云云。当然情况也有不同，比如隋代开皇十二年六月，天上的云彩中，有两只黄色的羝羊在争斗，最终有一只羝羊坠地而死。史官认为，这预示着当时的太子杨勇与晋王杨广之间内斗，最终杨广得逞，杨勇被废黜。(《隋书·五行志》《隋书·房陵王勇传》)

## 四、牛 祸

牛祸，《洪范五行传》定义："思心之不睿，是谓不圣，厥咎雺，厥罚恒风，厥极凶短折。时则有脂夜之妖，时则有华孽，时则有牛祸……"班固《汉书·五行志》注释："于《易》，《坤》为土为牛，牛大而心不能思虑，思心气毁，故有牛祸。一曰，牛多死及为怪，亦是也。"这是说，牛祸对应着五行变异中的土，属于思心之不睿的目下。牛的身体庞大，但它的心不会思虑，所以当人们思心气毁时，就会有牛祸发生。

在十五史《五行志》及《灵征志》《灾异志》中，有十三部史书记载了牛祸。即《汉书》三段。《后汉书》二段。《晋书》六段。《宋书》十段。《魏书》一段。《隋书》四段。《旧唐书》一段。《新唐书》九段。《宋史》二十一段。《金史》一段。《元史》五段。《明史》五段。《清史稿》八段。《南齐书》《旧五代史》两部史书未见牛祸的记载。

上述诸史记载牛祸，例目中的故事题目略记如下：《汉书》：卜牛；牛生五足；牛足上出背上，梁孝王。《后汉书》：牛疫死，明帝崩；牛大疫，窦皇后以宋贵人子为太子。《晋书》《宋书》：死牛头语，帝多疾病；牛犬言，张骋死；牛生犊一体两头；牛生子两头八足，两尾共一腹，司马彪；郊牛死；青牛，桓玄；牛闯广莫门，徐乔之；费淹献三角水牛。《魏书》：牛生怪胎。《隋书》：赤蛇绕牛口；五足牛；怪兽似牛；恒山牛。《旧唐书》：牛生六足，李泌。《新唐书》：牛大疫；卿宗晋卿家牛生三角；牛生人手；怪胎；水牛生骡驹。《宋史》：牛生二犊；三角牛。（按：大观元年，阆州、达州言牛生二犊。四年三月，帝谓起居舍人宇文粹中曰："牛产二犊，亦载之起居注中，岂若野蚕成茧之类，民赖其利，乃为瑞邪？"自是史官不复尽书。）《金史》：大名府进牛生麟；完颜秉德进三角牛。《元史》：牛生㸬犊；牛生麒麟；牛生一兽，鳞身牛尾，口目皆赤，堕地即大鸣，母不乳之；牛生黄犊，火光满室，麻顶绿角，间生绿毛，不食乳，二日而死。《明史》：牛生一头二舌，两尾八足；牛生麟甲。《清史稿》：牛生麟；京山民家牛产犊，三足，前二后一，识之者谓之貑。

班固记载牛祸，最早的故事取自《左传·宣公三年》："三年春王正月，郊牛之口伤，改卜牛。牛死，乃不郊。"刘向认为，这是牛祸。当时宣公与公子遂共谋，杀害子赤而立，又在服丧期间婚娶，礼节如此混乱，都是由言语造成的，所以老天都厌恶他，"生则不飨其祀，死则灾燔其庙"。（《汉书·五行志》）

还有秦孝文王五年时，有人献上一头五只脚的牛。刘向认为，这是牛祸。起因是最初秦文惠王大修宫室，就已经丧失了民心，导致国家危亡。后来秦不思悔改，继续修三百座离宫，还修建阿房宫，结果宫室还未建成，秦就灭亡了。牛生五足，预示着秦劳用民力过甚，导致天下背叛。正如京房《易传》说："兴徭役，夺民时，厥妖牛生五足。"（按：秦孝文王在位仅一年，故上文"五年"应为"元年"。）（《汉书·五行志》《史记·秦本纪》）

关于牛祸及其寓意，有牛生怪胎，如牛背上生足，为臣下奸上之象；牛闹瘟疫，预示着有国丧；牛生二首，为天下分裂之象；牛生少足，预示着臣下不胜任职责。还有牛说人语，预示着世间思想混乱。如晋武帝时，有死牛头说话，史官引师旷语说："怨讟动于人，则有非言之物而言。"又引京房《易传》曰："杀无罪，牛生妖。"（《宋书·五行志》）晋惠帝时，江夏张骋乘坐的牛突然说："天下大乱了，你为什么还骑着我呢？"又说："为什么这么早就归去了？"后来果然天下大乱，张骋也遭到灭族之祸。史官引京房《易传》说："牛能言，如其言占吉凶。"还有《易萌气枢》说："人君不好士，走马被文绣，犬狼食人食，则有六畜谈言。"（《晋书·五行志》《搜神记》）

## 五、犬 祸

犬祸，《洪范五行传》定义："言之不从，是谓不艾，厥咎僭，厥罚恒阳，厥极忧。时则有诗妖，时则有介虫之孽，时则有犬祸……”班固《汉书·五行志》解释：“于《易》，《兑》为口，犬以吠守，而不可信，言气毁故有犬祸。一曰，旱岁犬多狂死及为怪，亦是也。”这是说，犬祸对应着五行变异中的金，属于言之不从的目下。犬的特征是依靠叫声来守护家园，而它的叫声不可信，所以当人们的话语发生错误时，犬祸便发生了。这里面提到《周易·兑卦》，称“《兑》为口”，出自《说卦传》。《说卦传》写道：“《乾》为首，《坤》为腹，《震》为足，《巽》为股，《坎》为耳，《离》为目，《艮》为手，《兑》为口。”

在十五史《五行志》及《灵征志》《灾异志》之中，有八部史书中有犬祸的故事。即《汉书》六段，有春秋时期一段，汉代五段。《晋书》十二段。《宋书》十三段。《隋书》四段。《新唐书》十段。《宋史》四段。《明史》二段。《清史稿》五段。《后汉书》《南齐书》《魏书》《旧唐书》《旧五代史》《金史》《元史》七部史书没有犬祸的记载，但在《后汉书》貌之不恭服妖一项中也有犬祸的故事。

以上诸史记载犬祸，例目中的故事题目略记如下：《汉书》：狾狗；仓狗；狗生角；狗与彘交；狗与人同居。《晋书》《宋书》：公孙家犬；诸葛恪犬；应璩家白犬；犬鼻行；地中有犬；犬无首；犬能人言；犬入室；犬与人交；犬二身；犬夜吠；犬多首。《隋书》：犬与人交；犬加爵；犬生怪胎；犬变狼。《新唐书》：犬吠而不见；李林甫家犬；犬乳犊；犬生角；犬无吠；犬夜吠；犬彘交。《宋史》：犬投河；雷震犬；犬坐郡守位；禁犬。《明史》：

犬怪胎。《清史稿》：犬生怪胎；犬人言。

班固记载犬祸，如吕太后八年三月出行时，见到一只像仓狗一样的动物，咬伤了吕后的腋下，忽然就不见了。吕后请人占卜，卜者说，那是已经被吕后害死的赵王刘如意，化作仓狗来作祟。不久之后，吕后便因为这次受伤而死去了。在此之前，吕后用毒酒害死了刘如意，还将如意的母亲手足切掉，挖去眼睛，称之为人彘。（《汉书·五行志》《史记·吕太后本纪》）

再如三国时，吴国诸葛恪征讨淮南归来，准备上朝会见君王，但家中的狗衔着他的衣服，不让他出门。诸葛恪说："难道狗不想让我出门吗？"只好又坐了下来。过了一会儿，他又站起来要走，狗还是衔着他的衣服不让他走。没办法，诸葛恪只好让家人将狗牵开，自己乘车而去，结果进入朝中就被杀害了。（《宋书·五行志》《三国志·诸葛恪传》）

还有唐代李林甫，一天他晨起早朝，拿来书袋看，见到里面有一只小动物，像老鼠一样，跳出袋子后变成一只狗，身体壮大，双目怪睁，张牙舞爪，瞪着李林甫。李林甫取来弓箭引射，发出箭羽的声响，随着箭支没入，那只大狗也不见了。此事也可能跟李林甫作恶太多，终日思虑过度有关。一次他在后院中游走，有人跪下来哭着说："大人久居权位，满目荆棘，一旦大祸临头，你该怎么办呢？"李林甫苦着脸说："已经走到这一步了，我有什么办法呢？"（《新唐书·五行志》《新唐书·李林甫传》）

# 六、豕 祸

豕祸,《洪范五行传》定义:“听之不聪，是谓不谋，厥咎急，厥罚恒寒，厥极贫。时则有鼓妖，时则有鱼孽，时则有豕祸……”班固《汉书·五行志》注释:“于《易》,《坎》为豕，豕大耳而不聪察，听气毁，故有豕祸也。一曰，寒岁豕多死，及为怪，亦是也。”这是说，豕祸对应着五行变异中的水，属于听之不聪的目下。由于猪的耳朵很大听觉却不灵，所以当听力被毁坏时，豕祸便发生了。再者,《魏书·灵征志上》豕祸序文写道:“京房《传》曰：凡妖象其类足多者，所任邪也。京房《易》:妖曰豕生人头豕身者，邑且乱亡。”

在十五史《五行志》及《灵征志》《灾异志》中，有十一部史书记载了豕祸的故事。即《汉书》二段。《晋书》四段。《宋书》五段。《魏书》四段。《隋书》二段。《旧唐书》二段。《新唐书》六段。《宋史》三段。《元史》一段。《明史》四段。《清史稿》五段。《后汉书》《南齐书》《旧五代史》《金史》四部史书未见豕祸的记载。

诸史例目中豕祸的故事题目略记如下:《汉书》:襄公见豕；汉燕王宫豕出圂。《晋书》《宋书》:丁奉遇豕；周馥见猪生两头；猪怪胎。《魏书》:猪怪胎；猪生人面，灵太后。《隋书》:猪人言，太子被杀，乐平公主救杨秀。《旧唐书》:猪怪胎，窦参寝而不奏。《新唐书》:猪生怪胎；猪生人相。《宋史》:野豕入城；猪生怪相。《元史》《明史》《清史稿》：猪生怪相；肉中有字；猪生麒麟。

班固《汉书·五行志》记载豕祸的故事，第一条见于春秋时期，当时齐襄公在贝丘行走，见到一只猪，随从说："这是公子彭生变的。"齐襄公闻言大怒说："射杀它。"那只猪突然像人一样站立而扑了过来，齐襄公受到惊吓，从车上掉了下来，脚受了伤，鞋子也掉了。(《汉书·五行志》《左传·庄公八年》) 类似的故事，三国时期也发生过。吴国孙皓宝鼎元年，有野猪进入右大司马丁奉的军营中，后来丁奉兵败，孙皓见丁奉已死，还追责杀死了他的儿子丁温，将丁奉的家属流放到边远的地方。史官说，这都是豕祸的应验。再者龚遂说："山野之兽，来入宫室，宫室将空。"也是此事的预兆。(《宋书·五行志》《三国志·丁奉传》)

## 七、马　祸

马祸,《洪范五行传》定义："皇之不极，是谓不建，厥咎眊，厥罚恒阴，厥极弱。时则有射妖，时则有龙蛇之孽，时则有马祸……"班固《汉书·五行志》注释："于《易》,《乾》为君为马，马任用而强力，君气毁，故有马祸。一曰，马多死及为怪，亦是也。"这是说，马祸属于皇之不极的目下。由于马听从驱使，有力量，所以当君王出现毁亡之气时，马祸就会出现。

再者，关于马祸的定义，《南齐书·五行志》皇之不极马祸序文有记："《传》曰：《易》曰：'《乾》为马。'逆天气，马多死，故曰有马祸。一曰，马者，兵象也。将有寇戎之事，故马为怪。"《魏书·灵征志上》皇之不极马祸序文也说："《洪范论》曰：马者，兵象也，将有寇戎之事，故马为怪也。"

在十五史《五行志》及《灵征志》《灾异志》中，有十二部史书记载了马祸的故事。即《汉书》四段。《后汉书》四段。《晋书》九段。《宋书》七段。《南齐书》二段。《魏书》二段。《隋书》六段。《旧唐书》二段。《新唐书》十四段。《宋史》六段。《明史》五段。《清史稿》六段。《旧五代史》《元史》《金史》三部史书中，未见到马祸的记载。

上述诸史例目中马祸的故事题目略记如下：《汉书》：春秋白马驷；秦时马生人；汉时马生角。《后汉书》：更始失道；桓帝政衰；黄巾军；马噬人；大臣被诛。《晋书》《宋书》：马生角；马不行；马悲鸣而死，晋愍怀帝冤死之象；马生二头，王敦陵上；赤马入殿，帝崩；桓玄时马生角。《南齐书》：马惊走，王晏诛；马食女子股脚间肉都尽有寇。《魏书》：马肉尾；虫入马耳半死，似蝇。《隋书》：侯景白马；吴明彻时马生角；陈文宣帝亲征契丹；大业四年马死厩中，炀帝征高丽马生角。《旧唐书》：马生角；马吐珠。《新唐书》：马生角；马大死国危；马二首；马生人。《宋史》：马生二距；海兽如马；留正坐骑毙；史弥远马惊跌落。《明史》：龙马；景宁屏风山有异物成群；海马。《清史稿》：石马；

马生双驹。

如上马祸变化很多，单以“马生角”为例：班固记载汉文帝年间，在吴地有马生角，右角长三寸，左角长二寸，皆大二寸。当时吴王刘濞据有四郡五十余城，内怀骄恣，所以有变化见于外物，正是上天对他的告诫。但刘濞不觉悟，最终举兵叛乱，落得被诛灭的下场。京房《易传》说：“臣易上，政不顺，厥妖马生角，兹谓贤士不足。”又说：“天子亲伐，马生角。”（《汉书·五行志》《汉书·吴王濞传》）又，汉成帝绥和二年二月，也曾经发生马生角的事情，长在马的左耳前，围长各二寸。此时王莽为大司马，他迫害君王的想法开始萌生出来。（《汉书·五行志》）还有，晋武帝太熙元年，辽东有马生角，在两耳下，长三寸。正如刘向所说：“这是兵祸的象征。”还有《吕氏春秋》说：“人君失道，马有生角。”（《宋书·五行志》）

# 六　疴

疴，古同痾。有二义，一为病，读 kē；再一为排泄物（粪便），读 ē。本文取前者，《玉篇》有记：“疴，同痾，病也。”

## 一、人　疴

班固《汉书·五行志》定义五事变异中的概念，在序文中写道：“说曰：凡草木之类谓之妖。妖犹夭胎，言尚微。虫豸之类谓之孽。孽则牙孽矣。及六畜谓之祸，言其著也。及人，谓之疴。疴，病貌，言寖深也。甚则异物生，谓之眚；自外来，谓之祥，祥犹祯也。气相伤，谓之沴。沴犹临莅，不和意也。”此中有人一项，称之为疴，专指人生病的事情。如《魏书·灵征志上》，在五行变异的例目中，干脆称之为人疴。

据班固记载，《洪范五行传》定义五行变异时，提到了六痾，即下体生上之痾、口舌之痾、目痾、耳痾、心腹之痾、下人伐上之痾。但在诸史《五行志》及《灵征志》《灾异志》中，上述六痾中，只有三项有内容记载，即下体生上之痾、心腹之痾、下人伐上之痾；其余三项，即口舌之痾、目痾、耳痾，均为空目，诸史只是序文中有列，但在正文之中，都没有内容记载。

还有两点需说明：一是下体生上之痾与下人伐上之痾，前者对应五行变异中的木，属于貌之不恭的目下；后者对应天，属于皇之不极的目下。但在实际的故事中，二者的内容混淆，很难分清楚。如《汉书·五行志》在下体生上之痾的目下，就没有内容；只在下人伐上之痾的目下有内容，而且据班固记载，刘歆还对题目有异议。(《汉书·五行志》) 再者《魏书·灵征志上》中有人痾的例目，实际上是将二者合二为一。二是在《隋书·五行志》思心之不容蠃虫之孽目下，有许多等同于人痾的内容，实际上是把人列为蠃虫之首。如《隋书·五行志》蠃虫之孽有记："陈永定三年，有人长三丈，见罗浮山，通身洁白，衣服楚丽。京房占曰：长人见，亡。后二岁，帝崩。"类似的长人故事，《汉书·五行志》皇之不极下人伐上之痾有记："史记秦始皇帝二十六年，有大人长五丈，足履六尺，皆夷狄服，凡十二人，见于临洮。"

## 二、下体生上之痾

下体生上之痾,《洪范五行传》定义:“貌之不恭,是谓不肃,厥咎狂,厥罚恒雨,厥极恶。时则有服妖,时则有龟孽,时则有鸡祸,时则有下体生上之痾……”班固《汉书·五行志》解释:“上失威仪,则下有强臣害君上者,故有下体生于上之痾。”这是说,下体生上之痾对应五行变异中的木,属于貌之不恭的目下。由于君王丧失了威仪,下面有强势的大臣加害君王,所以会发生下体生上之痾。对此,《南齐书·五行志》引《貌传》中的话说:“民多被刑,或形貌丑恶。”《魏书·灵征志上》也有人痾的序文和例目。

在十五史《五行志》及《灵征志》《灾异志》中,只有两部史书记载了下体生上之痾的内容。即《魏书》九段。《新唐书》一段。《汉书》《后汉书》《晋书》《宋书》《南齐书》《旧唐书》《旧五代史》《宋史》《元史》《金史》《明史》《清史稿》均未见下体生上之痾的记载。

诸史记载下体生上之痾的故事题目略记如下:《魏书》:喉下生骨,状如羊角;大拇指甲下生毛九茎;女从母右肋而生,灵太后;大人迹;四产十六男;黄褶袴鬼,道登,世祖;怪胎,大疫。《新唐书》:雉生五足。

在诸史貌之不恭序文中,几乎都有下体生上之痾一项,但实际上有故事记载的史书,只有《魏书》《新唐书》两部。其中真正属于下体生上之痾的故事，只有《新唐书·五行志》中一段："咸通十四年七月，宋州襄邑有猎者得雉，五足，三足出背上。足出于背者，下干上之象；五足者，众也。"这是说，雉鸟生长出五只足，三个长在后背上，当然是"下体生上之痾"了。不过雉鸟不能等同于人，所以这段故事列在下体生上之痾目下，也有问题。

《魏书·灵征志上》中有人痾一节，它在序文中明确说明，这一节属于貌之不恭，即下体生上之痾："人痾：刘歆说貌之不恭，是谓不肃。上嫚下暴，则阴气胜，水伤百谷，衣食不足，奸宄并作，故其极恶也。一曰，民多被刑，貌丑恶也。班固以为六畜谓之祸，言其著也；及人，谓之痾，痾，病貌，言寖深也。"但它下面的故事，都可以在其他门类中找到类同的定义。一是人生怪变，《魏书·灵征志上》人痾："太宗永兴三年，民乌兰喉下生骨，状如羊角，长一尺余。"此类故事，又见思心之不容目下，《隋书·五行志》裸虫之孽；还有皇之不极目下，下人伐上之痾。二是大人迹，《魏书·灵征志上》人痾："正光元年五月戊戌，南兖州下蔡郡有大人迹，见行七步，迹长一尺八寸，广七寸五分。"又见皇之不极目下，下人伐上之痾。如《汉书·五行志》记载长狄、长人、大人。《隋书·五行志》裸虫之孽也有记载："仁寿四年，有人长数丈，见于应门，其迹长四尺五寸。其年帝崩。"三是多胎，《魏书·灵征志》人痾："高祖延兴三年秋，秀容郡妇人一产四男，四产十六男。"又见皇之不极下人伐上之痾，如《宋史·五行志》记："建隆元年，雄州归义军民刘进妻产三男。"四是见鬼，《魏书·灵征志》人痾："太和十六年十一月乙亥，高祖与沙门道登幸侍中省。日入六鼓，见一鬼衣黄褶袴，当户欲入。帝以为人，叱之而退。问诸左右，咸言不见，唯帝与道登见之。"又见皇之不极下人伐上之痾，如《汉书·五行志》。五是瘟疫，《魏书·灵征志上》人痾："显祖皇兴二年十月，豫州疫，民死十四五万。"又见皇之不极目下，诸史将疫病归于下人伐上之痾，如《新唐书·五行志》占曰："国将有恤，则邪乱之气先被于民，故疫。"

这里有一个题目上的混淆，即"人痾"一项，诸史《五行志》如《后汉书》《晋书》《宋书》《新唐书》《明史》等，均称下人伐上之痾为人痾；只有《魏书》称下体生上之痾为人痾。

## 三、心腹之痾

心腹之痾，《洪范五行传》定义："思心之不容，是谓不圣，厥咎霿，厥罚恒风，厥极凶短折。时则有脂夜之妖，时则有华孽，时则有牛祸，时则有心腹之痾……"班固《汉书·五行志》释："及人，则多病心腹者，故有心腹之痾。"这是说，心腹之痾对应五行变异中的土，属于思心之不容的目下。由于此事大多会引起人的心腹生病，所以有心腹之痾。

在十五史《五行志》及《灵征志》《灾异志》中，有两部史书记载了心腹之痾:《汉书》二段，一是心疾死，二是丧心死。《隋书》三段，一是天夺其心，二是精魄已乱，三是丁忧不尊。其余十三部史书《后汉书》《晋书》《宋书》《南齐书》《魏书》《旧唐书》《新唐书》《旧五代史》《宋史》《元史》《金史》《明史》《清史稿》，均未见到心腹之痾的记载。

班固记载两段心腹之痾的故事，均取自《左传》。一是周景王将要建造无射钟，泠州鸠说道:“周景王患心腹疾病将要死去了！听察音乐是天子的职责，不能以此为休闲作乐。不然心为音乐所感染，就会生出疾病来。”刘向解释说:“那时周景王好听淫荡的音乐，是非不明，心绪烦乱，第二年患心疾而死。正是心腹之痾的征兆。”(《汉书·五行志》《左传·昭公二十一年》) 二是昭公二十五年春天，鲁国的叔孙昭子与宋元公饮酒作乐，两人谈话时相对落泪。乐师祁佐对他人说:“这两个人都要死去了。我听说哀乐而乐哀，都会引起心疾的。心腹的精爽就是魂魄，魂魄离开了，人还能长久吗?”结果当年十月，叔孙昭子死了；十一月，宋元公死了。(《汉书·五行志》《左传·昭公二十五年》)

《隋书》记载的三段心腹之痾的故事，均发生在南北朝时期。一是说陈后主与隋兵临江对垒时，听信奸臣孔范胡说八道，盲目乐观，饮酒赋诗，不知畏惧，导致兵败人死，陈国灭亡。(《隋书·五行志》《陈书·后主本纪》《南史·恩倖传》) 二是说齐文宣帝曾经在东山饮酒，突然投杯暴怒，举兵西伐。不久又哭泣着对大臣们说:“黑衣非我所制。”有识见者说，君王的精魄已经紊乱，将不久于人世了。此后文宣帝荒于酒色，突然狂暴，几年后就死去了。(《隋书·五行志》《北齐书·宣帝本纪》)三是说北齐武成帝在为太后服丧时，继续穿着彩色的衣袍，在三台上饮酒作乐。伺者送上白色的衣袍，武成帝大怒，将其抛到台下，大臣和士开请求停止音乐，武成帝又大怒，鞭挞和士开。但武成帝没多久就死去了。(《隋书·五行志》《北齐书·武成帝本纪》)

## 四、下人伐上之痾

下人伐上之痾,《洪范五行传》定义:“皇之不极，是谓不建，厥咎眊，厥罚恒阴，厥极弱。时则有射妖，时则有龙蛇之孽，时则有马祸，时则有下人伐上之痾……”班固《汉书·五行志》解释:“君乱且弱，人之所叛，天之所去，不有明王之诛，则有篡弑之祸，故有下人伐上之痾。”另外,《汉书·五行志》还记道:“刘歆《皇极传》曰，有下体生上之痾。说以为下人伐上，天诛已成，不得复为痾云。”这是说，下人伐上之痾属于皇之不极的目下。因为宫廷混乱且衰弱，所以人们叛逃，上天离去，此时如果没有开明的君王行使诛杀之力，就会有被篡位弑杀之祸发生，所以有下人伐上之痾。

何谓下人伐上之痾呢?《南齐书·五行志》记载了一段京房

《易传》中的定义："生子二胸以上，民谋其主。三手以上，臣谋其主。二口已上，国见惊以兵。三耳已上，是谓多听，国事无定。二鼻以上，国主久病。三足三臂已上，天下有兵。"书中还说，这类现象很多，均可以从现象来推占结果。

在十五史《五行志》及《灵征志》《灾异志》中，有十三部史书记载了下人伐上之痾的故事。即《汉书》十一段。《后汉书》二十二段，包括人痾七段，人化一段，死复生四段，疫十段。《晋书》二十八段，称人痾，未记《宋书》中的疫。《宋书》六十段，包括人痾三十七段，疫二十三段。《南齐书》一段。《魏书》九段，与下体生上之痾混淆。《隋书》二十段，被放在思心之不睿名下，作为裸虫之孽。《旧唐书》五段。《新唐书》三十五段，包括人痾二十四段，疫十一段。《宋史》二十八段，包括人痾二十段，疫八段。《元史》十段，包括人痾七段，疫三段。《明史》十六段，包括人痾八段，疾疫八段。《清史稿》十五段，包括人痾七段，疫八段。《旧五代史》《金史》两部史书，未见记载。

诸史记载下人伐上之痾的故事题目略记如下：《汉书》：长狄三兄弟；秦时长人；男女互化；子死复生；女死出棺；子生二头；人生角；小女陈持弓；狂人王褒；民惊扰。《后汉书》：民惊走；夫妇相食；壁中黄人；狂人梁伯夏；狂人张博；生儿双头；母化鼋；死复生；大疫。《晋书》《宋书》：母化鳖；死复生；诸葛恪；曹魏见大人；人生角；女化男；齐王冏；入冢复出；双性人；男宠；女子阴在腹上；怪胎；圣人像，人头忽悉缩入肩中；

人暴长；儿在腹中泣；大疫。《南齐书》：连体儿。《旧唐书》：三胞胎；狂人李狗儿；男化虎；郑注讹言；狂人刘德广。《新唐书》：死复生；头生肉角；四胞胎；连体儿；女魃；白衣刘凝静；人化虎；来俊臣婢产肉块；狂人李安国；长人李家宠；狂人李狗儿；人生猪首；狂人刘德广；人生角；人生珠；大疫。《宋史》：多胞胎；下生有齿有角；化石人；生三目；大疫。《元史》：多胞胎；大疫。《明史》：多胞胎；女生胡须；男化女；人化狼；怪胎；大疫。《清史稿》：多胞胎；男变女；生佛像；怪胎；大疫。

如上可见，下人伐上之痾很复杂，大体有人的变异与瘟疫等类型。《汉书》以后的记载，逐渐离开了汉儒的宗旨，比如诸史多胞胎记载很多，似乎应该属于祥瑞。那么，班固等汉儒的观点如何呢？

《汉书·五行志》大体包括四种下人伐上之痾的类型：一是大人或曰长人，长人最早记载见春秋时期，有长狄三兄弟，不祥，都被杀了。如京房《易传》曰："君暴乱，疾有道，厥妖长狄入国。"又曰："丰其屋，下独苦。长狄生，世主虏。"秦始皇时期，长安街上出现十二个长人，一说为吉祥，预示着秦灭六国，为此秦始皇还搜集天下兵器，铸十二铜人为贺。一说为凶险，预示着秦十四年灭亡。还有观点说，此事对汉代为祥瑞，后来汉代有十二帝称霸天下。（《宋书·符瑞志》）二是男女互化，京房《易传》曰："女子化为丈夫，兹谓阴昌，贱人为王；丈夫化为女子，兹谓阴胜，厥咎亡。"还有观点说，男化为女，宫刑滥也；女化为男，妇政行也。(《史记·魏世家》) 三是死复生，“至阴为阳，下人为上。厥妖人死复生。”(《搜神记》卷六）四是怪胎，京房《易传》曰：“‘睽孤，见豕负涂’，厥妖人生两头。下相攘善，妖亦同。人若六畜首目在下，兹谓亡上，正将变更。凡妖之作，以谴失正，各象其类。二首，下不壹也；足多，所任邪也；足少，下不胜任，或不任下也。凡下体生于上，不敬也；上体生于下，媟渎也；生非其类，淫乱也；人生而大，上速成也；生而能言，好虚也。群妖推此类，不改乃成凶也。”(《搜神记》卷六）五是狂人妖言，京房《易传》曰：“妖言动众，兹谓不信，路将亡人，司马死。”(《汉书·成帝本纪》)

# 五眚五祥

眚，指眼病。《说文》云："眚，目病生翳也。"《周易·复卦》云："上六：迷复，凶，有灾眚。用行师，终有大败，以其国君凶，至于十年不克征。"

祥，通指吉凶。郑玄注《释文》说："异自内生曰眚，自外曰祥，害物曰灾。"《左传·僖公十六年》："是何祥也？吉凶焉在？"

## 一、五色之眚祥

班固《汉书·五行志》："甚则异物生，谓之眚。自外来，谓之祥，祥犹祯也。"十五史《五行志》及《灵征志》《灾异志》记载眚祥，盖指世间与五色相关的变异之物，号称一内一外，内生之物为眚，外来之物为祥，二者始终连用，又以五色为类分，即青眚青祥、白眚白祥、赤眚赤祥、黑眚黑祥、黄眚黄祥。

有两点需说明：一是诸史之中记载眚与祥，由五行对应五色，再归属于五事目下。如貌之不恭对应五行中的木，因此它的目下有青眚青祥。二是诸史之中，眚与祥始终连用，在正文的故事中，则分别指出何为眚、何为祥。比如晋代司马彪记载，汉桓帝时，一位大臣的室内墙壁中，夜里有青气散发出来。人们凿破墙壁，见到有一只玉钩与一只玉玦。此为青祥，预示着当朝大臣做事不能规肃，将会有祸患发生。当时梁冀秉政专恣，四年后梁氏被诛灭。(《后汉书·五行志》) 再如唐代大和九年，郑注药箱中的药品突然间都变化成苍蝇飞去。郑注是以药物而名世的，现在药品都变成了苍蝇，它是败死之象，近似于青眚。(《新唐书·五行志》《旧唐书·郑注传》)

遍览诸史，史官列举一些现象时，许多时候，并未明确它们是眚还是祥，只称其为气。如《明史》有记："宣德元年八月辛巳，东南天有青气，状如人叉手揖拜。"(《明史·五行志》) 还有些记载，似乎不准确。如《清史稿》有记："康熙十七年六月十二日，平湖青眚见。"(《清史稿·灾异志》) 按照定义，眚由内生，因此不能把湖水上的青气，称为青眚。

## 二、青眚青祥

青眚青祥，《洪范五行传》定义："貌之不恭，是谓不肃，厥咎狂，厥罚恒雨，厥极恶。时则有服妖，时则有龟孽，时则有鸡祸，时则有下体生上之痾，时则有青眚青祥……”班固《汉书·五行志》解释：“木色青，故有青眚青祥。”《南齐书·五行志》貌之不恭序文中也写道：“《貌传》又曰：危乱端见，则天地之异生。木者青，故曰青眚，为恶祥。”这是说，青眚青祥对应五行变异中的木，属于貌之不恭的目下。因为木的颜色是青色，所以有青眚青祥。

在十五史《五行志》及《灵征志》《灾异志》中，有八部史书记载了青眚青祥的故事。即《后汉书》一段一例，称青祥。《晋书》《宋书》二段二例，称青祥。《魏书》一段，称青眚。《隋书》一段，称青祥。《新唐书》三段，称青眚青祥。《明史》一段，称青眚青祥。《清史稿》二段，称青眚、青祥。《汉书》序文中有青眚青祥一项，但例目中没有内容。《南齐书》《旧唐书》《旧五代史》《宋史》《金史》《元史》六部史书均未见记载。

上述诸史中青眚青祥的故事题目略记如下：《后汉书》：青眚，玉钩，玦，梁冀专政。《晋书》《宋书》：大风折太社树，有青气出，孙盛；韩尸尸，韩谧诛。《魏书》：青气。《隋书》：群鼠渡江而死。《新唐书》：立晋王为太子，有青气绕东宫殿；药化为蝇，郑注；青气。《明史》：青气状如人，叉手揖拜。《清史稿》：青气亘天；平湖青眚见。

在上述故事中，有“群鼠渡江”写道：“陈祯明二年四月，群鼠无数，自蔡洲岸入石头淮，至青塘两岸。数日死，随流出江。近青祥也。京房《易飞候》曰：鼠无故群居不穴众聚者，其君死。未几而国亡。”（《隋书·五行志》）此事颇为离奇，《陈书·后主本纪》中亦有记载，还写道：“是月，郢州南浦水黑如墨。”预示着陈国的覆灭。再者，此事似乎也可以归于鼠妖或鼠孽目下。

## 三、赤眚赤祥

赤眚赤祥，《洪范五行传》定义：“视之不明，是谓不悊，厥咎舒，厥罚恒奥，厥极疾。时则有草妖，时则有蠃虫之孽，时则有羊祸，时则有目痾，时则有赤眚赤祥……”班固《汉书·五行志》解释：“火色赤，故有赤眚赤祥。”这是说，赤眚赤祥对应五行变异中的火，属于视之不明的目下。因为火为赤色，所以有赤眚赤祥。

在十五史《五行志》及《灵征志》《灾异志》中，有十四部史书记载了赤眚赤祥的故事。其中《汉书》三段。《后汉书》一段，称赤祥。《晋书》七段。《宋书》六段。《南齐书》一段。《魏书》八段，称赤眚。《隋书》六段。《新唐书》二十段。《旧五代史》一段。《宋史》二十段。《金史》五段。《元史》三段。《明史》七段。《清史稿》九段。只有《旧唐书》一部史书没有赤眚赤祥的记载。

上述诸史记载赤眚赤祥的故事题目略记如下:《汉书》:女生赤毛;天雨血。《后汉书》:天雨肉。《晋书》《宋书》:地生肉;头食肉;水变赤;赤雪;地流血;天雨血;天雨肉;血上流。《南齐书》:血洒帷幕。《魏书》:赤气。《隋书》:人死不僵;赤物;天雨血;地洒血。《新唐书》:江水化血;天雨血;血腥气;井水变赤;血点地;赤光;泥像滴血;池水赤;赤雪;赤雾;人死血污。《旧五代史》:野水变血。《宋史》:赤气亘天;雪夜血污;淮水凝血。《金史》:火声如雷;梦中火;赤气。《元史》:赤气如席;雨血;雨红沙;红雾;云如火。《明史》:泉涌雪;赤光;赤弹;地涌血;船出血;天雨血。《清史稿》:地出血;山中红光;天雨血。

班固记载赤眚赤祥,第一篇赤眚故事,取自《左传》:鲁襄公时,宋国有人生下一位女子,浑身赤色,而且有毛。父母将她抛弃到野外,宋平公母亲的随从见到了,把她收养起来,因此起名叫作弃。弃长大后十分美丽,做了宋平公的妃子,生下儿子叫作佐。后来宋国发生动乱,刘向认为,正是因为弃为赤眚,她带来的报应。京房《易传》曰:"尊卑不别,厥妖女生赤毛。"(《汉书·五行志》《左传·襄公二十六年》)

赤祥的故事,见记于三国时期,吴国孙峻因为诸葛恪民怨太大,设计请诸葛恪赴宴,借机杀害他。诸葛恪将赴宴前的那天晚上,心神不定,整夜无眠。他早晨起来洗脸时,闻到盥洗水有血臭的气味;侍者给他拿来衣服,衣服上也有血臭的气味。诸葛恪

让伺者换水、换衣服，依然有血腥气味。“此近赤祥也。”（《宋书·五行志》《三国志·诸葛恪传》）

## 四、黄眚黄祥

《洪范五行传》定义：“思心之不容，是谓不圣，厥咎霿，厥罚恒风，厥极凶短折。时则有脂夜之妖，时则有华孽，时则有牛祸，时则有心腹之痾，时则有黄眚黄祥……”班固《汉书·五行志》解释：“土色黄，故有黄眚黄祥。”这是说，黄眚黄祥对应五行变异中的土，属于思心之不容的目下。因为土为黄色，所以对应五色中的黄色，有黄眚黄祥。

在十五史《五行志》及《灵征志》《灾异志》中，共有十部史书记载了黄眚黄祥的故事。即《汉书》二段。《晋书》五段。《宋书》七段。《隋书》五段。《新唐书》十二段。《宋史》二十四段。《金史》一段。《元史》八段。《明史》七段。《清史稿》八段。《后汉书》《南齐书》《魏书》《旧唐书》《旧五代史》五部史书未见到黄眚黄祥的记载。

以上诸史记载黄眚黄祥的故事题目略记如下：《汉书》：黄鼠舞于庭；黄风。《晋书》《宋书》：黄气，黄雾四塞；鼠语。《隋书》：天雨黄灰；天雨黄沙；黄衣人；天雨黄土。《新唐书》：天雨黄土；土雾昼昏。《宋史》：黄气；黄白气；地涌起；天雨黄土；

赤黄气；黄沙蔽天（丧氛）。《金史》：黄气塞天。《元史》：天雨沙霾。《明史》：雨黄沙；黄黑云起；黄埃涨天。《清史稿》：天雨黄沙。

班固记载“黄鼠舞于庭”：昭帝元凤元年九月，燕国见到一只黄鼠，衔着自己的尾巴在王宫端门中跳舞，人们前往观看，黄鼠依然舞蹈如故。燕王让人给它喂食，黄鼠还舞蹈不止，直到夜晚死去。班固说，这是黄祥。当时，燕刺王刘旦谋反，将要败落，这是死亡之象。正是在这个月，刘旦谋反的事败露，被歼灭了。京房《易传》说：“诛不原情，厥妖鼠舞门。”据班固记载，当时在燕国，还出现许多怪现象：“是时天雨，虹下属宫中饮井水，井水竭。厕中豕群出，坏大官灶。乌鹊斗死。鼠舞殿端门中。殿上户自闭，不可开。天火烧城门。大风坏宫城楼，折拔树木。流星下堕。后姬以下皆恐，王惊病，使人祠葭水、台水。王客吕广等知星，为王言当有兵围城，期在九月、十月，汉当有大臣戮死者。”（《汉书·五行志》《汉书·昭帝本纪》《汉书·燕刺王旦传》）

关于老鼠的故事，南朝沈约还有一段记载：魏齐王正始中，中山王周南为襄邑长。有鼠从穴出，语曰：“王周南，尔以某日死。”周南不应，鼠还穴。后至期，更冠帻皁衣出，语曰：“周南，汝日中当死。”又不应，鼠复入穴。斯须更出，语如向。日适欲中，鼠入须臾复出，出复入，转更数，语如前。日适中，鼠曰：“周南，汝不应，我复何道！”言绝，颠蹶而死，即失衣冠。取

视，俱如常鼠。案班固说，此黄祥也。是时，曹爽专政，竞为比周，故鼠作变也。(《宋书·五行志》《搜神记》卷十八)

《隋书·五行志》记载几段黄眚黄祥的故事，都很生动。一是梁大同元年，天雨土。第二年，天降黄色的雨灰。这都是黄祥。此时梁武帝萧衍自以为聪明博达，厌恶别人胜过自己。他又笃信佛法，舍身为奴，所以上天才有绝道蔽贤的惩罚。京房《易飞候》曰:“闻善不及，兹谓有知。厥异黄，厥咎龙，厥灾不嗣。蔽贤绝道之咎也。”(又见《梁书·武帝本纪》)二是大宝元年正月，天雨黄沙。第二年，简文帝萧纲梦见自己吞食土丸，不久就被侯景所废除，并且用土囊将他压死，他的儿子都被杀害。(又见《梁书·简文帝本纪》)三是陈后主陈叔宝梦见有穿黄衣服的人围攻城池。陈后主很厌恶这个梦，就让人将围绕城周围的橘树，全部砍伐掉。结果隋高祖杨坚接受禅让之后，上上下下的人都穿着黄色的衣服。所以陈后主那个梦，正是隋军不久将要围攻城池的预兆。(又见《南史·陈本纪》)

## 五、白眚白祥

《洪范五行传》定义:“言之不从，是谓不艾，厥咎僭，厥罚恒阳，厥极忧。时则有诗妖，时则有介虫之孽，时则有犬祸，时则有口舌之痾，时则有白眚白祥……”班固《汉书·五行志》解释:“金色白，故有白眚白祥。”这是说，白眚白祥对应五行变异中的金，属于言之不从的目下。因为金为白色，所以产生白眚白祥。

在十五史《五行志》及《灵征志》《灾异志》中，有十一部史书中记载了白眚白祥的故事。其中《汉书》四段。《晋书》十五段。《宋书》二十三段。《南齐书》一段。《隋书》八段。《新唐书》八段。《宋史》十六段。《金史》三段。《元史》十二段。《明史》五段。《清史稿》九段。《后汉书》《魏书》《旧唐书》《旧五代史》四部史书中没有白眚白祥的记载。

以上诸史记载白眚白祥的故事题目略记如下:《汉书》:玉化为石;持璧客;石自立;天雨白氂。《晋书》《宋书》:陨石;石自立;地生石;地出玉马;小儿发体皆白;地生毛。《南齐书》:帛入云。《隋书》:地生毛;天雨毛;山出玉璧;石壁有字;石郧;石变为玉。《新唐书》:白鹿、白狼见;天雨毛;白气亘天。《宋史》:白气亘天;白气贯日。《金史》:地生白毛。《元史》:获白雉;获白鹿;天雨毛;地生毛;白虹贯日。《明史》《清史稿》:白气。

白眚白祥的故事很丰富，如玉与石互变的事。班固有记玉变石云：春秋时期，当时王子鼂将周朝的玉圭投到黄河之中，得到了河神的帮助。后来有人将这个玉圭打捞上来，阴不佞买下来，则玉圭变成了石头。此时王子鼂已经篡夺了天子位，人民不认同他，不听从他的号令，所以会有玉圭变为石头的事情发生。玉化为石属于白祥，后二年，王子鼂奔楚而死。(《汉书·五行志》《左传·昭公二十四年》)类似的故事，秦始皇年间也发生过。始皇在二十八年过江时，曾经将一块玉璧投入江中。三十六年时有一位自称镐池君的人，从华山乘坐白马素车而来，奉上那块玉璧说："今年祖龙死。"就不见了。三年之后，秦国灭亡。(《汉书·五行志》《史记·秦始皇本纪》)

隋开皇末年，还有过石变玉的故事。当时隋高祖杨坚为了标志放置床的位置，就在宫中埋下了两块小石头。不久挖出来，发现小石头已经变成了玉石。汉代刘向曾说过："玉石是至为尊贵之物，石变玉，是贱人将变为贵人的征兆。"到了隋大业末年，果然盗贼蜂起，都僭称名号。(《隋书·五行志》《隋书·炀帝本纪》)

再如石自立的故事，班固记载：孝昭元凤三年正月，泰山莱芜山南，有声音像数千人在呼喊。民众赶去观望，见到有一块大石头自己站立了起来，高一丈五尺，大四十八围，入地深八尺，下面有三块石头支撑着。石自立的地方，还有数千只白乌鸦聚集在那里。眭孟认为，石头属于阴类，是下民之象，泰山是岱宗之岳，王者易姓告代之处，因此石头自立，预示着会有平民成为天子。结果霍光以妖言惑众的罪名，将眭孟诛杀。对此，京房《易传》中说："《复》，崩来无咎。自上下者为崩，厥应泰山之石颠而下，圣人受命人君虏。"又说："石立如人，庶士为天下雄。立于山，同姓；平地，异姓。立于水，圣人；于泽，小人。"五年之后，汉孝宣帝刘询果然从民间兴起，继承皇位后，宣帝征召

眭孟的儿子为侍郎。(《汉书·五行志》《汉书·昭帝本纪》《汉书·眭孟传》)

## 六、黑眚黑祥

《洪范五行传》定义:“听之不聪，是谓不谋，厥咎急，厥罚恒寒，厥极贫。时则有鼓妖，时则有鱼孽，时则有豕祸，时则有耳痾，时则有黑眚黑祥……”班固《汉书·五行志》解释:“水色黑，故有黑眚黑祥。”这是说，黑眚黑祥对应五行变异中的水，属于听之不聪的目下。由于水为黑色，所以有黑眚黑祥。

在十五史《五行志》及《灵征志》《灾异志》中，有九部史书记载了黑眚黑祥的故事。即《晋书》三段。《宋书》二段。《魏书》三段。《隋书》二段。《新唐书》四段。《宋史》十段。《元史》一段。《明史》十段。《清史稿》八段。《汉书》《后汉书》《南齐书》《旧唐书》《旧五代史》《金史》六部史书未见黑眚黑祥的记载。

诸史记载黑眚黑祥的故事题目略记如下:《晋书》《宋书》:黑气四塞;孝怀帝沦陷;黑雾着人如墨;愍帝降刘曜;黑气蔽天，元帝崩。《魏书》:黑气，慕容渴悉邻反于北平。《隋书》:黑气如龙，周师入梁之象，擒吴明彻。《新唐书》:黑气;河水黑;黑气如堤;黑气如带;黑气如盘。《宋史》:黑风昼晦;黑物大如席；神宗哲宗崩；黑汉；黑米；天雨黑水。《元史》：黑风；黑水；黑雾。《明史》：黑雨如墨汁；黑气如烟；黑眚迷人。《清史稿》：黑气。

班固《汉书·五行志》序文中，列有黑眚黑祥一项，但正文中没有相关的故事。以后诸史记载黑眚黑祥的故事，所应大多为君王有灾难。《宋书》记：晋孝怀帝永嘉五年十二月，黑气四塞，这是黑祥；都城很快沦陷，王室丘墟，正是它的应验。晋愍帝建兴二年正月己巳朔，黑雾落在人的身上像墨水一样，连夜如此，五日才消散，这是黑祥；两年之后，愍帝向刘曜投降。晋元帝永昌元年十月，京师大雾，黑气蔽天，日月无光；十一月，元帝死去了。(《宋书·五行志》) 再如《隋书》记：梁承圣三年六月，有黑气如龙，见于殿内，近黑祥也。黑，周所尚之色。今见于殿内，周师入梁之象。其年，为周所灭，帝亦遇害。(《隋书·五行志》《梁书·元帝本纪》)

再者，黑眚黑祥的故事大多源于传说，如《宋史》记："元丰末，尝有物大如席，夜见寝殿上，而神宗崩。元符末，又数见，而哲宗崩。至大观间，渐昼见。政和元年以后，大作，每得人语声则出。先若列屋摧倒之声，其形廑丈余，仿佛如龟，金眼，行动硁硁有声。黑气蒙之。不大了了，气之所及，腥血四洒，兵刃皆不能施。又或变人形，亦或为驴。自春历夏，昼夜出无时，遇冬则罕见。多在掖庭宫人所居之地，亦尝及内殿，后习以为常，人亦不大怖。宣和末，浸少，而乱遂作。"(《宋史·五行志》《五杂俎》《文献通考》）再如：“宣和中，洛阳府畿间，忽有物如人，或蹲踞如犬。其色正黑，不辨眉目。始，夜则掠小儿食之后，虽白昼，入人家为患，所至喧然不安，谓之黑汉。有力者夜执枪棒自卫，亦有托以作过者，如此二岁乃息。已而北征事起，卒成金人之祸。三年春，日有眚，忽青黑无光，其中汹汹而动，若鉌金而涌沸状。日旁有黑正如水波，周面旋绕，将暮而稍止。”（《宋史·五行志》《大宋宣和遗事》）又《明史·五行志》云：“十二年七月庚戌，京师黑眚见。民间男女露宿，有物金睛修尾，状如犬狸，负黑气入牖，直抵密室，至则人昏迷。遍城惊扰，操刃张灯，鸣金鼓逐之，不可得。帝常朝，奉天门侍卫见之而哗。帝欲起，怀恩持帝衣，顷之乃定。”（《明史·五行志》《明朝小史》《吴桥史话》《仇犹志异》《明实录》《万历野获编》《皇明典故纪闻》）

# 六　沴

沴，《说文》云："沴，水不利也。"《释文》注："音丽。云陵乱也。"扬雄《河东赋》："秦神下詟，跖魂负沴。"注："服虔曰：沴，河之坻也。"（《汉书·扬雄传》）《庄子·大宗师》："阴阳之气有沴。"

## 一、六伤之沴

班固《汉书·五行志》说"沴"，其指向又有不同："气相伤，谓之沴。沴犹临莅，不和意也。"十五史《五行志》及《灵征志》《灾异志》按照六事类分，有记六沴，即金沴木、木沴金、水沴火、火沴水、金木水火沴土、木金水火土沴天。

此处有几点需说明：一是六沴的选取，与所谓五行相克、相胜、相生的概念有所不同，似乎也没有规律可循。二是称金与木、水与火，两两可以互沴互伤，应该是五行观念的扩充或延伸。三是金木水火沴土，实际上说的是地震、山崩、地陷一类事情，即与土相关的变异。四是金木水火土沴天，又称五行沴天，实际上说的是日月乱行、星辰逆行，即由地象上升到天象，包括日食、月食、日晕、星孛、陨石等一类天上发生的现象。

先看金与木两者如何互沴。金沴木的故事，如汉宣帝时，大司马霍禹所居住的地方，大门自己损坏了。此时霍禹对内不和顺，外政不敬重，见到告诫也不改悔，结果遭到诛灭。(《汉书·五行志》《汉书·霍光传》)反过来，木沴金的故事，如三国时，魏齐王正始末年，河南尹李胜研究事情时，有一个小木材急速掉落下来，正好穿过石彪的头，这就是木沴金。此后李胜很快便失败了。(《宋书·五行志》《三国志·曹爽传》)

再看水与火如何互沴。水沴火的故事，如唐代幽州坊谷地一带，经常有火灾发生。长庆三年夏天，人们在这里积水为池。第二年唐穆宗死去。此为水沴火。(《新唐书·五行志》《旧唐书·穆宗本纪》)反过来，火沴水的故事，如秦武王三年，渭水变成赤色，持续三日；昭王三十四年，渭水变成赤色，也持续三日。此为火沴水。(《汉书·五行志》《水经注·渭水》)

最后说金木水火沴土、木金水火土沴天。它们一个是地出现了问题，一个是天出现了问题，因此会有四伤与五伤一并出现，引起天地的变化。后者又称五行沴天，即由地上的五行变异，反射到天上，这也是班固等汉代儒生，对于五行灾异说的拓展。

## 二、金沴木

《洪范五行传》定义:“貌之不恭，是谓不肃，厥咎狂，厥罚恒雨，厥极恶。时则有服妖，时则有龟孽，时则有鸡祸，时则有下体生上之痾，时则有青眚青祥。惟金沴木。”班固《汉书·五行志》解释:“凡貌伤者病木气，木气病则金沴之，冲气相通也。”这是说，貌之不恭发生时，五行变异中的木表现出病态，因此有金伤害木发生。《南齐书·五行志》貌之不恭序文写道:“《貌传》又曰……凡貌伤者，金沴木，木沴金，衡气相通。”

十五史《五行志》及《灵征志》《灾异志》记载金沴木有十一部史书。即《汉书》四段。《后汉书》七段。《晋书》六段。《宋书》七段。《南齐书》三段。《隋书》七段。《新唐书》九段。《宋史》三段。《金史》一段。《明史》六段。《清史稿》九段。《魏书》《旧唐书》《旧五代史》《元史》四部史书未见金沴木的记载。

上述诸史记载金沴木的故事题目略记如下:

《汉书》:大室屋坏;城门自倾，大船自覆，吴王濞;霍禹所居第门自坏;董贤第门自坏。《后汉书》:太学门无故自坏，襄楷;南宫平城门内屋自坏，帝王崩;南宫平城门内屋、武库屋及外东垣屋前后顿坏，蔡邕论说;长安宣平城门外屋无故自坏，吕布杀董卓;长安市门无故自坏，李傕、郭汜之乱。《晋书》《宋书》:许昌城南门无故自崩，魏文帝崩;吴郡米廪无故自坏，大饥;周筵立宅宇，所起五间六架一时跃出堕地，王敦；旗杆难立，司马元显，桓玄；乐贤堂坏；国子圣堂坏；郡堂屋西头鸱尾无故落地，刘斌。《南齐书》：船自沉；庐陵王子卿斋屋梁柱际无故出血；截东安寺屋以直庙垣，截梁水出如泪。《隋书》：仪贤堂无故自压；宫内水殿若有刀锯斫伐之声；幰竿无故自折；长广郡厅事梁忽剥若人状；七宝车无故陷入于地，牛没四足；青城门无故自崩；齐王暕东都起第，新构寝堂其栿无故而折。《新唐书》：突厥始毕可汗衙帐无故自坏；中宗即位，金鸡竿折；李承嘉第其堂无故坏，笔管裂；哥舒翰帅师守潼关，牙门旗至坊门触落枪刃；德宗含元殿殿阶及栏槛三十余间自坏，卫士死者十余人；郑注旗杆折；扬州府署门屋自坏。《宋史》：尚书省后楼无故自坏；建昌军民居，木柱有声如牛鸣者；贾似道方拜家庙，忽闻内有裂帛声。《金史》：丹凤门坏，压死者数人。《明史》：枫生李实，黄莲生黄瓜，楠生莲花，李生豆荚；栗生桃；祖陵大松树孔中吐火，皇陵树巅见火；白露着树如垂绵；南京西华门内有烟无火；木甑飞堕。《清史稿》：黄檀腹内，突产修竹数竿；木有字；木自起；木自燃；树死复生；古桐自焚；枫树夜放光；李生瓜；槐生牡丹。

从上面的题目中可见，班固解说“金沴木”主要以房屋、门庭、船只等木制品的损坏为指向，对此后代史官大多有所遵循。如南朝沈约记载，魏文帝曹丕于黄初七年正月来到许昌，结果许昌的城南门无故崩塌了，曹丕十分厌恶此事，因此不肯进入，返回洛阳。这属于金沴木。到了五月，曹丕就死去了。京房《易传》说:“上下咸悖,厥妖也城门坏。”(《宋书·五行志》《三国志·文帝本纪》)但《明史》《清史稿》所记“金沴木”内容,与前史所记大相径庭,如“弘治八年,长沙枫生李实,黄莲生黄瓜。九年三月,长宁楠生莲花,李生豆荚”。(《明史·五行志》)再如“顺治元年,南陵上北乡郭氏墓域有黄檀一株,腹内突产修竹数竿,外并无竹,观者诧为异。二年七月,石门资福院僧锯木,中有‘太平’二字,墨痕宛然”。(《清史稿·灾异志》)此类故事,实应归于草妖等目下。

## 三、水沴火

《洪范五行传》定义:“视之不明,是谓不悊,厥咎舒,厥罚恒奥,厥极疾。时则有草妖,时则有蠃虫之孽,时则有羊祸,时则有目痾,时则有赤眚赤祥。惟水沴火。”班固《汉书·五行志》解释:“凡视伤者病火气,火气伤则水沴之。”这是说,在视之不明的目下,会有水沴火的现象发生。因为此时火气发生病变,所以火气会受到水的伤害。

在十五史《五行志》及《灵征志》《灾异志》中,明确记载水沴火的史书只有《新唐书》一段,《宋史》四段。《新唐书》记:“幽州坊谷地常有火,长庆三年夏,遂积水为池。近水沴火也。”《宋史》记:“开宝七年六月,棣州有火自空堕于城北,有物如龙。端拱元年九月，泸州盐井竭，遣匠刘晚入视，忽有声如雷，火焰突出，晚被伤。建炎元年正月辛卯夜，西北阴雪中有如火光。绍兴三十二年，建昌军新城县有巨室，箧中时有火光，燔衣帛过半而箧不焚，近火孽也。”这些记载均内容简略，有事件而无事应。

## 四、金木水火沴土

《洪范五行传》定义：“思心之不容，是谓不圣，厥咎霿，厥罚恒风，厥极凶短折。时则有脂夜之妖，时则有华孽，时则有牛祸，时则有心腹之痾，时则有黄眚黄祥，时则有金木水火沴土。”班固《汉书·五行志》解释：“凡思心伤者病土气，土气病则金木水火沴之，故曰：时则有金木水火沴土。”这是说，五行中的土发生变异时，在思心之不容的目下，会有金木水火沴土的现象发生。因为思心的伤害会带来土的变异，所以有金木水火沴土。

在十五史中，每一部史书都记载了金木水火沴土的故事。其中《汉书》十二段，包括地震、山崩。《后汉书》七十一段，包括地震四十八段，山崩、地裂二十三段。《晋书》五十段，包括地震三十四段，山崩地陷裂十六段。《宋书》九十四段，包括地震七十三段，山崩地陷裂二十一段。《南齐书》五段，包括山崩二段，地震三段。《魏书》六十九段，包括地震六十三段，山崩六段。《隋书》十四段。《旧唐书》十一段。《新唐书》四十一段，包括金木水火沴土（地震）二十一段，山摧八段，山鸣二段，土为变怪十段。《旧五代史》地震七段。《宋史》四十七段，包括地震三十二段，山摧十二段，雨毛三段。《金史》九段，包括地震七段，地生毛二段。《元史》地震十三段。《明史》三十三段，包括地震十六段，山颓十一段，雨毛、地生毛六段。《清史稿》三十一段，包括地震十四段，山崩十段，地生毛七段。

以上十五部史书的《五行志》及《灵征志》《灾异志》中金木水火沴土的故事题目略记如下：

《汉书》：周朝三川皆震；周朝三川竭，岐山崩；春秋时五次地震；前汉时五次地震；僖公时沙麓崩；成公时山崩；汉高后时山崩，后七国反；汉成帝时山崩，王莽篡位。《后汉书》：地震：夷蛮反；窦太后摄政；匈奴叛；中常侍、蔡伦用事；邓太后专权；阿母王圣谗言，中常侍用权；阎太后专权，废太子、罢杨震；阿母宋娥与中常侍用权；梁太后摄政；梁冀专政；邓皇后摄政；中常侍曹节、王甫专权。山崩：窦太后、窦宪专权；殇帝时，邓太后临朝。地陷：阎太后摄政，孙程杀江京、诛阎后兄弟。地坼：中常侍张逵、蘧政与大将军梁商争权。地裂：梁太后摄政，其兄冀枉杀李固、杜乔。《晋书》《宋书》：地震：东吴孙权专政；公孙文懿叛，自立为燕王；曹魏曹爽专政；刘蜀宦人黄皓专权；晋武帝世，始于贾充，终于杨骏，阿党昧利，荀窃朝权；贾后专权；司马越专政；帝幼，王敦陵上；苏峻作乱；石季龙僭即皇帝位；桓温专政。山崩：孙权将死；太行山崩，此魏亡之征；晋武帝后代衰落；贾后乱朝；司马越被杀；王敦陵傲；张天锡死；贾谧死。《南齐书》：山崩，宫车晏驾。《魏书》：地震频发，大臣谋反；山崩，齐代魏之征。《隋书》：地震：文僧朗叛；李贲自称皇帝；侯景虐梁帝；陈宝应反闽中，施文庆、沈客卿专恣；地陷：侯景专擅河南；和士开专恣；地裂：吐谷浑频寇河西；汉王杨谅举兵反；隋炀帝兴辽东之师。《旧唐书》：地震，张行成占；李绛占；虞世南占。《新唐书》：庆山出，俞文俊占；《金滕》占；风陵堆。《旧五代史》：地震，李详占。《宋史》：地震，金人进犯。《金史》：地震，马贵中占。《元史》：地震；山崩；山鸣；山坼。《明史》：地震；山颓；天雨絮；天雨毛；求直言。《清史稿》：地震；山崩；地生毛。

班固记载金木水火沴土集中在两件事情上：一是昏君亡国，如周幽王时，三川发生大地震，结果三川河流枯竭，岐山崩塌。当时周幽王暴虐成性，狂妄诛伐，不听谏言，痴迷于褒姒，废除自己的皇后，结果皇后的父亲起兵讨伐他。京房《易传》曰："君臣相背，厥异名水绝。"（《汉书·五行志》《国语·周语》）二是臣下叛乱，比如汉初曾发生七国在同一天众山崩溃，最终有七国之乱。班固说："春秋四国同日灾，汉七国同日众山溃，咸被其害，不畏天威之明效也。"（《汉书·五行志》《汉书·高后本纪》《汉书·文帝本纪》《汉书·景帝本纪》）再者，司马彪《后汉书·五行志》，记载金木水火沴土，则以东汉后宫专权的故事最多。唐史以降，多为记载灾异事件，不见人文故事。余不一一。

## 五、木沴金

《洪范五行传》定义：“言之不从，是谓不艾，厥咎僭，厥罚恒阳，厥极忧。时则有诗妖，时则有介虫之孽，时则有犬祸，时则有口舌之痾，时则有白眚白祥。惟木沴金。”班固《汉书·五行志》解释：“凡言伤者，病金气；金气病，则木沴之。”这是说，五行变异中的金对应言之不从，木沴金属于言之不从目下。它产生于金气发生病变，所以木气会去伤害它。

在十五史《五行志》及《灵征志》《灾异志》中，有十二部史书记载了木沴金的故事。其中《汉书》二段。《晋书》《宋书》三段。《南齐书》一段。《魏书》三段。《隋书》四段。《旧唐书》见金不从革。《新唐书》二段。《旧五代史》见金不从革。《宋史》三段。《明史》《清史稿》见金不从革。《后汉书》《金史》《元史》三部史书没有木沴金的故事记载。

以上诸史木沴金的故事题目略记如下：《汉书》：九鼎震；门牡自飞。《晋书》《宋书》：小材疾落杀人；禖坛中裂为二；金鼓自破。《南齐书》：金翅自折。《魏书》：铜像流汗；铜像生须。《隋书》：石像自动。《旧唐书》：铁像自飞；金刚滴血；玉石变。

《新唐书》：铁像自飞；鼎具自斗。《旧五代史》：石像自动；石槽飘走。《宋史》：铁佛自移；铜镜自飞；铜镜寒光。《明史》：钟自鸣；兵器有火光；天雨钱；石狮自飞；大炮自吼。《清史稿》：钟自鸣；兵器吐火；天雨箭；釜自鸣。

木沴金的故事有两个问题：一是概念不大清楚，比如司马迁曾记载，周威烈王二十三年时，曾发生九鼎震的事情。班固说它属于金震，是木的震动导致了金的震动。(《史记·周本纪》《汉书·五行志》)此说有些歧义，似乎说土的震动更为贴切。二是内容重合，即木沴金中的故事与金不从革中的故事，许多内容无法分开，如在《旧唐书》《旧五代史》中，二者均未做区分。

## 六、火沴水

《洪范五行传》定义：“听之不聪，是谓不谋，厥咎急，厥罚恒寒，厥极贫。时则有鼓妖，时则有鱼孽，时则有豕祸，时则有耳痾，时则有黑眚黑祥。惟火沴水。”班固《汉书·五行志》解释：“凡听伤者病水气，水气病则火沴之。”这是说，五行变异中的水对应听之不聪，火沴水属于听之不聪的目下。当人的听力受伤时，水气发生病变，所以有火沴之。

在十五史《五行志》及《灵征志》《灾异志》中，有十二部史书记载了火沴水的故事。即《汉书》二段。《后汉书》四段。

《晋书》四段。《宋书》三段。《魏书》五段。《隋书》五段。《旧唐书》四段。《新唐书》十七段。《宋史》十一段，其中包括水变色三段，河水清五段，醴泉三段。《元史》三段，都是河水清。《明史》六段，都是水变色。《清史稿》八段。《南齐书》《旧五代史》《金史》三部史书，未见火沴水的记载。

上述诸史火沴水的故事题目略记如下:《汉书》：春秋时水斗；渭水赤。《后汉书》：涌泉，不立皇太子；河水赤，邓太后专政；河水清，安帝崩。《晋书》《宋书》：池中有火，张邕死；临平湖水赤，桓玄败。《魏书》：涌泉；井溢；北魏都迁于邺。《隋书》：河水清，隋有天下，唐有天下；江水赤，陈后主残暴；浦水黑如墨，荆扬失陷；咸阳池水变为血，周残暴。《旧唐书》：洛阳有水影；黄河水清；醴泉出栎阳；黄河水如墨；亳州出圣水愈病。《新唐书》：河水清；醴泉坊太平公主第井水溢流；猷水竭；武氏井溢；黄帝祠古井涌浪；亳州老子祠九井涸复涌。《宋史》：王羲之墨池变黑；王母池水变红紫色；瀵泉有光；东池水自成盐；南程氏家井水溢；河水清，百官庆贺；醴泉。《元史》：金沙泉涌泉；河水清。《明史》：武强苦井变为甘；黄河水竭；文安水忽僵立；南畿龙目井化为酒；临淄濠水南北相斗；河水变赤。《清史稿》：涌泉；沸起；水斗；自溢。

火沴水的故事有几个重要的事件：一是水斗，鲁襄公二十三年时，穀水与洛水相斗，将要毁坏王宫。周灵王要壅土阻挡，有司反对说:“不可。长民者不崇薮，不堕山，不防川，不窦泽。

今吾执政毋乃有所辟，而滑夫二川之神，使至于争明，以防王宫室，王而饰之，毋乃不可乎！惧及子孙，王室愈卑。”刘向认为，穀水与洛水象征着公卿大夫，他们的纷争会危及王室。如京房《易传》说：“天子弱，诸侯力政，厥异水斗。”（《汉书·五行志》《国语·周语》）二是水变色，有变清、变赤、变黑、井水溢、地涌泉等，意义大不相同。例如变赤，京房《易传》说：“君湎于酒，淫于色，贤人潜，国家危，厥异流水赤也。”京房《易占》又说：“水化为血，兵且起。”变清，京房《易传》说：“河水清，天下平。”襄楷说：“河，诸侯之象。应浊反清，诸侯将为天子之象。”井水溢，占卜说：“君凶。”又说：“兵将起。”地涌泉，《谶》说：“水者，纯阴之精也。阴气盛洋溢者，小人专制擅权，妒疾贤者，依公结私，侵乘君子，小人席胜，失怀得志，故涌水为灾。”

## 七、五行沴天

《洪范五行传》定义：“皇之不极，是谓不建，厥咎眊，厥罚恒阴，厥极弱。时则有射妖，时则有龙蛇之孽，时则有马祸，时则有下人伐上之痾，时则有日月乱行，星辰逆行。”此中说道，五行金木水火土同时变异，就会产生金木水火土沴天的现象。但是史官在文中不记五行沴天，改称日月乱行、星辰逆行，原因何在呢？班固《汉书·五行志》解释："凡君道伤者病天气，不言五行沴天，而曰日月乱行，星辰逆行者，为若下不敢沴天，犹《春秋》曰王师败绩于贸戎，不言败之者，以自败为文，尊尊之意也。"《后汉书·五行志》皇之不极的序文中，也补上一段定义："皇，君也。极，中也。眊，不明也。说云：此沴天也。不言沴天者，至尊之辞也。《春秋》王师败绩，以自败为文。"

"日月乱行，星辰逆行"一项所云为天象变化，主要是说日蚀。《汉书·五行志》中有这方面的内容，除了日食，还有两月重见、日色青白、日出赤、星陨、星孛、陨石等内容。《后汉书·五行志》《宋书·五行志》追随班固学说，也有天象的内容。前者如"日蚀、日抱、日赤无光、日黄珥、日中黑、虹贯日、月蚀非其月"，后者如"日蚀、白虹贯日、日中飞燕、日晕、黑子"。成书晚于《宋书》的《晋书》，其《五行志》内容抄自《宋书》，在皇之不极名下"日月乱行，星辰逆行"一项还存在；但在正文中只抄到人痾："义熙末，吴豫章人有二阳道，重累生。"后面的日蚀、白虹等内容，均未在《五行志》中抄录，而转入《天文志》中。

《南齐书·五行志》中有皇之不极一项，但涉及天象时，论说只在雾上："《传》曰：皇之不极，是谓不建，其咎在霿乱失听，故厥咎霿。思心之咎亦雾。天者，正万物之始，王者，正万事之始，失中则害天气，类相动也。天者转于下而运于上，云者起于山而弥于天，天气动则其象应，故厥罚常阴。王者失中，臣下盛强，而蔽君明，则云阴亦众多而蔽天光也。”

《魏书·灵征志上》等同于前史《五行志》，内容较少，且未对内容进行分类。而《魏书·天象志》序文写道：“夫在天成象，圣人是观，日月五星，象之著者，变常舛度，征咎随焉。然则明晦晕蚀，疾余犯守，飞流欻起，彗孛不恒，或皇灵降临，示谴以戒下，或王化有亏，感达于天路。《易》称‘天垂象，见吉凶’，‘观乎天文，以察时变’；《书》曰‘历象日月星辰，敬授民时’。是故有国有家者之所祗畏也。百王兴废之验，万国祸福之来，兆勤虽微，罔不必至，著于前载，不可得而备举也。班史以日晕五星之属列《天文志》，薄蚀彗孛之比入《五行说》。七曜一也，而分为二《志》，故陆机云学者所疑也。今以在天诸异咸入天象，其应征符合，随而条载，无所显验则阙之云。”书将《汉书·五行志》皇之不极中“日月乱行，星辰逆行”的内容，尽数放在此下。此中明确谈到，班固将日晕五星归入《天文志》，将薄蚀彗孛归入《五行志》，这是不合适的。七曜是一个整体，将其分放到两部志书中，自然会引起人们的疑问。所以《魏书》专门设立《天象志》，将其一分为二。

及至《隋书·五行志》，其谈到皇之不极时写道：“《洪范五行传》曰：皇之不极，是谓不建。厥咎瞀，厥罚常阴，厥极弱。时则有射妖，则有龙蛇之孽，则有马祸。”此中竟然将“日月乱行，星辰逆行”删去，正文中就更没有天象的内容了。

再接下来，《旧唐书》《新唐书》《宋史》《明史》《清史稿》中的《五行志》及《灾异志》不再记载日食等天象，只是记载天鸣、陨石等事件。如《旧唐书·五行志》总序中有此项，即“‘……皇之不极，是谓不建，厥咎眊，厥罚恒阴，厥极弱。时则有射妖，时则有龙蛇之孽，时则有马祸，时则有下体代上之痾，时则有日月乱行，星辰逆行。’九畴名数十五，其要五行、皇极之说，前贤所以穷治乱之变，谈天人之际，盖本于斯。故先录其言，以传于事”。但在它的正文中，没有天象的记载。《新唐书·五行志》皇之不极序文中，有此项例目，即“《五行传》曰：‘皇之不极，是谓不建，厥咎眊，厥罚常阴，厥极弱。时则有射妖，时则有龙蛇之孽，时则有马祸，时则有下人伐上之痾，时则有日月乱行，星辰逆行。’谓木金火水土沴天也”。正文内容有天鸣、陨石。《宋史·五行志》将皇之不极放到章目水的后面，序文中没有皇之不极的例目，因此也没有天象的例目，但在正文中有天象中陨石的记载，记载天鸣、陨石六段。《明史·五行志》有陨石例目，《清史稿·灾异志》目录中有陨石记载，正文中有陨石八段。它们与《宋史》的体例相同，但在序文中有皇之不极的例目，也有天象之中陨石一项。

在十五史《五行志》及《灵征志》《灾异志》中，有八部史书记载了五行沴天的故事。《汉书》约一百一十八段，包括日食九十段，月变一段，日变二段，星陨二段，星孛十二段，陨石十一段。《后汉书》约七十九段，包括日蚀七十段，日抱一段，日赤无光一段，日黄珥一段，日中黑二段，虹贯日二段，月食非其月二段。《宋书》约一百零九段，包括日蚀七十六段，白虹贯日三十三段。《新唐书》五段，包括天鸣四段，陨石一段。《宋史》在水的目下，陨石三段。《元史》在金的目下，陨石二段。《明史》水的目下，陨石六段。《清史稿》在水的目下，陨石八段。

上述诸史中五行沴天的故事题目略记如下:《汉书》：日食二十占；京房日食说；春秋日食；前汉日食；两月重见；日色青白；日出赤；星陨；星孛；陨石。《后汉书》：后汉日蚀；日有晕抱；日赤如血；黄气抱日；日中黑气大如瓜；日中黑气如飞雀；白虹贯日；月蚀非其月。《宋书》：魏晋时日蚀；白虹贯日；五色气冠日；日中有若飞燕者；日斗；日有黑子；黑气分日；日散光流如血；黄黑气掩日；青黄晕五重；三日并照；日有采珥；月蚀既尽；月侧匿；日赤如血；日色紫赤无光。《新唐书》：天鸣；星见而雨；天泣；陨石。《宋史》：陨石。《元史》：陨石。《明史》《清史稿》：陨石；天雨石；石卵。

# 八　鬼

“鬼”字，商代甲骨文中已经有了。它原本是人死之后的称谓，又称“归人”，如《礼记·祭义》言：“众生必死，死必归土，此之谓鬼。”它的意思很单纯，只是讲到鬼的来源。

说到鬼的状态，问题就复杂了，人们的观念会变得非常不同，有鬼论与无鬼论的分野，也会在这里显现出来。比如《左传·昭公七年》中子产说：“鬼有所归，则不为厉。”此语的前段，讲的是归人，鬼只是活人的一个牌位；后段则透露出“有鬼”的讯息，这个鬼不但是活人死后的牌位，还是一种玄妙的存在。说它玄妙，其核心观念是“不可知”，因此为人们留下更多的想象空间。再回到子产的观点，他说，如果鬼找不到归宿，它就会化为厉鬼。这个厉鬼无论可见与否，物质上或精神上，都有了人间的烟火气。从而有了鬼的影子，在古代典籍之中徘徊。正是在这样的背景之下，我们讨论鬼在正史即二十五史之中的表现；而此类事情，以诸史《五行志》及《灵征志》《灾异志》中的内容最为丰富。

本文试图回答正史之中三个与鬼相关的问题，即正史中鬼的存在形式、正史中无形的鬼以及正史中有形的鬼。

## 一、正史中鬼的存在形式

在回答上述三个问题之前，我们已经确认：在正史之中，鬼是存在的。比如《史记·孝武本纪》中就有一个鬼附体的故事：一女子死后附体在她姐姐身上，时常显灵。武帝相信此事，在宫中立祠供奉，但“闻其言，不见其人云”。而在诸史之中，史官记载鬼的表达形式有所不同，一般是以鬼、神和鬼神三种形式出现。分述如下：

首先是鬼。正史之中确实不乏鬼的记载，但总体而言，鬼是没有地位的。如在《汉书·五行志》中，班固按照《洪范五行传》的观点和方法，为世间万事万物分类，大约划分出七十四类，其中有灾异如妖、孽、祸、痾、眚、祥等例目，还有关于人的变异如人痾、下体生上之痾、下人伐上之痾等例目，却始终没有鬼这一项出现。但是没有地位，并非不提到鬼，只是鬼被融入各种分类之中：大旱之时，会有旱魃出现在人世间；月黑风高的夜晚，会有狭母鬼现身在街巷之中；讹言流行时，会有叫枨枨的恶鬼掏取小儿的心肝等。这种鬼的形象偏重于负面，虽无地位，但并非没有力量，比如恶鬼枨枨，正史本纪及《五行志》中有三次记载，第一次见《南史》梁武帝年间，第二次见《新唐书》唐太宗年间，第三次见《新唐书》唐玄宗年间。谣言流行时，百姓人心惶惶，纷纷将自己家的小儿藏匿起来。为此，当朝皇帝也要下令，让大臣们去民间辟谣。

其次是神。神与鬼的概念是存在差异的，“神”字始见于西周金文，其定义如《礼记·祭法》:“山林川谷丘陵，能出云为风雨，见怪物，皆曰神。”这里神的概念，显然要比鬼宽泛很多。虽然正史《五行志》中也没有神一项，但由于神的意义偏重于正面，并且具有更大的包容性，许多神秘现象都可以归于神的名下。《史记·高祖本纪》记载刘媪与龙交配，生下刘邦:“其先刘媪尝息大泽之陂，梦与神遇。是时雷电晦冥，太公往视，则见蛟龙于其上。已而有身，遂产高祖。”司马迁称蛟龙为神，它与鬼的差异立见。《魏书·灵征志》记载，北魏前废帝时，有龙出入城中，留下龙迹。群臣前来祝贺，前废帝说:“国将兴，听于民；将亡，听于神。但当君臣上下，克己为治，未足恃此为庆。”此中也称龙为神，又归于五行中的孽，虽然不够正面，但很温和，不像对待鬼时那样负面、恐惧或排斥。

再次是鬼神，即将鬼与神二字组合在一起，从而产生“鬼神”一词。它既与前两者密切相关，又是一个相对独立的概念。王充《论衡·论死》有记:“鬼神，阴阳之名也。阴气逆物而归，故谓之鬼；阳气导物而生，故谓之神。”此处的鬼神概念已经得到提升，由一些具象的事物，衍化成一种抽象的存在。由此想到《周易・系辞》有记：“形而上者谓之道，形而下者谓之器。”在这里，由具象的鬼与神，向抽象的鬼神的提升过程，恰恰表现出器与道的变化。此时鬼神成为一个雅词，在经史典籍中登堂入室。比如司马迁就没少记载鬼神的事情，《史记・五帝本纪》有“依鬼神以制义”，又“明鬼神而敬事之”；《史记・孝武本纪》有“孝武皇帝初即位，尤敬鬼神之祀”。文中关于鬼与神的故事不少。推演下去，就有了抽象的鬼神观念，所谓：“自古以来用事于鬼神者，具见其表里。”又如《史记・贾谊传》说，文帝很久没见到贾谊，见面后就向他询问鬼神的事情（上因感鬼神事，而问鬼神之本）。后来这件事被李商隐诗《贾生》讽刺说：“可怜夜半倾前席，不问苍生问鬼神。”

带着这样的观念，反观正史之中的鬼、神与鬼神，我们确实会从道与器的划分中，梳理出一个比较清晰的结论：在经史典籍中，形而上的鬼或曰鬼神，始终居于庙堂之中，须臾不曾离开；形而下的鬼，却一直游荡于江湖与社稷之中，时隐时现，没有稳固的社会地位。至于古人对于它们的态度，各个有别；但总体而言，如《周易・彖传》所说：“鬼神害盈而福谦。”《论语・述而》说：“子不语怪力乱神。”《论语・雍也》说：“子曰：务民之义，敬鬼神而远之，可谓知矣。”如此名言多矣，不一而足。

## 二、正史中无形的鬼

唐韩愈《原鬼》云："无声与形者，物有之矣，鬼神是也。"此为一家之见。其实正史中记载鬼，并不符合他的定义，无声与有声的鬼，无形与有形的鬼，都有存在。

先说有声无形之鬼，一般表现为哭泣声。试举三例：一是南北朝时，北周大象二年，尉迟迥战败，他的党徒等数万人被埋葬在游豫园，此后人们经常在夜晚中，听到那里有鬼的哭声。第二年北周许多王公被杀，周室灭亡。(《隋书·五行志》) 二是隋代仁寿年间，仁寿宫和长城脚下，多次听到鬼哭声。结果仁寿二年，独孤皇后死在永安宫；仁寿四年，隋文帝杨坚不听劝告，坚持去仁寿宫居住，不久也死在仁寿宫大宝殿中。(《隋书·五行志》《隋书·后妃传》《隋书·高祖本纪》) 三是隋代大业八年，杨玄感作乱，樊子盖平定叛乱，在长夏门外坑杀数万人，后来此处经常听闻鬼哭及呻吟之声。由于樊子盖生前杀人太多，传言他去世时，被断头鬼前后押解，厉声呵斥而去。(《隋书·五行志》《隋书·樊子盖传》)

应说明的是，正史记载有声无形的故事，并非都是鬼。比如隋高祖时，有一家人的后宅中，每天晚上发出呼叫声，主人却未见到有人。后来在距离后宅一里的地方，人们挖出一个五尺多长的大人参，已经长成人的形状，此后呼叫声便没有了。史官认为，这不是鬼，而是妖，即草妖。(《隋书·五行志》)

再说鬼附体，即鬼附着在活人的身上，或者说有一种东西在人鬼之间游离。此时，你虽然没有看见鬼的真身，却可以透过活人的行为判断出鬼的存在。例如正史之中有记鬼躁、鬼幽、游魂假息等概念与现象。

鬼躁与鬼幽的故事见于三国时期。有一次，管辂受邀去何晏家，邓飏也在，言语之间，管辂对他们非常不客气。回来之后，管辂的舅舅批评他不礼貌，管辂说："我与死人说话，还讲什么礼貌呢？"舅舅大骂管辂狂悖无知。可是不久之后，某日狂风大起，闻何晏与邓飏均被诛杀，舅舅大惊，问管辂怎么会预知此事，管辂说："与祸人共会，然后知神明交错；与吉人相近，又知圣贤求精之妙。夫邓之行步，则筋不束骨，脉不制肉，起立倾倚，若无手足，谓之鬼躁。何之视候，则魂不守宅，血不华色，精爽烟浮，容若槁木，谓之鬼幽。故鬼躁者为风所收，鬼幽者为火所烧，自然之符，不可以蔽也。"(《三国志·方伎传》《三国志·管辂别传》《宋书·五行志》)

还有游魂假息的故事见于东汉时期。谢夷吾年轻时曾任郡吏，有一次太守让他去处罚一个有罪的县官，他见到那位县官后大哭起来，没有执行处罚就回来了。他对太守说："我已经推算出，这个县官将不久于人世，最少二十天，最多六十天。他现在是'游魂假息'，不能实施刑罚，所以我不能收审他。"一个月之后，那个县官果然暴死。另外，谢夷吾也知道自己的死期，并且他还推算出"汉末当乱，必有发掘露骸之祸"，所以要求儿子将他深葬，不要起坟。(《后汉书·谢夷吾传》)

## 三、正史中有形的鬼

纵观二十五史，以《五行志》及《灵征志》《灾异志》为核心，其中谈到可见的鬼，或曰有名目的鬼，一共有几种呢？整理一下，大约有六种，它们分别是黄褶袴鬼、旱疫鬼、魃（死魃、旱魃、女魃）、枨枨、狭母鬼、黑汉。分述如下：

### 1. 黄褶袴鬼

此鬼见于北魏太和十六年，当时魏高祖拓跋宏尊崇佛教，非常敬重道登和尚，经常与其对坐论道，终夜不倦。十一月乙亥日，高祖又与道登夜谈，直到清晨时分，高祖见到一个身着黄色衣裳的鬼，推门欲入。高祖以为是人，高声呵斥他，黄衣鬼便退去了。高祖问周围的侍卫，他们都没见到此物，只有道登和尚看到了。四年之后，道登在报德寺逝去。高祖非常悲伤，施舍给寺庙一千匹帛，在京城行道七日，还下诏说："朕师登法师奄至徂背，痛怛摧恸，不能已已。比药治慎丧，未容即赴，便准师义，哭诸门外。"（《魏书·灵征志上》《魏书·释老志》《洛阳伽蓝记》《续高僧传》）

按：黄褶袴是一种服饰，五代马缟《中华古今注》云："袴，盖古之裳也。周武王以布为之，名曰褶。敬王以缯为之，名曰袴，但不缝口而已，庶人衣服也。"

### 2. 旱疫鬼

南北朝时，梁太清元年，丹阳莫氏的妻子有孕，生下一个男孩，眼睛长在头顶上，生下来就像两岁的孩子一样。而且他刚落地就对母亲说："儿子是旱疫鬼，不能在此久留。"母亲说："既然如此，你要想办法帮助我们，躲过瘟疫啊！"旱疫鬼说："上天派我来此，哪里有时间啊？母亲赶快制作绛色的帽子，戴在头上，就可以躲过灾异，平安无事。"母亲来不及制作帽子，就用绛色的布带子系在头上。自此两年之间，大旱引发疫情，扬州、徐州、兖州、豫州尤其严重。莫氏的邻里听从旱疫鬼的告诫，都在头上戴着绛色的带子，得以躲过瘟疫。其他地方的人听闻此事，也跟着效仿，却没有效果。(《异苑》《隋书·五行志》《当涂县志》)

3. 魃

旱鬼。正史中有旱魃、女魃、死魃之说。那么魃为何物呢？历代说法不一。汉代《神异经》说，南方有人身长二三尺，行走如风，上身裸露，眼睛长在头顶上，所到之处必然大旱。此物俗称旱魃，又名格子。如果在街市上见到旱魃，把它扔到茅厕中淹死，旱灾立解。《山海经》说，魃是天上的神女，因黄帝与蚩尤战斗，召她来止雨；战争结束后，魃无法再回到天上，她所到之处，会发生旱情。清代袁枚《子不语》说，有三种魃，一种似兽，单足；一种是僵尸，焚烧可以求雨；还有一种就是格子。纪昀的《阅微草堂笔记》也有关于魃的论述。

正史《五行志》有两处记载魃：一是南北朝时，齐后主武平五年，邺城东部一棵桐树，长成了人的形状。这一年五月，晋阳发现一个死魃，身长二尺，脸面的顶部长有二目。齐后主听闻此事，还让人用木头，将死魃的形象刻画出来。(《隋书·五行志》《北齐书·后主本纪》) 二是唐朝永隆元年，长安抓获一个女魃，身长一尺二寸，形状十分怪异。这一年秋天开始不下雨，直到第二年正月才降下雨来。史官引用《诗经》中诗句称："旱魃为虐，如炎如焚。"(《新唐书·五行志》)

4. 枨枨

枨读 chéng，枨枨是一种取人内脏的恶鬼。南北朝时，梁天监十三年夏六月，谣言说有枨枨出现，专门攫取人的肝肺，并且吸人血，用来喂天狗。百姓非常恐惧，二旬之后才平息。到了大同五年，都下又传出谣言说，天子攫取人肝，用来喂养天狗。人们纷纷互相提醒，天晚后紧闭房门，手持棍棒，以防不测。如此闹腾了几个月才渐渐平息下来。(《南史·梁武帝本纪》)

唐太宗贞观十七年七月，枨枨的谣言再次出现。据传是官家派遣枨枨，身上披着狗皮，长着铁爪，经常在暗地里掏取人的心肝，然后离去，用来祭祀天狗。当时天下人都感到恐怖万分，每夜惊扰，百姓都手持弓箭或竹签，严阵以待。唐太宗听闻此事，至为厌恶，下令诸坊门通夜开放，还专门降旨安慰民众，历经月余，此事才渐渐平息。(《新唐书·五行志》《旧唐书·太宗本纪》)

唐玄宗天宝三载二月辛亥日，天空中有一颗星星，像月亮一样巨大明亮，坠落在东南方，并且落地有声。于是京师中谣言蜂起，据言又是官家派遣枨枨来捕捉百姓，攫取心肝，祭祀天狗。为此民众非常恐惧，京都一带尤其严重。玄宗只好派遣使臣，深入民间，加以安抚。(《新唐书·五行志》《旧唐书·玄宗本纪》)

5. 猿母鬼

此种鬼出现在唐咸通十四年秋天，成都一带传言，有猿母鬼夜晚进入百姓家，民众都感到恐惧，于是夜晚聚坐在一起。还有传闻说，有人见到了鬼的模样，眼睛像灯的火焰一样。这一年六月，唐懿宗病重，七月驾崩，时年四十一岁。(《新唐书·五行志》《旧唐书·懿宗本纪》)

6. 黑汉

宋宣和年间，洛阳府一带，忽然出现一种怪物，貌似人，经常像狗一样蹲在那里。面色漆黑，看不清眉目。最初，此物夜间出来抢掠小孩吃掉，白天也会进入人家，引起百姓惊恐，人们称之为“黑汉”。有力气的人会手执枪棒自卫，如此折腾了两年才平息下来。(《宋史·五行志》)

按：黑汉也可能不是鬼，而是妖，即夜妖，或称脂夜之妖，诸史《五行志》中的一类灾异。宋元著作《大宋宣和遗事》中记载：“(宣和二年)五月，金史来，复如前议。六月，黄河决。恩州有黑眚出。洛阳京畿忽有物如人，或如犬，其色黑，不能辨眉目，夜出，掠小儿食之，至二秋乃息。”此中称“黑眚”即夜妖。

# 下　编

# 最坏的皇帝

遍览二十五史，其中记载人物众多。那么在史官的眼中，这些人物谁好谁坏呢？好坏的依据又是什么呢？本文所言“最坏的皇帝”，依据是诸史中的《五行志》及《灵征志》《灾异志》。

## 一、为坏皇帝排队

首先，在某种意义上，《五行志》是史官们记载历代“坏人坏事”的地方，凡是历史上有些分量的“坏人”，一定会在这里露面。其次，《五行志》的史学价值较高，它的记载不但与正史纪传吻合，而且史官博采众家史说充实其中，内容丰富而独特。再次，《五行志》具有几个基本特征：一是全面性。我们知道，在二十五史中，只有十五部史书有《五行志》及《灵征志》《灾异志》，那不是没有涵盖全部历史吗？非也。例如三国时期《五行志》的内容，见于《晋书》与《宋书》；南北朝时期《五行志》的内容，见于《宋书》《晋书》《南齐书》《魏书》与《隋书》；《新五代史》未设《五行志》，但有《旧五代史》的记载云云。因此总体而言，二十五史《五行志》的历史记载是连续的。二是负面性。刘向、班固等汉代儒生，他们在构画《五行志》之初，就已经定下基调：《五行志》的重点，仅在记载灾异，以及引起灾异或受到影响的人和事，目标集中在皇家的人与为皇家做事的人，较少涉及平民百姓。三是一致性。从《汉书》到《清史稿》，两千多年走下来，它们的文章框架几乎完全一致；文章题目，只是《魏书·灵征志上》与《清史稿·灾异志》有所不同；文章内容，即使宋代欧阳修对《五行志》做加减法，减去灾异的事应，加上祥瑞一类的内容，对后史《五行志》的内容与体例影响不小，整体而言，班固汉志原貌犹存。四是评论性。如果我们把数千年的中国历史，比喻成一场绵延不断的大剧，那么史书中的纪传，就相当于这出大剧的文学剧本；史书中的《五行志》，就相当于这出大剧的文学评论。

前文提到，在《五行志》的四个特征中，“负面性”决定了《五行志》中记载的人物大多是坏人或受害的人；反之，只要有一点名气的坏人，大都逃不出《五行志》编织的这张“历史法网”。这样一来，每一部史书会产生一个坏人的“排行榜”，整个二十五史还会产生一个“跨朝代的坏人排行榜”。谁是某一朝代最坏的人，谁是历朝历代最坏的人，都会跃然纸上。

那么“最”字的结论源于何处呢？它是以《五行志》中的一个基本数字为根据的，那就是他或她在《五行志》的六大领域中一共出现过多少次。所谓“六大领域”是自然界的木金水火土与人，它们反射到人间，构成人文界的六大领域：貌言视听思与天。以此发散开来，人世间的所有事情，便一览无余了。在这一层意义上，谁出现的次数最多，谁“对应”的狂风暴雨、天塌地陷、日月乱行、星辰逆行等灾异最多，就被认定为最坏的人。当然，这只是《五行志》史官的评价，其结论存在局限性和人为的塑造。

本篇专论皇帝一族，看一看在《五行志》史官的笔下，谁是最坏的皇帝。按照前述原则整理出来之后，可以发现两个现象：其一，排列在前几名的坏皇帝大都是亡国之君。其二，坏皇帝一般是以个人的形式被记载，少数则是以家族的形式出现。

## 二、三个最坏的皇族

《五行志》批评最多的皇族，前三位是嬴政家族、王莽家族与杨坚家族。其中有两个皇族二世而亡，一个伪皇族一世而亡。

### 1. 嬴政家族

《汉书》本为断代史，但《史记》中没有《五行志》，所以班固在创编《汉书·五行志》时，向下写到西汉末，向上则突破断代的限定，一直写上去，如《史记》记事，网罗已知材料。其中最重要的故事，就是对秦王朝的全面否定，所列评论，不但说秦的坏话，而且在秦到底是“王”还是“帝”的问题上产生了旷日持久的争论，持续了二百年。为什么争论呢？起因是为汉家确定祖先，也就是按照青赤黄白黑五帝原理，汉代应该是哪一帝的后裔呢？此前秦自称是黑帝的后代，尚黑尚水。(《史记·秦始皇本纪》)刘邦得到天下后，有赤帝斩白蛇的传说，或言是赤帝的后代。(《汉纪·前汉高祖皇帝纪》)但按照邹衍五德终始说的原理，黑对应水，赤对应火，水胜火，如此说来，汉怎能接续秦的天下呢？汉文帝时，公孙臣、贾谊等人认为，秦确实是黑帝的后裔，尚黑尚水；汉应该是黄帝的后裔，尚黄尚土。但张苍却认为秦只是王，不是帝，所以应该把秦从帝王谱系中踢出去，汉才是黑帝的后裔。汉武帝时，司马迁等人认为秦还是帝，尚黑尚水；汉还是尚黄尚土，土胜水。后来刘向、刘歆将五行相胜改为五行相生，他们说秦确实是王不是帝，要从帝王谱系中踢出去；汉高祖确实是赤帝之子，直接接续周，周尚青尚木，汉尚赤尚火，恰好是木生火。至此全面否定了秦朝作为皇帝的存在。(《汉书·郊祀志》)

在这样的背景之下，班固以《史记·秦本纪》《史记·秦始皇本纪》为底本，一共写了十段秦代的糗事：其一是秦始皇在二十八年曾将一块玉璧投入江中，几年后有一位白衣人将其奉还，还说“今年祖龙死”。其二是秦始皇三十六年，有陨石落在东郡，有人在上面刻“始皇死而地分”。始皇不觉悟，结果当年死去，三年后秦灭亡。其三是秦始皇八年，河中有许多鱼逆水而上，预示民众将不听君王的命令，发生反叛。其四是秦二世元年，天空无云而雷，是岁陈胜起，天下叛，秦遂亡。其五是秦武王三年，渭水有三天水变成了赤色。其六是秦昭王三十四年，渭水也有三天水变成赤色。秦以暴政治理天下，上天屡次告诫，依然不觉悟，最终“秦遂不改，至始皇灭六国，二世而亡”。其七是秦孝文王五年，有牛生了五条腿，牛属土，秦朝大兴土木，最终阿房宫未成就灭亡了。其八是秦孝公二十一年有马生人，诸侯争斗。其九是秦昭王二十年有公马生子，兆示子孙必有非其姓者，始皇果然是吕不韦之子。其十是秦始皇二十六年，临洮的街上出现十二个长人。这一年秦灭掉六国，因此秦始皇以为这是吉兆，于是收集天下兵器，铸成十二个铜人，还焚书坑儒。没想到十四年后秦亡。(《汉书・五行志》) 但南朝沈约认为，十二长人是汉代的祥瑞，汉代从高帝到平帝，恰好有十二帝。(《宋书・符瑞志》)

2. 王莽家族

两汉之间，插入一个新莽王朝，颇让史官感到碍眼。因此《汉书・五行志》口诛笔伐，记载王莽的“罪行”达十五段，其中许多故事本与王莽无关，班固还要补上一句“此事也可能源于王莽”云云。略记如下：其一是永始四年长乐宫、未央宫火灾，此时王氏家族秉政，四年后王莽出任大司马。其二是元始五年七月高皇帝原庙火灾，冬季平帝崩，王莽居摄。其三是建始四年老鼠在树上筑巢。其四是建始五年有鸢焚巢杀子，皆王莽窃位之象。其五是成帝时有歌谣:“邪径败良田,谗口乱善人。桂树华不实,黄爵巢其颠。故为人所羡,今为人所怜。”暗示汉家无继嗣,王莽自称是黄帝后代,尚黄尚土,恰好接续汉。其六是初元四年王皇后曾祖父墓门的柱子上生出枝叶,这一年王莽出生,后来王莽篡汉家天下,即以此事作为王氏将要贵盛、替代汉家的征兆。其七是建平四年天雨血,后二年哀帝崩,王莽擅朝,诛杀大臣。其八是河平元年泰山上有鸟自焚巢穴,王莽“贪虐而任社稷之重,卒成易姓之祸”。其九是元始二年蝗虫遍天下,此时王莽秉政。其十是河平三年蜀汉之地山崩,河水逆流,王莽篡位。其十一是绥和二年马生角,王莽是大司马,加害汉帝。其十二是建平二年公马生子三足,预示着大臣不胜任,董贤二十二岁任大司马,被逼自杀,王莽趁机上位。其十三是建始三年谣传大水,有一个九岁的小女孩持弓进入宫中,门卫却没有看到,预示着王太后专权,王氏兄弟五侯秉政。其十四是绥和二年,有一位叫王褒的男子突然发狂,闯入宫中大呼:“天帝令我据此!”事后浑然不觉。此时王莽正赋闲在家,但第二年回京继任大司马,最终篡国。其十五是建平四年谣言蜂起,人心惶惶,后哀帝崩,王太后临朝,王莽为大司马。(《汉书·五行志》)

### 3. 杨坚家族

隋朝二世而亡,《隋书·五行志》记载杨家文字极多,重点涉及六个人,有文帝杨坚、皇后独孤伽罗、太子杨勇、炀帝杨广、秦王杨俊、蜀王杨秀和汉王杨谅。

杨坚作为开国皇帝，在位时灾异频发。《五行志》列九段，其中有五段是杨坚的死亡预兆：其一是仁寿四年八月，河间有柳树枯黄，继而复荣，是岁杨坚晏驾。其二是开皇十四年山鸣如雷。其三是开皇二十年无云而雷，数年后杨坚驾崩。其四是开皇十七年天降陨石，七年后杨坚崩。其五是开皇中仁寿宫及长城下听闻鬼哭，结果独孤皇后与杨坚先后死于仁寿宫中。其六是开皇十年杨坚请秦王与王子相吃饭，席间作诗曰："红颜讵几，玉貌须臾。一朝花落，白发难除。明年后岁，谁有谁无。"此为诗妖，事后宴中人物相继死去。其七是仁寿二年发大水，杨坚错杀史万岁。其八是开皇末年，杨坚将小石头埋在宫中，不久挖出来，竟然变成了玉石，预示着贱人将变为贵人。其九是开皇二年，京师大雨土，分封诸子，失土之故，且修仁寿宫。独孤皇后在《五行志》中也有三段记载，两次是树木的枝条突然暴长，预示着皇后干政太多；一次是发大水，史官批评她滥杀宫人，放黜宰相。

杨坚的四个儿子，他们的名字都没起好："文帝名皇太子曰勇，晋王曰英，秦王曰俊，蜀王曰秀。开皇初，有人上书曰：'勇者一夫之用。又千人之秀为英，万人之秀为俊。斯乃布衣之美称，非帝王之嘉名也。'帝不省。时人呼杨姓多为嬴者。或言于上曰：'杨英反为嬴殃。'帝闻而不怿，遽改之。其后勇、俊、秀皆被废黜，炀帝嗣位，终失天下，卒为杨氏之殃。"(《隋书·五行志》)

杨勇是杨坚的长子，曾为太子。后来受到陷害，被废为庶人。史官在《隋书·五行志》中列出九段故事，为杨勇鸣不平。其实“废太子”是《五行志》一项重要内容，待另文专论。秦王杨俊有一段记载，他裒刻百姓、盛修邸第，引起蝗虫灾害，后来获谴而死。蜀王杨秀有一段记载，文中有两头猪对话，说出杨秀的厄运。汉王杨谅有四段记载，杨坚晚年，出现无云而雷、山崩与井中见龙等异象，后来杨谅起兵反叛，最终被废为庶人。

史上炀帝杨广口碑最差，史官魏征写道：“《书》曰：天作孽，犹可违，自作孽，不可逭。《传》曰：吉凶由人，祆不妄作。又曰：兵犹火也，不戢将自焚。观隋室之存亡，斯言信而有征矣！”（《隋书·炀帝本纪》）《五行志》中与杨广相关的灾异有二十段，也是诸史之最、天下第一：其一是杨广为了回避自己的名字，将广阳门改为显阳门，但大业十二年还是被大火烧掉了。其二是大业五年大饥荒，缘于杨广建立东都，制度崇侈，远徙宗室。其三是大业三年大水，缘于杨广废郊庙之礼。其四是轻天下之士，自诩才学盖世。其五是学习吴音，最终死于江都。其六是开皇年间，宫中夜晚有龟孽入室调戏宫女，缘于杨广“谄媚宫掖求嗣”。其七是杨广原名为杨英，反过来的读音为“嬴殃”，杨坚闻言，马上改为杨广，但最终还是丢掉了天下。其八是炀帝的年号大業（业），“業”拆字为“大苦未”，所以天下丧乱，生灵涂炭。其九是杨广经常对人说，平生最讨厌直言敢谏之士。其十是大业四年至十三年天下大旱，连年修筑长城。其十一是大业十一年，在东都长乐宫醉饮作诗曰:“徒有归飞心，无复因风力。”在江都作诗曰:“求归不得去，真成遭个春。鸟声争劝酒，梅花笑杀人。”梦闻二竖子歌曰:“住亦死，去亦死。未若乘船渡江水。”均为诗妖，不久被杀。其十二是大业年间有童谣曰:“桃李子，鸿鹄绕阳山，宛转花林里。莫浪语，谁道许。”推算出将有李姓的人反叛，结果误杀李金才，实为李密。(《旧唐书·五行志》)其十三是大业元年许多犬变狼，最终是守卫叛乱弑君。其十四是大业十三年，石头上有字“天子立千年”，识者说“千年”是指身后事，翌年杨广被杀。其十五是义宁二年有人献羊无尾，为杨氏无后之象。其十六是大业末经常有鸿雁飞入宫室中，结果长安失守。其十七是大业十三年乌鹊在帝王的帐幄上筑巢，不久杨广被弑。其十八是大业七年山崩，杨广兴师辽东。其十九是大业四年战马多死于厩中，杨广连年征战。其二十是大业十一年马生角，帝王亲征的凶兆。(《隋书·五行志》)

## 三、两个最坏的皇帝

说罢三个皇族，再看一看在个体的皇帝中最坏的人是谁。按照《五行志》的时间顺序列出两位，一位是汉灵帝刘宏，另一位是亡国之君北齐后主高纬。

### 1. 汉灵帝刘宏

《后汉书·五行志》为晋代司马彪所撰，其评说东汉帝王下笔颇重，尤以汉灵帝刘宏为最。《五行志》记载了十三段有关灵帝的故事：其一是中平六年夏，霖雨八十余日，灵帝死而未葬，大臣谋反。其二是灵帝好穿胡服，后来董卓军中多拥胡人。其三是灵帝喜好在宫中以白驴驾车，驴为野人之物，预示着外种将跨蹈中国。其四是熹平年间以狗戴帽为乐，预示着“今在位者皆如狗也，故狗走入其门”。其五是灵帝喜好在宫中装饰客舍，他装扮成商旅，游走其间为乐，此为服妖，致天下大乱。其六是光和元年有雌鸡欲化为雄，头冠未变，此后黄巾军作乱。其七是中平二年南宫云台等火灾，三年后灵帝崩，董卓乱。其八是光和四年有五色大鸟见于新城，此时常侍、黄门专权。其九是建宁二年四月郊祀遇大风冰雹，百官沾濡。其十是熹平四年螟虫为害，灵帝禁锢海内清英之士。其十一是熹平元年皇帝的座位上见到一条青蛇，其时宦官当道，皇室微弱。其十二是光和元年有黑气堕入皇宫，其时后宫有乱。其十三是灵帝时曾发生日月均出血的天象，占曰：“事天不谨，则日月赤。”（《后汉书·五行志》）

### 2. 北齐后主高纬

高纬之事见《隋书·五行志》，有二十余段故事，单纯在数量上，高纬与隋炀帝杨广很有得一比。其一是武平五年有树生人状，后主怠政。其二是武平七年大树无故自拔，齐以木德王，无故自拔，其年齐亡。其三是天统四年发生火烧龙舟，是时谗言任用，正士道消，祖孝徵作歌谣，斛律明月以诛死。其四是武平四年天下大饥，后主修建仙都苑。其五是劳军演讲时笑场，最终导致军心涣散，不久为北周所虏。其六是崇尚将白色的带子系在头上，丧祸之服，最终国亡身死。其七是宫中设贫儿村，后主装扮成乞丐；被周灭后，家眷迁至长安，后妃们沿街卖蜡烛。其八是武平中大敌当前，奸臣进言："人生几何时，但为乐，不须忧也。"最终亡国。其九是后主传位太子，改年号为隆化，被人拆字为"降死"，后果然投降北周而被杀。其十是天保四年狗与人交，兆后主不恤国政。其十一是后主时将狗与官兵一样，建立名号并供奉，视官兵如走狗，最终灭亡。其十二是武平三年石上生字"齐亡走"，后果然如此。其十三是武平二年有野兔进入庙社，后五年国亡。其十四是武平末年狼食人，为任用小人、残害人物之兆，遂为周军所灭。其十五是武平年间天滴血，从斛律明月家至太庙，此后明月被杀，宗庙覆灭。其十六是有狂士向乌鸦敬礼，还殴打僧人，乌鸦是北周崇尚的颜色，预示北齐为其所灭，灭除佛法。其十七是后主在八公岭行走，突然一人发狂，射杀众人，疑为狐媚。其十八是后主喜欢装扮乞丐，行乞为乐，未几而国灭。其十九是武平三年邯郸井中见龙，有五色气冲天，后后主降周被诛。其二十是武平七年并州有赤蛇与黑蛇斗，数日赤蛇死。赤，齐尚色；黑，周尚色。斗而死，灭亡之象也。(《隋书·五行志》)

## 四、三国时期的两位末帝

三国时期，东吴末帝孙皓与蜀汉后主刘禅虽然谈不上千古“最坏的皇帝”，甚至在三国时期也称不上是最坏，按照史官记载的指数，更坏的是魏文帝曹丕与东吴太祖孙权。但作为亡国之君，将二者做一点比较，也很耐人寻味。

### 1. 东吴末帝孙皓

孙皓有七段故事：其一是宝鼎元年夏大旱，缘于孙皓迁都武昌。其二是孙皓初，童谣曰：“宁饮建业水，不食武昌鱼。宁还建业死，不止武昌居。”不久孙皓就动议迁都武昌。其三是有丹书岩曰：“楚九州渚，吴九州都。扬州士，作天子。四世治，太平矣。”此为诗妖，孙皓却以为大吉，不久就灭国了。其四是五凤二年有大石自立，干宝以为孙皓承废故之家得位，其应也。其五是宝鼎元年久阴不雨，皓既肆虐，群下多怀异图，终至降亡。其六是天册年间有龙乳于民家，食鸡雏，此后孙皓降。其七是晋武帝太康元年五色气冠日，是时孙皓淫暴，四月降。(《宋书·五行志》)

### 2. 蜀汉末帝刘禅

刘禅只有两段故事：其一是刘禅即位时，谯周讥讽说，刘备的名字意为诸事俱备，刘禅的名字意为授予他人，后来蜀果然灭亡了。其二是刘备死后不到一个月，还未下葬，刘禅就忙着更改年号为建兴。习凿齿说："礼，国君即位逾年而后改元者，缘臣子之心，不忍一年而有二君也。今可谓亟而不知礼矣。"不久果然灭国了。(《宋书·五行志》)

# 后妃恶行榜

十五史《五行志》及《灵征志》《灾异志》中，提到了数十位女性。除去受害者，其中有四十余位女性被史官认定为害人者。她们以皇后、皇太后为主，也有贵妃、嫔妃，还有皇帝的乳母，如宋娥、王圣云云。自古男系社会，各个阶层女子的处境都容易陷入负面的境地。而这样一些位居社会顶层的女人，她们的名字不幸被历代史官列入《五行志》之中，称其为一种社会灾异，对于个人而言，实在是一件大不幸的事情。

先将这些人的名字略记如下：吕雉，戚姬，陈阿娇，卫子夫，霍成君，许氏，赵飞燕姊妹，王政君，傅氏，窦氏，董氏，阴氏，邓绥，阎姬，宋娥，邓猛女，梁妠，王圣，毛氏，滕氏，杨芷，贾南风，羊献容，庾文君，褚蒜子，张氏，冯氏，胡充华，娄昭君，胡氏，穆邪利，李祖娥，张丽华，冯小怜，独孤伽罗，韦氏，武曌，杨玉环，王氏姊妹。

在这个名单中，汉高后吕雉、唐则天皇后武曌，在《汉书》

《旧唐书》《新唐书》中与众后妃不同，她们均被列入本纪。《后汉书》有《皇后纪》，作者范晔这样做，算是独出心裁，据称与东汉多位皇后临朝称制有关。再者，谈到诸史后妃的恶行，以赵飞燕姊妹、王政君、贾南风、独孤伽罗、杨玉环的故事名列前茅；还有被称为女孽者如冯小怜、张贵妃、孔贵嫔，以及几位皇帝的乳母等参政者。

## 一、吕　后

吕雉，字娥姁，砀郡单父县人。西汉时期皇后，史称吕后、汉高后、吕太后，与唐朝的武则天并称为“吕武”。她早年嫁给沛县亭长刘邦，辅佐其平定天下，生下汉惠帝刘盈和鲁元公主。汉惠帝即位，尊为皇太后。惠帝死后，吕太后临朝称制。司马迁《史记·吕太后本纪》云：“太史公曰：孝惠皇帝、高后之时，黎民得离战国之苦，君臣俱欲休息乎无为，故惠帝垂拱，高后女主称制，政不出房户，天下晏然。刑罚罕用，罪人是希。民务稼穑，衣食滋殖。”

据班固《汉书·五行志》记载，与吕后直接相关的五行灾异故事，共有五条，略记如下：其一是高后元年五月丙申，赵国丛台发生火灾。刘向认为，当时吕氏女为赵王刘如意的后妃，嫉妒成性，她将要进谗言加害赵王。赵王没有认识到问题的严重性，最终被吕后杀害。其二是汉惠帝四年十月，未央宫的凌室、织室发生火灾。刘向认为，这是因为高后元年，吕太后杀死赵王刘如意，残戮他的母亲戚夫人。还有，此时吕太后确立惠帝姐姐鲁元公主的女儿为皇后，后来皇后没生儿子，后宫有美人生下男孩即刘恭，吕太后下令，把这个刘恭放在皇后名下，并且将他的母亲杀害。汉惠帝死后，嗣子刘恭继位，因为他有怨恨的言论，吕太后又将他废黜，立吕氏皇后的儿子刘弘为少帝。直到后来，大臣们诛灭吕氏，确立文帝刘恒，惠帝的皇后被废黜。其三是高后三年夏，汉中、南郡大水，水出流四千余家。四年秋，河南大水，伊、洛流千六百余家，汝水流八百余家。八年夏，汉中、南郡水复出，流六千余家。南阳沔水流万余家。当时吕后独治天下，吕氏家族的人纷纷称王。其四是高后八年三月，祓霸上，还过枳道，见物如仓狗，橶高后掖，忽而不见。卜之，赵王如意作祟。遂病掖伤而崩。先是，高后鸩杀如意，支断其母戚夫人手足，搉其眼以为人彘。其五是高后二年六月丙戌晦，有日食发生。七年正月己丑晦，又有日食发生。当时吕后十分厌恶这个天象，她说："这是对着我来的啊！"一年之后，吕后死去。

## 二、武　曌

武曌，即武则天，并州文水人，荆州都督武士彟次女。十四岁进入后宫，为唐太宗才人。唐高宗时，封昭仪；永徽六年，封为皇后。高宗死后，作为唐中宗、唐睿宗的皇太后，临朝称制。天授元年，武则天称帝，改国号为周，定都洛阳，称神都，建立武周。神龙元年，唐中宗恢复唐朝，同年十一月，武则天于上阳宫去世，年八十二岁。谥号为则天顺圣皇后。

新旧唐书《五行志》记载武则天故事共计有六条：其一是证圣元年正月十六日夜，明堂起火，蔓延到天堂，京城光照如昼，到黎明尽化为灰烬。当时武则天准备躲避一下，取消宴请活动，但宰相姚璹认为，这不是天火，而是管理者不慎所致，因此不必贬损惊慌。他劝武则天继续宴请，同时让薛怀义重新建造明堂，压住邪气。(《旧唐书·五行志》《新唐书·五行志》) 其二是垂拱三年七月，魏州的地下挖出一块大铁，像船一样，有数十丈长；再者广州下金雨。金对应四季中的秋天，预示着刑罚与兵乱。占书中说："人君多杀无辜，一年兵灾于朝。"(《新唐书·五行志》) 此事《新唐书·则天皇后本纪》亦有记："(垂拱三年)七月丁卯，冀州雌鸡化为雄。乙亥，京师地震，雨金于广州。"但"地出铁"未记载。其三是睿宗文明后，天下频上奏称，有雌雉化为雄雉的事情发生，或半化未化，兼以献之，这是武则天将要临朝称帝的先兆。(《旧唐书·五行志》) 其四是垂拱三年七月，冀州雌鸡化为雄鸡。永昌元年正月，明州雌鸡化为雄。八月，松州雌鸡化为雄。其五是永昌中，华州赤水南岸大山，昼日忽风昏，有声隐隐如雷，顷刻渐渐向东移动数百步，拥塞了赤水，压毁张村众民三十余家房屋，山高二百余丈，水深三十丈，坡上草木宛然。《金滕》曰:“山徙者人君不用道，禄去公室，赏罚不由君，佞人执政，政在女主，不出五年，有走王。”(《新唐书·五行志》)其六是垂拱二年九月己巳，雍州新丰县露台乡大风雨，震电，有一座大山从地下涌出，高二十丈，周围还出现一个三百亩的池塘，池中有龙凤之形、禾麦之异。武后以为，这是祥瑞，所以命名那座涌出的山为“庆山”。荆州人俞文俊上言:“天气不和而寒暑隔，人气不和而赘疣生，地气不和而堆阜出。今陛下以女主居阳位，反易刚柔，故地气隔塞，山变为灾。陛下以为‘庆山’，臣以为非庆也。宜侧身修德以答天谴，不然，恐灾祸至。”武后闻言大怒，将俞文俊流放到岭南。(《新唐书·五行志》)

## 三、五位坏皇后

### 1. 赵飞燕

名不详，号飞燕，孝成赵皇后，汉成帝刘骜第二任皇后。鸿嘉三年，封为婕好。永始元年六月，立为皇后。绥和二年，汉成帝去世，太子刘欣即位，即汉哀帝，赵飞燕被尊为皇太后。元寿二年，汉哀帝去世，赵飞燕被贬为孝成皇后。一个多月后被贬为庶人，下诏令其看守陵园，当日赵飞燕被诛。

《汉书·五行志》记载赵飞燕的故事共有五条：

其一是汉成帝河平二年正月，沛那铁官铸铁，铁不下，隆隆如雷声，又如鼓音，工十三人惊走。音止，还视地，地陷数尺，炉分为十，一炉中销铁散如流星，皆上去。班固认为，这有三个预兆，首先是帝王的王氏舅舅即王莽家族，有五人封侯；其次是因为巫蛊之祸，许皇后被废黜；再次就是赵飞燕被封为皇后，她的妹妹被封为昭仪，她们杀害皇子，造成汉成帝没有后代。最终皇后、昭仪都被处死。

其二是永始元年正月癸丑，大官凌室发生火灾。戊午，戾后园南阙发生火灾。此时赵飞燕极受成帝喜爱，许皇后既然被废黜，成帝将确立赵飞燕为皇后，所以有火烧凌室的天谴出现。天戒若曰：“微贱亡德之人不可以奉宗庙，将绝祭祀，有凶恶之祸至。”六月丙寅，赵飞燕上位为皇后，她们姊妹骄妒，贼害皇子，最终都被诛杀。

其三是成帝河平元年二月庚子，泰山山桑谷有鸢鸟焚烧自己的巢穴。有一位叫孙通的男子听到叫声，赶去探望，见到鸟巢起火，落到地上，有三只小鸟被烧死。树大四围，鸟巢离地面有五丈五尺。班固说，这是黑祥，《易经》说：“鸟焚其巢，旅人先笑后号咷。”而泰山即岱宗，是五岳之长，王者易姓告代之处也。上天是在告诫说，不要接近贪虐之人，听从他的坏主意，否则将会发生焚巢自害其子的祸患，这预示着将有绝世易姓之祸。此后赵飞燕得幸，立为皇后，妹妹立为昭仪，姊妹专宠，听到后宫许美人、曹伟能生皇子也，昭仪大怒，令上夺取而杀之，皆并杀其母。成帝崩，昭仪自杀，事乃发觉，赵后坐诛。此焚巢杀子后号咷之应也。

其四是成帝建始元年正月，有星孛于营室，青白色，长六七丈，广尺余。刘向、谷永认为，营室预示着后宫有怀孕者；彗星加之，将有害怀姙绝继嗣者。此后发生许皇后巫蛊之祸，还有赵飞燕姊妹加害皇子的事情。

其五是元延元年七月辛未，有星孛于东井，践五诸侯，出河戍北率行轩辕、太微，后日六度有余，晨出东方。十三日夕见西方，犯次妃、长秋、斗、填，蜂炎再贯紫宫中。大火当后，达天河，除于妃后之域。南逝度犯大角、摄提，至天市而按节徐行，炎入市，中旬而后西去，五十六日与仓龙俱伏。谷永解释："上古以来，即使是大乱之极的时代，都很少有这样的天象出现。根据观察，它预示着内宫有女妾之害发生。"刘向也说："三代灭亡的时候，曾出现摄提易方的天象；秦代项羽灭亡的时候，曾出现星孛大角的天象。"这一年赵昭仪加害两位皇子。后五年，汉成帝死去，赵昭仪自杀。汉哀帝即位后，赵氏家族皆罢免官爵，迁徙到辽西。哀帝死后，平帝即位，王莽用事，废除汉成帝赵皇后、汉哀帝傅皇后，她们都自杀了，家族被免官流放。最终汉平帝没有后嗣，王莽遂篡国。

### 2. 王政君

魏郡元城县人，汉元帝刘奭皇后，汉成帝刘骜生母，王莽的姑姑。父亲为阳平侯王禁。始建国五年，王政君薨，终年八十四岁，与汉元帝刘奭合葬于渭陵。《汉书·外戚传》："孝元王皇后，成帝母也。家凡十侯，五大司马，外戚莫盛焉。自有传。"《汉书·元后传》："孝元皇后，王莽姑也……翁孺生禁，字稚君，少学法律长安，为廷尉史。本始三年，生女政君，即元后也。"

《汉书·五行志》记载了王政君的四段故事：

其一是汉成帝永始四年四月癸未，长乐宫临华殿及未央宫东司马门发生火灾。六月甲午，孝文霸陵园东阙南方发生火灾。长乐宫是汉成帝的母亲王太后居住的地方，未央宫是汉成帝居住的地方，霸陵是汉文帝的陵园。此时王太后的三个弟弟相继秉政，举宗居位，充塞朝廷，两宫的亲属将要加害于国家，所以会有天象显示出来。第二年，成都侯王商死去，他的弟弟曲阳侯王根代为大司马秉政。四年后王根离职，他又推荐自己兄长的儿子、新都侯王莽代替他，最终导致汉代亡国。

其二是汉平帝元始五年七月己亥，高皇帝刘邦原庙殿门因为火灾被烧尽。此时汉平帝年幼，汉成帝的母亲王太后临朝，委任王莽为大司马，将要篡夺汉室天下，而高祖宗庙火灾，是上天的警示。这一年冬天，汉平帝死去。第二年，王莽摄政，最终篡国，后来被诛灭。

其三是汉宣帝黄龙元年，未央殿辂軨中有雌鸡变化为雄鸡，羽毛发生变化，但不啼鸣，不率领群鸡，腿上没有距。元帝初元中年，丞相府史家的雌鸡伏子时，渐渐变化为雄鸡，冠距鸣将。永光中年，有人献上雄鸡生角者。京房《易传》曰："鸡知时，知时者当死。"房以为己知时，恐当之。刘向认为，当年武王伐殷时，到了牧野，曾誓师说："古人言雌鸡不会晨啼，如果雌鸡晨啼，就会有灾祸发生。就如今时殷王纣只听信妇人的话。"由此而论，上面三次鸡的变化，应该是国家之占、妃后之象。比如，黄龙元年宣帝死、太子立，王政君将要由王妃变为皇后，这一年雌鸡化为雄鸡，说明王氏将占据正宫的位置，只是她的富贵刚刚萌发。初元元年王政君立为皇后，第二年立她的儿子为皇太子，此时丞相家的雌鸡化为雄鸡，还在孵卵，预示着王氏羽翼渐渐丰满。竟宁元年元帝死、成帝立，王政君尊为皇太后，她的弟弟王凤为大司马、大将军，此时王氏夺权之风已成，所以有雄鸡生角。如京房《易传》说："贤者居明夷之世，知时而伤，或众在位，厥妖鸡生角。鸡生角，时主独。"又说："妇人颛政，国不静；牝鸡雄鸣，主不荣。"

其四是汉成帝绥和二年二月，大厩中的马生角，在左耳前，围长各二寸。此时王莽为大司马，害汉室之心已经从此开始萌发了。哀帝建平二年，定襄有母马生驹，三足，随君饮食，太守以闻。马是国家使用之物，生三足，是不能胜任之象。后来侍中董贤二十二岁为大司马，居上公之位，天下人都不服气。哀帝暴死后，成帝的母亲王太后监国，她召弟子新都侯王莽入朝，收取董贤的印绶，董贤恐惧而自杀，王莽因此替代大司马的位置，并且诛杀外家丁、傅。又废除汉哀帝傅皇后，令其自杀，发掘哀帝祖母傅太后、母亲丁太后的陵园，再以庶人的礼节重新安葬。如此殃及至尊，是大臣微弱之祸。

3. 贾南风

小名旹，字南风，平阳郡襄陵县人，曹魏豫州刺史贾逵孙女，西晋太宰贾充之女，晋惠帝司马衷皇后。《晋书·后妃传》云："初，武帝欲为太子取卫瓘女，元后纳贾郭亲党之说，欲婚贾氏。帝曰：'卫公女有五可，贾公女有五不可。卫家种贤而多子，美而长白；贾家种妒而少子，丑而短黑。'元后固请，荀𫖮、荀勖并称充女之贤，乃定婚。始欲聘后妹午，午年十二，小太子一岁，短小未胜衣。更娶南风，时年十五，大太子二岁。泰始八年二月辛卯，册拜太子妃。妒忌多权诈，太子畏而惑之，嫔御罕有进幸者……惠帝即位，立为皇后，生河东、临海、始平公主、哀献皇女。"

《宋书·五行志》记载了贾南风的七段故事：其一是元康八年十一月，晋宣帝司马懿的陵园高原陵发生火灾。当时皇后贾南风凶恣，她的侄子贾谧擅掌朝政，恶积罪稔，杀害太子，应该被诛杀。晋代干宝说："高原陵发生火灾，太子被废黜，这正是其应验。汉武帝时，高园便殿发生火灾时，董仲舒就曾经有过这样的推占。"其二是元康六年五月，荆、扬二州发生大水。按照董仲舒的说法，水预示着阴气盛。此时贾皇后专权乱朝，宠树亲党。这正是女主专政的应验。其三是元康八年五月，金墉城井水溢。

汉成帝时曾有过此种妖孽，班固认为是王莽篡国之象。等到晋赵王司马伦篡位，正是这个现象的验证。司马伦废除皇帝时，将其送到金墉城中，此处曾发生井水溢出，这不正是天意吗！其四是元康八年九月，荆、扬、徐、兖、冀五州发大水。此时贾皇后暴戾滋甚，韩谧骄猜弥扇，卒害太子，旋亦祸灭。元康九年四月，宫中井水沸溢。其五是晋惠帝元康二年八月，沛及汤阴雨雹。元康三年四月，荥阳雨雹；弘农湖、华阴又雨雹，深三尺。此时贾后凶淫专恣，阴气强盛。其六是元康五年六月，东海雨雹，深五寸；十二月，丹阳雨雹。元康五年十二月，丹阳建业大雪。元康六年三月，东海陨霜杀桑麦。元康七年五月，鲁国雨雹；七月，秦、雍二州陨霜杀稼。元康九年三月旬有八日，河南、荥阳、颍川陨霜伤禾；五月，雨雹。是时贾皇后凶躁滋甚，这一年冬天，遂废黜愍怀太子。其七是晋惠帝永康元年六月癸卯，雷震崇阳陵标西南五百步，标破为七十片。此时贾皇后陷害鼎辅，宠树私戚，与汉桓帝时雷震宪陵寝的事情相同，最后终于被诛灭。

4. 独孤伽罗

复姓独孤，字伽罗，河南洛阳人，鲜卑族。北周大司马、河内公独孤信第七女，隋高祖杨坚皇后。晚年主导罢黜宰相高颎、废黜太子杨勇，支持晋王杨广上位。仁寿二年去世，时年五十九岁。《隋书·后妃传》:“信见高祖有奇表，故以后妻焉，时年十四。高祖与后相得，誓无异生之子。后初亦柔顺恭孝，不失妇道。后姊为周明帝后，长女为周宣帝后，贵戚之盛，莫与为比，而后每谦卑自守，世以为贤。及周宣帝崩，高祖居禁中，总百揆，后使人谓高祖曰：‘大事已然，骑兽之势，必不得下，勉之！’高祖受禅，立为皇后。”

《隋书·五行志》记载了独孤伽罗的两段故事：其一是开皇八年四月，幽州人家有以白杨木悬在灶上，已经有十余年了，忽然生长出三条枝叶，都有三尺多长，十分新鲜茂盛。仁寿二年春，盩厔人以杨木为屋梁，生长出三个枝条，长二尺。京房《易传》曰：“妃后有颛，木仆反立，断枯复生。”这些都是独孤皇后恣肆专权的应验。其二是开皇十八年，河南八州大水。此时独孤皇后干预政事，滥杀宫人，放黜宰相。水属于阴气，象征着臣妾盛强。

5. 杨玉环

号太真，唐玄宗李隆基贵妃。天宝十五年，安禄山发动叛乱，杨贵妃跟随唐玄宗李隆基流亡蜀中，途经马嵬驿，士兵哗变，含恨赐死。《旧唐书·后妃传》：“玄宗杨贵妃，高祖令本，金州刺史。父玄琰，蜀州司户。妃早孤，养于叔父河南府士曹玄璬。开元初，武惠妃特承宠遇，故王皇后废黜。二十四年惠妃薨，帝悼惜久之，后庭数千，无可意者。或奏玄琰女姿色冠代，宜蒙召见。时妃衣道士服，号曰太真。既进见，玄宗大悦。不期岁，礼遇如惠妃。太真姿质丰艳，善歌舞，通音律，智算过人。每倩盼承迎，动移上意。宫中呼为‘娘子’，礼数实同皇后。”

《新唐书·五行志》记载了两段杨玉环的故事：其一是天宝初年，贵族及士民喜好穿戴胡服、胡帽，妇人则簪步摇钗，衿袖窄小。杨贵妃经常以假鬓为首饰，而且喜好穿黄色的裙子。这是服妖。当时的人为此写道："义髻抛河里，黄裙逐水流。"其二是天宝中年，有术士李遐周，他在玄都观院庑间题诗写道："燕市人皆去，函关马不归，人逢山下鬼，环上系罗衣。"当时人们都不解其意，这是诗妖。又安禄山还未造反时，有童谣唱道："燕燕飞上天，天上女儿铺白毡，毡上有千钱。"当时幽州又有童谣唱道："旧来夸戴竿，今日不堪看，但看五月里，清水河边见契丹。"

上面提到的胡服、胡帽，《新唐书·车服志》有记："宫人从驾，皆胡冒乘马，海内效之，至露髻驰骋，而帷冒亦废，有衣男子衣而靴，如奚、契丹之服。武德间，妇人曳履及线靴。开元中年，初有线鞋，侍儿则着履，奴婢服襕衫，而士女衣胡服，其后安禄山反，当时以为服妖之应。"又见《旧唐书·舆服志》："开元初，从驾宫人骑马者，皆着胡帽，靓妆露面，无复障蔽。士庶之家，又相仿效，帷帽之制，绝不行用。俄又露髻驰骋，或有着丈夫衣服靴衫，而尊卑内外，斯一贯矣。"

## 四、女　孽

### 1. 张丽华

南北朝时陈后主陈叔宝贵妃。《陈书·张贵妃传》："后主张贵妃名丽华，兵家女也。家贫，父兄以织席为事。后主为太子，以选入宫。是时龚贵嫔为良娣，贵妃年十岁，为之给使，后主见而说焉，因得幸，遂有娠，生太子深。后主即位，拜为贵妃。性聪惠，甚被宠遇。后主每引贵妃与宾客游宴，贵妃荐诸宫女预焉，后宫等咸德之，竞言贵妃之善，由是爱倾后宫。又好厌魅之术，假鬼道以惑后主，置淫祀于宫中，聚诸妖巫使之鼓舞。因参访外事，人间有一言一事，妃必先知之，以白后主。由是益重妃，内外宗族，多被引用。及隋军陷台城，妃与后主俱入于井，隋军出之，晋王广命斩贵妃，牓于青溪中桥……大臣有不从者，亦因而谮之，所言无不听。于是张、孔之势，薰灼四方，大臣执政，亦从风而靡。阉宦便佞之徒，内外交结，转相引进，贿赂公行，赏罚无常，纲纪瞀乱矣。"

《隋书·五行志》："陈后主时，有张贵妃、孔贵嫔，并有国色，称为妖艳。后主惑之，宠冠宫掖，每充侍从，诗酒为娱。一入后庭，数旬不出，荒淫侈靡，莫知纪极。府库空竭，头会箕敛，天下怨叛，将士离心。敌人鼓行而进，莫有死战之士。女德之咎也。及败亡之际，后主与此姬俱投于井，隋师执张贵妃而戮之，以谢江东。《洪范五行传》曰：'华者，犹荣华容色之象也。以色乱国，故谓华孽。'"

**2. 冯小怜**

北齐后主高纬嫔妃。《北史·冯淑妃传》："冯淑妃名小怜，大穆后从婢也。穆后爱衰，以五月五日进之，号曰'续命'。慧黠能弹琵琶，工歌舞。后主惑之，坐则同席，出则并马，愿得生死一处……及帝遇害，以淑妃赐代王达，甚嬖之。淑妃弹琵琶，因弦断，作诗曰：'虽蒙今日宠，犹忆昔时怜。欲知心断绝，应看胶上弦。'达妃为淑妃所谮，几致于死。隋文帝将赐达妃兄李询，令着布裙配舂。询母逼令自杀。"

《隋书·五行志》记载了冯小怜两段故事：其一是武平六年八月，山东诸州大水。京房《易飞候》曰："小人踊跃，无所畏忌，阴不制于阳，则涌水出。"是时群小用事，邪佞满朝。阉竖嬖倖，伶人封王。此其所以应也。其二是齐后主有宠姬冯小怜，慧而有色，能弹琵琶，尤工歌舞。后主惑之，拜为淑妃。选彩女数千，为之羽从，一女之饰，动费千金。帝从禽于三堆，而周师大至，边吏告急，相望于道。帝欲班师，小怜意不已，更请合围。帝从之。由是迟留，而晋州遂陷。后与周师相遇于晋州之下，坐小怜而失机者数矣，因而国灭。齐之士庶，至今咎之。

## 五、乳　母

### 1. 宋娥

汉顺帝刘保乳母。《后汉书·左雄传》："初，帝废为济阴王，乳母宋娥与黄门孙程等共议立帝，帝后以娥前有谋，遂封为山阳君，邑五千户。又封大将军梁商子冀襄邑侯。雄上封事曰：'夫裂土封侯，王制所重。高皇帝约，非刘氏不王，非有功不侯。孝安皇帝封江京、王圣等，遂致地震之异。永建二年，封阴谋之功，又有日食之变。数术之士，咸归咎于封爵。今青州饥虚，盗贼未息，民有乏绝，上求禀贷。陛下乾乾劳思，以济民为务。宜循古法，宁静无为，以求天意，以消灾异。诚不宜追录小恩，亏失大典。'帝不听……会复有地震、缑氏山崩之异，雄复上疏谏曰：'先帝封野王君，汉阳地震，今封山阳君而京城复震，专政在阴，其灾尤大。臣前后瞽言封爵至重，王者可私人以财，不可以官，宜还阿母之封，以塞灾异。今冀已高让，山阳君亦宜崇其本节。'雄言数切至，娥亦畏惧辞让，而帝恋恋不能已，卒封之。后阿母遂以交遘失爵。"

《后汉书·五行志》记载了宋娥三段故事：其一是永和元年十月丁未，承福殿发生火灾。有两个原因，先是皇帝封他的乳母宋娥为山阳君，这是不符合礼节的行为，所以会有火灾发生。其二是顺帝永建三年正月丙子，京都、汉阳发生地震。汉阳屋坏杀人，地坼涌水流出。此时，顺帝的阿母宋娥，以及中常侍张昉等人用权。其三是顺帝阳嘉二年六月丁丑，洛阳宣德亭地坼，长八十五丈，近郊地。当时李固认为："这预示着有阴类专恣，将有分离之象，它所以发生在郊城附近，正是上帝显示灾异现象，用来警诫陛下。"当时宋娥及中常侍用权分争，后中常侍张逵、蘧政与大将军梁商争权，对梁商制造流言蜚语，达到陷害他的目的。

## 2. 王圣

汉安帝刘祜乳母。《后汉书·宦者列传》有记:“时邓太后临朝,帝不亲政事。小黄门李闰与帝乳母王圣常共谮太后兄执金吾悝等,言欲废帝,立平原王翼,帝每忿惧。及太后崩,遂诛邓氏而废平原王,封闰雍乡侯;又小黄门江京以谗谄进,初迎帝于邸,以功封都乡侯,食邑各三百户。闰、京并迁中常侍,江京兼大长秋,与中常侍樊丰、黄门令刘安、钩盾令陈达及王圣、圣女伯荣扇动内外,竞为侈虐。又帝舅大将军耿宝、皇后兄大鸿胪阎显更相阿党,遂枉杀太尉杨震,废皇太子为济阴王。明年帝崩,立北乡侯为天子。显等遂专朝争权,乃讽有司奏诛樊丰,废耿宝、王圣,及党与皆见死徙。”

《后汉书·五行志》记载了王圣的四段故事:其一是安帝延光三年二月戊子,有五色大鸟聚集在济南台;十月,又聚集在新丰,当时人们以为是凤皇。也有人认为,凤皇是阳明之应,所以没有明主,它是隐而不见的。其实凡是五色大鸟类似凤皇者,多为羽虫之孽。此时汉安帝信中常侍樊丰、江京、阿母王圣及外属耿宝等谗言,罢免了太尉杨震,废黜太子为济阴王,这些都属于不悊之异。汉章帝末年,号称凤皇出现了一百四十九次。当时直臣何敞认为,羽虫之孽类似于凤皇,翱翔在殿屋之间,人们不能正确观察。记录者认为,此后章帝死去,即以此为应验。再者,宣帝、明帝时,有五色鸟群翱翔在殿屋上,贾逵认为,这是胡人投降的征验。因为当时宣帝、明帝多为善政,虽有过失,但也不至于衰落缺失，末年胡人投降有二十万人，才是它的征验。而章帝之时，羌胡外叛，谗慝内兴，那才是羽虫之孽的征验。《乐叶图征》中说，五凤皆五色，为瑞者一，为孽者四。其二是延光三年，大水，流杀民人，伤苗稼。当时安帝听信江京、樊丰及阿母王圣等人的谗言，罢免太尉杨震，废黜皇太子。其三是延光四年，郡国十九冬雷。当时皇太后摄政，皇帝无所事事。太后死后，阿母王圣及皇后兄阎显兄弟更秉威权，皇帝因此不亲理万机，从容宽仁，听任臣下操作。其四是建光元年九月己丑，郡国三十五地震，或地坼裂，坏城郭室屋，压杀人。当时安帝不能明察事理，听信宫人及阿母王圣等的谗言，破坏邓太后家，于是专门听信王圣及宦者的意见，中常侍江京、樊丰等皆得用权的机会。

# 储君们

诸史《五行志》及《灵征志》《灾异志》，以皇家为核心，记载世间万象的变化，有一个重要的指向，就是与皇帝继任者相关的一些事情，尤其是关于储君的故事最多。

## 一、立储的规则

储君是为皇帝准备继承人的一种制度。汉代何休注《公羊传》时，对于周朝的“世子”，他解释道：“言当世父位，储君副主。”此处世子等同于太子，指帝王之位的继承者，何休定义为国家的副主。历代储君称谓很多，有太子、储贰、储副、储两、东储、元储、储闱、青宫、春宫、东朝、国嗣、副君、冢嗣、殿下、元良、嗣子、嫡嗣等四十多个。(《中古储君制度研究》)

在历史上，皇太子是储君的主体，但不是全部。皇子成为皇太子的先决条件，一是嫡，即正妻或曰皇后所生；二是长，即嫡子中的长子。那么太子死了怎么办?《左传·襄公三十一年》写道:“大子死，有母弟则立之，无则立长，年钧择贤，义钧则卜，古之道也。”这是说，如果太子死了，有同母的弟弟，可以立为太子；如果没有，可以立年龄最长的皇子。如果皇子年龄相同，可以选择贤良的；如果王子的品行相同，可以通过占卜来确定，这是先人之道。《公羊传·隐公元年》写道:“立嫡以长不以贤，立子以贵不以长。”对此何休给出细则:“嫡，谓嫡夫人之子，尊无与敌，故以齿。子，谓左右媵及侄娣之子，位有贵贱，又防其同时而生，故以贵也。礼，嫡夫人无子，立右媵；右媵无子，立左媵；左媵无子，立嫡侄娣；嫡侄娣无子，立右媵侄娣；右媵侄娣无子，立左媵侄娣。质家亲亲，先立娣；文家尊尊，先立侄。嫡子有孙而死，质家亲亲，先立弟；文家尊尊，先立孙。其双生也，质家据见立先生，文家据本意立后生：此皆所以防爱争。”如此梳理面面俱到，不厌其烦，连双胞胎的情况也想到了，可见选取储君的细致与重要。

有了上面的规则，储君之中，除了皇太子，还有几种人可以名正言顺出现，即皇太孙、皇太弟与皇太叔。先说皇太孙，这里说的是因为皇太子缺席，才可能册封孙子为储君。清代赵翼《廿二史劄记》中有“皇太孙”条目，他说“太孙”的称谓，始见于汉宣帝时，当时元帝为太子，他生下成帝，宣帝喜爱，为他起名为刘骜，字为太孙。但这仅仅是“字”，并非立为储君皇太孙。

真正立储的皇太孙的事，始于晋惠帝司马衷，愍怀太子司马遹被害后，立他的儿子司马臧为皇太孙。此后立皇太孙的帝王很多，有齐武帝、魏太武帝、唐高宗、辽道宗、金世宗、元世祖、明太祖、明成祖等，“然晋惠帝、齐武帝、金世宗、明太祖皆以皇太子先卒，故立皇太孙以系正统，此事之不得已者。”再说皇太弟，赵翼《廿二史劄记》也有“皇太弟”条目，他说史上第一位皇太弟，也产生于晋惠帝时，先立成都王司马颖为皇太弟，后立豫章王司马炽为皇太弟。此后历朝历代，得到皇太弟身份或称呼的人，如刘宋刘义；北齐高湛；唐李元吉、李旦（睿宗）、李炎（武宗）、李晔（昭宗）等。(《廿二史劄记·魏齐周隋书并北史》)最后说皇太叔，仅唐代李忱，唐武宗时立为皇太叔，即后来的唐宣宗。

## 二、血统论

注意，以上规则如此复杂，其先决条件都建立在血统论之上。在血缘之内，无论如何争斗都不过分；一旦跳出血缘关系，就是另外一回事情了。汉高祖刘邦曾与大臣们杀白马盟誓说：“非刘氏而王，天下共击之。”吕太后掌权后，商议立吕氏子弟为王，大臣王陵反对说，这不符合白马盟誓的约定。吕后闻言很不高兴，又问陈平与周勃，周勃说：“现在是太后执掌朝政，吕氏称王，也没什么不可以的。”事后王陵责问陈平、周勃说：“最初与高帝行白马盟誓的时候，你们不是也在场吗？”不久王陵被罢免了丞相的职务。吕后临终前，还告诫称王的吕产、吕禄说：“高帝平定天下时，曾与大臣约定，非刘氏王者，天下共击之。如今吕氏称王，大臣们愤愤不平。我死后，皇帝年幼，大臣们恐怕会有兵变。你们一定要带领军队守卫宫室，慎勿送丧，以防为人所制。”（《史记·吕太后本纪》）但最终汉臣们还是遵循刘邦的训诫，将诸吕横扫，可见血统论的力量。

汉景帝刘启时，窦太后要立他的家人为侯，周勃之子、丞相周亚夫又拿出刘邦“白马盟誓”来反对，说道：“高皇帝约非刘氏不得王，非有功不得侯。不如约，天下共击之。”（《史记·绛侯世家》）为此周亚夫得罪了景帝及窦太后，最终因诬告被饿死在狱中。班固《汉书·五行志》对周亚夫之死愤愤不平，多处记载了周亚夫遇害的故事，风霜雨雪，灾火烧宫，五行灾变的事情，几乎都出现了。

另外，关于血缘继承问题，最严重的事情是在血缘上做手脚，以此偷梁换柱，盗取天下。也是那时没有科学方法，只能靠严加管理或滴血认亲一类传说，但还是防不胜防。《史记·吕不韦传》有记：“吕不韦取邯郸诸姬绝好善舞者与居，知有身。子楚从不韦饮，见而说之，因起为寿，请之。吕不韦怒，念业已破家为子楚，欲以钓奇，乃遂献其姬。姬自匿有身，至大期时，生子政。子楚遂立姬为夫人。”其中已经说明嬴政的身世。再者

《史记·秦始皇本纪》记载此事时，却隐去了“自匿有身”一句：“秦始皇帝者，秦庄襄王子也。庄襄王为秦质子于赵，见吕不韦姬，悦而取之，生始皇。以秦昭王四十八年正月生于邯郸。及生，名为政，姓赵氏。”

另一故事发生在三国末年，《太平御览》中有记：“初，《玄石图》有牛继马后，故宣帝深忌牛氏，遂为二榼，共一口，以贮酒，帝先饮佳者，以毒酒鸩其将牛金。而恭王妃夏氏通小吏牛钦，而生元帝，亦有符云。”它是说谶图《玄石图》上，有“牛继马后”的谶语，因此司马懿深深忌惮大将牛金，用毒酒将他鸩死。但后来恭王妃夏氏与小吏牛钦私通，生下儿子司马睿，就是晋元帝。此事《宋书·符瑞志》亦有记：“先是，宣帝有宠将牛金，屡有功，宣帝作两口榼，一口盛毒酒，一口盛善酒，自饮善酒，毒酒与金，金饮之即毙。景帝曰：金名将，可大用，云何害之？宣帝曰：汝忘石瑞，马后有牛乎？元帝母夏侯妃与琅邪国小史姓牛私通，而生元帝。”（又见《晋阳秋》《晋书·元帝本纪》《魏书·僭晋司马叡传》）

更为难堪的事情，发生在晋废帝司马奕（海西公）身上。他生来“不男”，即没有生育能力，却不断有皇子诞生，因此世间谣言蜂起。南朝沈约在史书中，针对司马奕的故事，记载两段诗妖，一为“青青御路杨，白马紫游缰。汝非皇太子，那得甘露浆”。再一为“凤凰生一雏，天下莫不喜。本言是马驹，今定成龙子”。都是在嘲笑并质疑，皇帝的皇子从何而来呢？沈约记道：

“海西公不男，使左右向龙与内侍接，生子以为己子。”后来司马奕被废为海西公，他的三个“儿子”，都被人用马缰勒死。(《宋书·五行志》)

## 三、五宗罪

那么诸史《五行志》及《灵征志》《灾异志》，史官记载储君的负面故事收录原则是什么呢？本文择要记述如下：

1. 残害皇子

史官笔下，这是第一位的重罪。班固《汉书》记载的例子，一是汉高祖刘邦时，先是戚姬日夜哭啼，逼刘邦废掉太子刘盈，换立刘如意。(《汉书·外戚传》)此事未成，《汉书·五行志》也未记载；但吕后残害戚姬、毒死赵如意的故事，却引起很多灾变，有未央宫火灾；有赵如意鬼魂化作恶狗，攻击吕后，导致吕后不久死亡等，成为五行灾变中的重头戏。二是汉成帝刘骜的许皇后，她自己曾生下一子一女，均未能活下来。后来她参与诅咒怀孕的王美人等，遭到废除，最终自杀而死。其间孝景庙发生火灾，雨雪燕雀死，未央宫地震，日食、彗星出现。三是汉成帝刘骜的赵皇后赵飞燕，她们姊妹联手，残害后宫受孕者与皇子，因此天地之间出现很多异象，有诗妖唱道：“燕飞来，啄皇孙，皇孙死，燕啄矢”；有天象如“摄提易方，星孛大角”；有铁官铸铁

时，炉内响声如雷；有凌室、戾后园火灾；有泰山上鸟巢自焚。(《汉书·五行志》)

汉和帝刘肇，由于他的皇子屡屡死亡，因此怀疑宫中有人下毒手，他只好将新生儿隐藏到民间避难（是时皇子数不遂，皆隐之民间）。最终他去世时，只好让出生刚满百日的刘隆嗣位，即汉殇帝。那一年十一月，天空中冬雷滚滚。(《后汉书·五行志》)

2. 废除太子

诸史《五行志》记载了许多废太子的故事，背景复杂，大都是负面的。涉及的皇帝有汉武帝刘彻、汉章帝刘炟及窦皇后、汉和帝刘肇及邓皇后、汉安帝刘祜及阎皇后、晋惠帝司马衷及贾皇后、东吴太祖孙权、隋文帝杨坚及独孤皇后等。他们都受到史官指名道姓的批评，并且附以天地间灾异的发生。凡此种种，后文会有论及。当然废除太子也不都是坏事，有些太子德行很差，当换不换，也是皇帝的过失。比如南北朝时，北周武帝宇文邕的皇太子宇文赟（周宣帝）毫无威仪礼节，不能胜任；但武帝不觉悟，结果青城门无故自崩，天上还掉下一条黑龙。(《隋书·五行志》)

3. 权臣当道

皇帝在位时不能抑制大臣的势力，死后即使太子正常嗣位，也有被废除的风险。因此史官记录，责任也在帝王。南陈世祖陈蒨在位时，大风吹倒灵台候楼，原因是他不能抑制安成王陈顼（陈宣帝）的势力，结果他死后，太子陈伯宗（陈废帝）嗣位，

不久就被陈顼废掉了。(《隋书·五行志》)

北齐文宣帝高洋，在位时不能抑制大臣权力，死后太子高殷嗣位，不久就被常山王高演废为济南王，高演自立为孝昭帝。史官记载，文宣帝在位时，曾发生男人喜欢穿女装的现象，此为君变臣之象；还有邢子才曾为太子高殷起字为“正道”，文宣帝说：“正，一止也。我的儿子将被他人替代吗？”邢子才说，那就改一下吧。文宣帝说：“算了，这是天命。”然后回头对高演说：“你们夺权时，不要杀戮啊。”当时还有一条身长七八丈的龙，出现在齐州大堂上，也是高演废帝自代的预兆。再后来，高演也没有吸取前朝的教训，导致他死后，高归彦权倾一时，他先是按照高演的遗诏，立太子高百年为嗣；接着又废掉高百年，立高湛为武成帝。其间也有龙出现在济州浴堂中。(《隋书·五行志》)

精彩的故事见于唐顺宗李诵，他在位时因为生病，王叔文等大臣执掌朝政，导致连月霖雨不霁。最终顺宗将李纯（后来的唐宪宗）立为皇太子，刚一宣布天空就放晴了。(《新唐书·五行志》)

4. 外戚专权

诸史记载此类事件很多，如汉代吕太后、阎太后等。最严重的事件是汉元帝刘奭的皇后王政君，王莽的姑姑。她的故事涉及成帝、哀帝、平帝三位汉帝，她在掌权时，表面上并未残害皇子，但世间怪象不断出现。如汉成帝年间马生角，汉哀帝年间马生三足，暗指王莽出任大司马之祸；还有汉平帝刘衎九

岁上位，大权旁落，为王氏篡汉提供机会，不久高帝庙门发生火灾，最终导致王莽篡国。(《汉书·五行志》)

**5. 后妃无子**

民间常言“不孝有三，无后为大”，更何况帝王之家呢？举一个极端的例子，晋孝武帝司马曜在位时，一味宠幸贵人张夫人，不立皇后，张氏骄妒成性，造成皇子不繁。史官记载，某日孝武帝就寝前对张夫人说，你年近三十，按道理早该被废除了。闻此言张夫人心怀怨气，当夜孝武帝醉酒，突然死去，世传此事与张氏相关。在此期间，蠡斯则现于百堂及客馆、骠骑府库发生火灾；枯树折断后又自立起来；还发生大雨雹。(《晋书·五行志》)

## 四、皇子们

诸史《五行志》及《灵征志》《灾异志》，记载了很多皇子的故事。我在做丛考时，全录史官提到的皇子有七十一位，其中不包括后来称帝的皇子。这些皇子都有成为接班人的可能，因此可以称为储君或准储君。当然就整个皇子群体而言，这只是一小部分。那么史官为什么要把他们的故事记录在《五行志》之中呢？分析一下大体有三类情况：一是做储君时去世，二是做储君时被废除，三是皇子叛乱。第三种情况涉及人物众多，情况复杂，另文分析。姑将前两种略记如下：

1. 赵王刘如意

被吕后毒死，母亲遭到残害。班固汉志记有八段故事，成为声讨吕后的主要罪状。(《汉书·五行志》)

2. 栗太子刘荣

汉景帝刘启长子，曾为皇太子，被废时受到责讯，自杀身亡。安葬在蓝田，有数万只燕子衔土到他的坟冢上。其间未央宫东阙大火。(《史记·五宗世家》《汉书·五行志》)

3. 戾太子刘据

汉武帝刘彻之子，七岁被立为皇太子。武帝末年，因为江充制造巫蛊之事，累及卫皇后与太子刘据，最终太子自杀。其时未央宫柏梁台火灾；涿郡铁官铸铁崩上天；连年大旱；有蛇入孝文庙；有彗星出现。(《汉书·武五子传》《汉书·五行志》)

4. 清河王刘庆

汉章帝刘炟之子，曾立为太子。后来章帝听信窦皇后谗言，废掉刘庆，立刘肇为太子，又迫害刘肇的母亲梁贵人。结果连年有大量螟虫伤害庄稼；京都牛发生瘟疫。(《后汉书·章帝八王传》《后汉书·五行志》)

5. 平原王刘胜

汉和帝刘肇长子，曾为太子。和帝死时，刘胜生有怪病，只好让出生百余日的刘隆继位，即汉殇帝。刘隆在位二百余日去世，有人欲立此前生病的刘胜为帝，邓太后不许，却立十三岁的刘祜为安帝。结果刘祜登基时狂风大作，大树被连根拔起；还有汉阳阿阳城中失火；南新城山水虣出；连年大水，河东池水赤如血；大风拔树。(《后汉书·五行志》)

6. 南阳王孙和

孙权之子，曾为太子。后来孙权不听劝告，废掉孙和。结果有两只乌鸦衔着喜鹊坠落在东馆；孙和被遣送长沙时，有喜鹊在他的船帆上筑巢；还有大风涌水；大雪平地三尺；地震频仍等现象发生。(《宋书·五行志》)

7. 愍怀太子司马遹

晋惠帝司马衷长子。他受到皇后贾南风残害致死，史官记载天地灾异达九段之多，如服妖擿子髻；无翅雄鸡坠坑而死；诗妖“南风起，吹白沙，遥望鲁国何嵯峨，千岁髑髅生齿牙”。又曰：“城东马子莫咙哅，比至三月缠汝鬃。”武库大火烧累代异宝；竹子开紫色花；桑树生在东宫；地出血，天雨血；五州大水；三月陨霜，五月雨雹；崇阳陵雷震。(《晋书·五行志》)

8. 司马臧

晋惠帝司马衷之孙，愍怀太子司马遹之子，临淮王。曾被立为皇太孙，居住在东宫，结果有桑树生长在西厢。不久赵王司马伦篡位，鸩杀司马臧。(《宋书·五行志》)

9. 清河王司马覃

晋武帝之孙，清河康王司马遐之子。他为世子时，所佩戴的金铃上，忽然生出像粟米一样的东西。他的母亲怀疑不祥，毁弃

之。后来晋惠帝司马衷立为太子，被东海王司马越杀害。期间尚书诸曹曾发生大火。(《晋书·司马覃传》《宋书·五行志》)

10. 文惠太子萧长懋

南齐武帝萧赜长子，三十六岁时病死在太子位上。萧长懋次子海陵王萧昭文，他初登帝位时，萧长懋的坟冢上，曾出现一个像人一样的形象，长数丈，青色，直入天空中，有声如雷。不久萧昭文被废。再者文惠太子善长诗文，其中有诗妖如“两头纤纤”诗，后句有“磊磊落落玉山崩”，自此长王宰相相继薨徂，二宫晏驾；再如七言诗，后句有“愁和谛”，后果有和帝禅位。文惠太子起东田，时人反云“后必有癫童”，后来果有两位太孙丢失皇位。(《南齐书·文惠太子传》《南齐书·五行志》)

11. 昭明太子萧统

南梁高祖萧衍长子，三十一岁病死在太子位上。其间曾有盗贼烧毁神武门总章观，大为不祥。昭明太子死后，皇孙没能得到继任。(《梁书·昭明太子传》《隋书·五行志》)

12. 陈伯宗、高殷、高百年

南北朝时期的三位太子，上位后又被权臣废掉。前文有记他们的故事。(《隋书·五行志》)

13. 房陵王杨勇

隋文帝杨坚长子，曾为太子。后来杨坚听信独孤皇后、杨广等人谗言，废太子为房陵王，最终赐死。杨坚临终前，发现杨广奸乱宫闱的恶行，大呼上当，下令追回杨勇，但没来得及派人前往，杨坚就死了。为此史官记载灾异有：泰山石像崩碎；东宫妇人服妖；鸡鸣不鼓翅膀；名字杨勇被人解为“一夫之用”；有人参夜晚呼喊；云中坠落羔羊；和尚听到两只猪的对话；京都大风地震、佛门自开；久阴不雨。(《隋书·文四子传》《隋书·五行志》)

14. 让皇帝李宪

唐睿宗李旦长子、太子，却将皇位让给他的弟弟李隆基，成为千古佳话。史官有记，李宪去世那一年冬天，树上结出木冰，即树挂。李宪叹道：“树稼达官怕，一定有大臣将死去，应该是我啊。”(《旧唐书·五行志》)

15. 惠昭太子李宁

唐宪宗李纯长子，他被册封为太子时，夏秋两次仪式，都因为大雨而作罢，直到冬季完成册封仪式。他还曾更名为李宙，后又改回原名。但李宁在太子位两年后病逝。(《新唐书·宪宗二十一子传》《新唐书·五行志》)

16. 景献太子赵询

宋太祖赵匡胤十世孙。最初的名字叫赵与愿，六岁时被宋宁宗赵扩收为养子，赐名为赵曮。后来被立为皇太子，更名为赵帱。后出居东宫，更名为赵询。二十九岁去世，无后人。史官有记诗妖故事：嘉定三年，都城市井作歌词，末句皆曰“东君去后花无主”，朝廷恶而禁之。未几，太子询薨。(《宋史·赵询传》《宋史·五行志》)

# 反叛的皇子

十五史《五行志》及《灵征志》《灾异志》记载的皇子，有七十余位，即刘如意，刘长，刘濞，刘戊，刘武，刘安，刘勃，刘荣，刘据，刘旦，刘嫖，刘兴居，刘荆，刘悝，刘胜，刘庆，曹彪，曹爽，孙峻，孙綝，孙和，司马保，司马道子，司马冏，司马休之，司马乂，司马颖，司马遹，司马元显，司马越，司马臧，司马覃，刘休仁，刘义康，萧长懋，萧子良，萧子敬，萧子卿，萧统，萧遥光，萧嶷，萧庄，萧子罕，萧捻，萧纶，陈叔陵，元愉，元晖，元瑾，高思好，高俨，高岳，高归彦，高百年，宇文护，宇文直，杨勇，杨俊，杨秀，杨谅，杨暕，杨侗，杨慎矜，李裹儿，李千里，李孝恭，李邕，李令月，李宁，赵询，等等。注意，本名单中列入三位公主，即汉代馆陶长公主刘嫖，唐代安乐公主李裹儿以及唐代太平公主李令月。

此中人物，大约有两类：一是受害者，本书《储君们》一章，已经谈到二十多位皇子的故事，其中多数为嫡长子，尤其是一些遭遇不幸的太子。再一是反叛者，这方面的人物众多，因为皇位只有一个，太子位只有一个，嫡长子位只有一个。更多的皇子，无论是嫡出还是庶出，都是潜在的储君，他们都有潜在的机会，但需要有耐性，还需要等待时机。如果稍不留神或时运不济，就会落入叛逆的境地。当然叛逆有主动与被动之分，还有“欲加之罪，何患无辞”。

比如汉武帝的异母哥哥、河间献王刘德。后世认为，他的德行与才华，远在汉武帝刘彻之上。虽然他无意觊觎帝位，直到汉武帝称帝十一年后，刘德才首次进京，行朝觐之礼，献上许多珍贵的典籍和雅乐。当时汉武帝推行策问制度，如董仲舒“天人三策”，实现“罢黜百家，独尊儒术”，即策问的产物。此时，刘德、刘彻兄弟二人，在三雍宫对坐，刘彻提出问题，刘德回答。《史记》说问了五策，《汉书》说问了三十策。刘德主张复兴儒学，仁义治国，他的回答滔滔不绝，似乎没有穷尽，听得汉武帝面色渐变，转而对刘德说:“商汤以七十里之地立国，周文王以百里之地立国，你也努力吧。”听到这样的回答，刘德明白了武帝的意思。回到属地后，刘德开始饮酒作乐，不久就死去了。(《史记·五宗世家》《汉书·景十三王传传》)

总之，从古至清历代王位之争，每时每刻都发生着、进行着，而且选择接班人，始终是一件充满血腥气味的事情。本文择取汉代七王之乱，晋代八王之乱，以及三位公主的故事，看一看历代《五行志》对于他们的记载。

## 一、七王之乱

七王之乱，《汉书·景帝本纪》有记：“（景帝三年）春正月，淮阳王宫正殿灾。吴王濞、胶西王卬、楚王戊、赵王遂、济南王辟光、菑川王贤、胶东王雄渠皆举兵反。大赦天下。遣太尉亚夫、大将军窦婴将兵击之。斩御史大夫晁错以谢七国。二月壬子晦，日有蚀之。诸将破七国，斩首十余万级。追斩吴王濞于丹徒。胶西王卬、楚王戊、赵王遂、济南王辟光、菑川王贤、胶东王雄渠皆自杀。夏六月，诏曰：‘乃者吴王濞等为逆，起兵相胁，诖误吏民，吏民不得已。今濞等已灭，吏民当坐濞等及逋逃亡军者，皆赦之。楚元王子艺等与濞等为逆，朕不忍加法，除其籍，毋令污宗室。’立平陆侯刘礼为楚王，续元王后。立皇子端为胶西王，胜为中山王。赐民爵一级。”

关于七王之乱，班固《汉书·五行志》记载了四段故事：

其一是汉文帝后五年六月，齐国雍城门外，有一只狗头上生出犄角。班固说，起先是文帝哥哥齐悼惠王刘肥死后，文帝将齐国的疆土分割，确立七位庶子皆为王。他们兄弟一并强大，有炕阳之心，所以会有犬祸出现。犬象征着守御，角象征着兵乱，它长在头上，而且指向上方。犬不应该生角，正如诸侯不应该举兵攻击京师。上天早已经告诫人们，但诸侯们不觉悟。结果狗生角一年后，吴国、楚国叛乱，济南、胶西、胶东三国响应，举兵围攻齐国，恰好是狗生角之地。后来汉军平定叛军，也是在齐国诛杀了四位叛王。对于这种现象，京房《易传》说：“执政失，下将害之，厥妖狗生角。君子苟免，小人陷之，厥妖狗生角。”

其二是高后二年正月，武都发生山崩，死了七百六十人，接着发生地震，到八月才停止。文帝元年四月，齐、楚之地有二十九座山，在同一天，都发生大水涌出、山体崩溃的事件。刘向认为，这是水沴土的现象。相当于上天告诫说，没有治理好齐、楚的君王，如今丧失了制度，将会有动乱发生。结果文帝后十六年，文帝的哥哥齐悼惠王刘肥，他的孙子文王刘则死去，无子，文帝将齐地分割，确立刘肥的六个儿子为王。当时贾谊、晁错反对，认为这样做违反了古制，恐怕会发生动乱。到了汉景帝三年，齐、楚七国果然起兵百余万，汉军打败了他们。为此班固叹道：“春秋时期，四个国家同日发生灾难，汉代七个国家同日众山崩溃，都发生了祸患，这正是不敬畏天威的效应啊。”

其三是景帝二年九月，胶东下密有一位七十余岁的人，头上生出犄角，犄角上还长着毛。当时胶东、胶西、济南、齐四王，有举兵反叛的阴谋，发起者是吴王刘濞，联合楚国、赵国，一共有七国。下密处于四王封地之中；犄角是兵乱的象征，而且指向上方；老人是吴王的象征。七十岁是七国的象征。上天是在告诫说，人不应该生长犄角，正如诸侯不应当举兵攻击京师；祸患从老人生出，因此七国都将会失败云云。对此，诸侯不觉悟。第二年，吴王刘濞率先起兵，诸侯跟随他叛乱，结果七国都被歼灭了。正如京房《易传》所说：“冢宰专政，厥妖人生角。”

其四是汉文帝后七年九月，有彗星出现在西方，其本直尾、箕，末指虚、危，长丈余，及天汉，历经十六日才看不见了。刘向认为:“尾对应宋地，如今是楚国彭城。箕对应燕地，又为吴、越、齐之地。宿在汉中，负海之国水泽之地。”此时，汉景帝刚刚继位，信任晁错，将要诛灭匡正诸位侯王，所以天象事先出现了。后三年，吴、楚、四齐与赵七国举兵反叛，都被诛灭。

## 二、八王之乱

八王之乱，起因于皇后贾南风干政弄权，引起皇子的内乱。此事历时十六年，即从元康元年至光熙元年。涉及的八位皇子为：汝南王司马亮、楚王司马玮、赵王司马伦、齐王司马冏、长沙王司马乂、成都王司马颖、河间王司马颙、东海王司马越。这次内斗造成的社会影响极大，最终导致西晋亡国，以及此后近三百年动乱。如《晋书·八王传》所记:“自惠皇失政，难起萧墙，骨肉相残，黎元涂炭，胡尘惊而天地闭，戎兵接而宫庙隳，支属肇其祸端，戎羯乘其间隙，悲夫!《诗》所谓‘谁生厉阶，至今为梗’，其八王之谓矣。”

对于这八位皇子，《宋书·五行志》记载了很多的故事，涉及司马伦、司马冏、司马乂、司马颖、司马越等略记如下:

1. 司马伦

字子彝，晋宣帝司马懿第九子，晋景帝司马师、晋文帝司马昭幼弟。永康元年，司马伦使用离间计，导致皇后贾南风将太子司马遹害死，又联合齐王司马冏起兵，废黜贾南风。最终逼迫晋惠帝司马衷退位，自己称帝，设立年号建始。后来齐王司马冏、河间王司马颙、成都王司马颖起兵讨伐，司马伦被逼退位，迎回晋惠帝复位，司马伦被赐死。

《宋书·五行志》记，晋惠帝元康中年，京、洛童谣唱道："南风起，吹白沙，遥望鲁国何嵯峨，千岁髑髅生齿牙。"又唱道："城东马子莫咙哅，比至三月缠汝鬃。"这里的南风是贾皇后的字。沙门是太子的小名。鲁国是贾谧的属国。它是说，贾皇后将与贾谧作乱，危害太子；而赵王司马伦使用计策，达到篡夺天下的目的。此时愍怀太子颇失众望，最终被废黜，受害而死。元康中年，有童谣唱道："屠苏鄣日覆两耳，当见瞎儿作天子。"赵王司马伦篡位时，他的眼睛确实已眇盲。赵王司马伦篡位后，洛中童谣唱道："虎从北来鼻头汗，龙从南来登城看，水从西来何灌灌。"数月之后，齐王司马冏、成都王司马颖、河间王司马颙联合起兵，诛灭司马伦。成都西蕃而在邺，所以童谣说"虎从北来"；齐东蕃而在许，所以说"龙从南来"；河间水区而在关中，所以说"水从西来"；齐王在京都辅政，居宫西，有无君之心，所以说他"登城看"。

### 2. 司马冏

晋献王司马攸之子，晋齐王。司马攸死后，继位为齐王，曾联合赵王司马伦杀死皇后贾南风。司马伦篡位后，拜司马冏为镇军大将军。后来司马冏又联络河间王司马颙等人，共同讨灭司马伦，恢复晋惠帝的帝位，因此拜大司马、辅政大臣，加九锡。一时权倾朝野，骄奢淫逸，大失人心，后来又被长沙王司马乂所杀。

《宋书·五行志》记载了司马冏的六段故事：其一是晋惠帝永宁元年，自夏及秋，青、徐、幽、并四州大旱。这一年春天，司马冏、司马颙、司马颖等联合讨伐赵王司马伦，六旬之中，大小数十战，死者十余万人。十二月，十二郡国又发生大旱。其二是齐王司马冏诛灭赵王司马伦之后，“因留辅政，坐拜百官，符敕台府，淫嫸专骄，不一朝觐”。沈约说，这是狂恣不肃之容貌，“天下莫不高其功，而虑其亡也”。但司马冏没有改变自己的狂妄状态，最终被夷灭。其三是晋惠帝太安元年十月，地震，此时齐王司马冏专政。其四是晋惠帝永宁初年，司马冏组织义兵，诛除乱逆的时候，忽然有一位妇人来到司马冏的门前，请求在他的家中寄居生子。门人诘问她为什么？那位妇人说：“我生下孩子，截断脐带就离开。”齐王之“齐”与“脐”同音，有见识的人认为，这是恶兆。后来齐王司马冏果然被斩戮。其五是永宁元年十二月甲子，有一位白发老人进入司马冏的大司马府，大声呼喊：“有大兵起，不出甲子旬，司马冏会被杀！”明年十二月戊辰，司马冏失败，正是甲子旬。其六是晋惠帝元康五年三月癸巳，临菑有大蛇长十余丈，背负着两条小蛇，进入城北门，从街市中穿过，到汉城阳景王祠中不见了。这是上天告诫说，司马冏虽然有平定篡逆之功，但是如果不能厉节忠慎，又将受到失职夺功的羞辱。司马冏不觉悟，虽然有恢复帝位的功劳，最终还是以骄陵而取祸。大蛇背负二条小蛇出朝市，都是类似的象征。

**3. 司马颖、司马乂**

司马颖，字章度，晋武帝司马炎第十六子，晋惠帝司马衷和晋怀帝司马炽的异母兄弟。太康十年，封为成都王。永宁元年，赵王司马伦篡位后，联合齐王司马冏讨逆。太安元年，面对司马冏专权，联合河间王司马颙起兵声讨。太安二年，联合司马颙谋害长沙王司马乂，迫使东海王司马越退出，自领丞相、皇太弟。光熙元年，被废黜赐死，时年二十八岁。

司马乂，字士度，晋武帝司马炎第六子，晋惠帝司马衷、晋怀帝司马炽异母兄弟。太康十年，受封为长沙王。永平元年，被贬为常山王，后追随齐王司马冏讨伐赵王司马伦有功，复封长沙王。永宁二年河间王司马颙讨伐齐王司马冏，在洛阳将齐王杀害。太安二年，司马乂被司马颙的部将张方杀害，时年二十八岁。

《宋书·五行志》记载了司马颖、司马乂的四段故事：其一是晋惠帝太安二年，成都王司马颖派遣陆机率领军队向京都进发，旨在攻击长沙王司马乂，而军队出发时，旗杆折断，不久即战败，陆机被诛杀，司马颖跟着逃跑溃退，最终被赐死。此事属于奸谋之罚，木不曲直。其二是晋惠帝永兴元年，成都王司马颖攻伐长沙王司马乂，每天晚上，军队的戈戟锋刃上都会有火光如烛。此为轻民命，好攻战，金失其性而为变异。上天是在警戒说："兵犹火也，不戢将自焚。"司马颖没有省悟，最终导致败亡。其三是永兴元年，成都遂废后，处之金墉城，而杀其叔父同之。是后还立，立而复废者四，又诏赐死，荀藩表全之。虽未还在位，然忧逼折辱，终古未闻。此孽火之应。其四是《宋书·五行志》思心之不容金木水火沴土：太安二年十二月丙辰，地震。是时长沙王专政。

4. 司马越

字元超，晋宣帝司马懿四弟东武城侯司马馗之孙，高密文献王司马泰长子，晋武帝司马炎从兄弟，封东海王。在八王之乱后期，司马越击败长沙王司马乂、成都王司马颖、河间王司马颙等之后，开始掌控皇权。晋惠帝死后，司马越立太弟司马炽为帝，即晋怀帝，自任太傅，大权独揽，杀戮朝臣。永嘉五年，司马越在项城忧惧而死，至此八王之乱终结。

《宋书·五行志》记载了九段司马越的故事：其一是晋怀帝永嘉三年五月，大旱。襄平县梁水淡渊竭，河、洛、江、汉都可以涉水而过。这一年三月，司马越回到京都，派遣兵士入宫，收捕中书令缪播等九人杀之。此为僭逾之罚。其二是永嘉五年，自去年冬天大旱，至今年春天大旱不止。去年十二月，司马越离开京都，让许多王公朝士跟随，还废黜禁卫军，皇城宫室一片萧然，君臣的礼节都失去了。其三是司马越回到洛阳，有童谣唱道："洛中大鼠长尺二，若不蚤去大狗至。"及苟晞将破汲桑，又有童谣唱道："元超兄弟大落度，上桑打椹为苟作。"由此司马越厌恶苟晞，夺取他的兖州。其四是晋孝怀帝永嘉三年冬，项县的桑树发出声音，像有有人在砍木材一样，民间说是桑林哭。刘向曾说，桑者丧也，又为哭声，不祥之甚。此时京师虚弱，胡寇交逼，司马越没有卫国之心，四年冬天，向南方出走，到五年春天，在此城中死去。石勒邀请众人，围城射箭，王公以下至庶人，死者十余万人，又剖开司马越的棺木焚烧他的尸体。这一场失败导致国家衰亡，被视作桑树哭的应验。其五是晋孝怀帝永嘉四年五月，大蝗，自幽、并、司、冀至于秦、雍，草木牛马毛鬣皆尽。是时天下兵乱，渔猎生民，存亡所系，唯司马越、苟晞而已，而竟为暴刻，经略无章。其六是晋孝怀帝永嘉三年十月，荆、湘二州地震，当时时司马越专政。其七是永嘉三年八月乙亥，鄄城城墙无故自己毁坏了七十余丈，司马越很厌恶，迁移到濮阳。当时司马越开始欺凌君臣，最终亦受其祸。其八是永嘉三年七月戊辰，当阳发生地裂，所广三丈，长二百余步。京房《易传》说："地坼裂者，臣下分离，不肯相从也。"其后司马越与苟晞交恶，四方牧伯莫不离散，王室遂亡。其九是永嘉二年二月癸卯，白虹贯日，青黄晕五重。占辞说："白虹贯日，近臣不乱，则诸侯有兵，破亡其地。"第二年，司马越杀害缪播等人，暴蔑人主。

## 三、三位公主

### 1. 刘嫖

汉文帝和窦皇后嫡女，汉景帝刘启同母姐，汉武帝刘彻姑母和岳母。汉文帝即位，册封馆陶公主。汉文帝三年，嫁给堂邑侯陈午。汉景帝登基，册封馆陶长公主，地位如同诸侯王。刘嫖工于心计，善于权谋，支持胶东王刘彻成为太子。汉武帝刘彻即位，刘嫖受封为馆陶大长公主，尊号窦太主，女儿陈阿娇成为汉武帝第一任皇后。元光五年，陈皇后被废后，渐渐失去权势。元鼎元年去世，时年七十三岁，陪葬于霸陵。

班固《汉书·五行志》记，昭帝元凤元年，燕王宫永巷中的猪跑了出来，拱坏了都灶，还衔着六七枚锅，放置到殿前。刘向认为，这属于豕祸。当时，燕王刘旦与长公主刘嫖、左将军谋划大逆之事，诛杀谏言者，残暴而无道。灶台是生养之本，猪将它拱坏，还把锅衔到庭院之中，锅灶将不能使用，预示着宫室将废辱。燕王刘旦不改其道，结果受到诛杀。如京房《易传》说："众心不安君政，厥妖豕人居室。"

金屋藏娇的故事流传最广。《汉武故事》有记："长公主嫖抱置膝上，问曰：'儿欲得妇不？'胶东王曰：'欲得妇。'长主指左右长御百人，皆云不用。末指其女问曰：'阿娇好不？'于是乃笑对曰：'好！若得阿娇作妇，当作金屋贮之也。'长主大悦。乃苦要上，遂成婚焉。是时皇后无子，立栗姬子为太子。皇后既废，栗姬次应立；而长主伺其短，辄微白之。"

2. 李令月

太平公主，唐高宗李治与女皇帝武则天的小女儿，唐中宗李显和唐睿宗李旦的妹妹。麟德二年，出生于东都洛阳皇宫紫微城。体丰硕，方额广颐，极受父母兄长尤其是其母武则天的宠爱。颇多谋略，权倾一时。唐高宗时，她被要求同吐蕃和亲，但因武则天拒绝而未成。先后出嫁薛绍和武攸暨。神龙元年，参与诛杀张易之兄弟，恢复唐朝国号，加号镇国太平公主，实封五千户。唐中宗去世后，联合李隆基发动政变，拥立唐睿宗复位。先天二年，涉嫌发动谋反，被唐玄宗发兵擒获，赐死于家中，陪葬于乾陵。

《全唐文》崔融一文认为，太平公主的本名是李令月："臣某言：伏见臣妹太平公主妾李令月嘉辰，降嫔公族。诗人之作，下嫁于诸侯;《易》象之兴，中行于归妹。"又记"先天二年因涉嫌谋反，被唐玄宗发兵擒获，赐死于家中"。

《新唐书·五行志》记载了一段太平公主的故事：唐高宗李治曾经摆设内宴，太平公主紫衫、玉带、皁罗折上巾，具纷砺七事，歌舞于高宗之前。高宗与武后笑着说："女子不可为武官，何为此装束？"史官称，这是服妖。

按：所谓纷砺七事，见《旧唐书·舆服志》有记："武官五品已上佩韘七事。七谓佩刀、刀子、砺石、契苾真、哕厥针筒、火石袋等也。"

3. 李裹儿

安乐公主，唐中宗李显幼女，母为韦皇后。垂拱元年出生时，正值李显被武则天贬为庐陵王，母亲韦氏在前往房州的途中分娩。当时情况窘迫，李显匆忙解下衣服作为襁褓，所以取名为裹儿。唐中宗重新成为太子后，册封安乐郡主，嫁给梁王武三思之子武崇训。唐中宗复位后，册封安乐公主，再嫁魏王武承嗣之子武延秀。曾向唐中宗请求立为皇太女，遭到了唐中宗的明确反对。唐隆元年，唐中宗李显去世后，李隆基发动政变，诛杀安乐公主，追废“悖逆庶人”。

《新唐书·五行志》记载了两段安乐公主的故事：其一是安乐公主使尚方合百鸟毛织二裙，正视为一色，傍视为一色，日中为一色，影中为一色，而百鸟之状皆见，以其一献韦后。公主又以百兽毛为鞯面，韦后则集鸟毛为之，皆具其鸟兽状，工费巨万。公主初出降，益州献单丝碧罗笼裙，缕金为花鸟，细如丝发，大如黍米，眼鼻觜甲皆备，瞭视者方见之。皆服妖也。自作毛裙，贵臣富家多效之，江、岭奇禽异兽毛羽采之殆尽。其二是神龙以后，民谣曰：“山南乌鹊窠，山北金骆驼，镰柯不凿孔，斧子不施柯。”山南，唐也，乌鹊窠者，人居寡也；山北，胡也，金骆驼者，虏获而重载也。安乐公主于洺州造安乐寺，童谣曰：“可怜安乐寺，了了树头悬。”

# 篡逆者

正史记载，有一类篡逆者，即他们曾经在历史上“擅自”称帝称王。但由于种种原因，历代史官并未承认他们的地位，称其为“伪政权”，因此归于篡逆一类。当朝者说他们篡逆，继任者也会说他们篡逆，“成者王侯，败者贼寇”，也是亘古不变的道理。其实“篡逆”的界定，始终是一个历史概念，也是一个政治概念，今人不能篡改已存的史书，但也不能全信史书的结论。

史官撰写《五行志》及《灵征志》《灾异志》时，将这些篡逆者归于社会灾异一类，粗略统计包括：王莽，刘玄，刘盆子，公孙述，司马伦，李雄，李寿，李期，刘载，桓玄，苻坚，刘子勋，萧栋，侯景，萧纪，李贲，宇文化及，田悦，朱滔，王俊武，朱泚，刘崇，刘豫，等等。他们称帝称王，不符合天意，正史的史官也不会把他们列入本纪，只会在列传或载记中附记，而且认为他们的行为，还会带来自然界的灾异。

这里的人物，有些已经在其他章节中讲述，本章不再复述。比如王莽，他灭掉汉朝，创建了莽新王朝。在本书《最坏的皇帝》一章中，他作为“最坏的皇族”之首，已经有过论述。再如司马伦，他曾经废掉晋惠帝司马衷，自立为晋帝，很快又被赶下台。他的故事见于本书《反叛的皇子》一章中。

以下对其他篡逆者，略记如下。

## 一、刘玄、刘盆子

刘玄，自称是西汉皇裔，汉景帝刘启之子长沙定王刘发之后，东汉光武帝刘秀的族兄。新朝末年，刘玄被绿林军拥立为皇帝，年号更始；同年新朝灭亡，刘玄入主长安，史称更始皇帝。更始三年，在赤眉军和刘秀大军的两路夹击之下，刘玄向赤眉军投降，更始政权灭亡。不久刘玄被赤眉军所杀，刘秀命大将邓禹，将刘玄安葬在长安附近的霸陵。(《后汉书·刘玄传》)

刘盆子，西汉远支皇族，汉高祖刘邦之孙城阳景王刘章之后。祖父刘宪，元帝时被封为式侯。父亲刘萌，在王莽篡汉后被杀害。初与兄刘恭、刘茂被掠入赤眉军，从事放牧。更始三年六月，赤眉军领袖樊崇等为了打汉室的旗号，拥立刘盆子为皇帝，改元建始。建武三年，刘秀的军队打败赤眉军，刘盆子投降刘秀。刘秀厚待刘盆子，让他做赵王刘良的郎中。后来刘盆子双目失明，刘秀又用荥阳的官田租税，来奉养刘盆子终身。（《后汉书·刘盆子传》）刘玄与刘盆子虽然都短暂为帝，但历来不被认可为“正统”，对此刘知幾曾在《史通》中表示异议，前此张衡、范晔也有相同的看法。

《后汉书·五行志》记载了四段刘玄、刘盆子的故事：其一是更始诸将军路过洛阳时，身穿着类似妇人的衣服。当时智者见到后认为，衣服不能适中，身体会有灾祸，于是都跑到边郡去躲避。这是服妖。此后刘玄果然被赤眉军所杀。其二是更始时，南阳有童谣唱道：“谐不谐，在赤眉。得不得，在河北。”此时刘玄在长安，刘秀作为为大司马平定河北。刘玄的大臣们僭位专权，所以有诗妖出现。后来刘玄被赤眉军所杀，正是“更始之不谐在赤眉也”，而刘秀自河北兴旺发展起来。其三是更始二年二月，兵发洛阳，欲入长安，司直李松奉旨导引，他的车奔跑中，撞到北宫铁柱门上，三匹马都死了。这是马祸。当时更始帝刘玄失道，即将灭亡。其四是建武元年，赤眉军首领樊崇、逢安等人，共同推立刘盆子为天子。但樊崇等人视刘盆子如小儿，百事不加汇报，自由行动。后来君臣聚餐，刚刚坐好，酒食还没摆上来，群臣们便走动起来，混乱不堪。当时，大司农杨音按着剑怒道：“小儿戏尚不如此！”此后这些人均无好下场，樊崇、逢安等都被诛死，唯独杨音受封关内侯，以长寿终年。

## 二、公孙述

公孙述，字子阳，东汉茂陵人。汉哀帝时，以父官任为郎，补任清水长。王莽末年，天下纷乱，群雄并起，公孙述自称辅汉将军兼领益州牧。建武元年，公孙述在蜀地称帝，国号成家（又称作大成或成）。建武十一年，汉朝派吴汉、臧宫征讨，第二年攻破成都，公孙述被创而死，成亡，在位十二年。

据《后汉书·公孙述传》记载，公孙述称帝之前，曾经做过一个梦，梦中有人对他说："你有十二年的帝运。"公孙述醒来对妻子说："我虽有帝运，但在位的时间太短，怎么办？"他的妻子说："朝闻道，夕死尚可，何况还有十二年呢！"又有龙出现在公孙述的府殿中，夜晚会发出光芒，公孙述认为，这是符瑞。那条龙在他的手掌上，写下三个字："公孙帝。"因此他在建武元年四月自立为天子，号成家，色尚白。建元曰龙兴元年。

《后汉书·五行志》记载了公孙述的一段故事：世祖建武六年，蜀中有童谣唱道："黄牛白腹，五铢当复。"此时，公孙述在蜀中称帝。时人私下说，王莽称帝时崇尚黄色，公孙述希望继承王莽的符瑞，黄为土，土生金，金为白，所以崇尚白色。再者五铢是汉家货币，说明汉室将复兴。最终公孙述被汉军诛灭。

## 三、李雄、李寿、李期

李雄，巴氐族，字仲儁。建初二年，自称成都王，改元建兴。建兴三年称帝，国号为成，改元晏平。在位期间，爱护百姓、知人善任，颇有明君之风。在位三十年，庙号太宗，谥号武皇帝，葬于安都陵。

李期，字世运，李雄第四子。雄死，李班嗣位，李越杀班立期，改年号玉恒。李寿，字武考，李雄堂弟。李雄死后，李寿接受遗嘱，辅理国政，李期继位时，改封为汉王。玉恒四年，李寿率军攻克成都，废黜李期，自立为帝，改国号为汉。在位五年，庙号中宗。

据《晋书·李雄载记》记载，早年李雄的母亲罗氏曾经梦见有双虹从家门升上天空，其中一条彩虹中断，不久生下李荡。后来罗氏去提水，忽然像睡着了一样，梦见有一条大蛇缠绕着她的身体，结果有了身孕，十四月生下李雄。她经常说："我的两个儿子，如果有一个先死去，那么另一个必然有大福大贵。"后来李荡竟然先死去了。李雄身长八尺三寸，容貌俊美。少年时即以烈气闻名，每周旋乡里，识达之士皆器重他。有一位叫刘化的术士，他几次对人说："关陇之士皆当南移，李氏子中惟仲儁有奇表，终为人主。"

《宋书·五行志》记载了李雄、李期、李寿的三段故事：其一是晋成帝咸和九年八月，成都大雪，这一天李雄死去。其二是晋愍帝建兴元年十一月戊午，会稽大雨震雹。己巳夜，赤气曜于西北。是夕，大雨震电。庚午，大雪。史官认为，刘向曾经说："雷以二月出，八月入。"十一月发生雷电者，是阳气没有潜藏。既然阳气发泄出来，而第二日又天降大雪，都属于失去节制的变异天气。此时刘载在平阳称帝，李雄在蜀地称帝，九州幅裂，西京孤微。这是君王失去时运的气象。其三是晋成帝咸康四年三月壬辰，成都刮大风，发屋折木。四月，李寿袭杀李期。

## 四、刘　聪

刘聪，本名刘载，字玄明，汉赵光文帝刘渊第四子。永嘉四年，他弑杀汉赵皇帝刘和，成为汉赵第三位皇帝，改元光兴。麟嘉三年去世，谥号昭武皇帝，庙号烈宗。

据《晋书·刘聪载记》记载，刘聪的母亲怀孕时，梦见太阳扑入怀中，醒来告诉刘渊，刘渊说："这是吉兆，不要说出来。"怀孕十五个月生下刘聪，当晚有白光闪现。刘聪的体态异常，左耳上有一撮白毛，长二尺余，有光泽。自幼聪明好学，博士朱纪大为惊奇。十四岁时，究通经史，兼综百家之言，能够背诵《孙吴兵法》。工草隶，善属文，著述怀诗百余篇、赋颂五十余篇。十五习击刺，猿臂善射，弯弓三百斤，膂力骁捷，冠绝一时。太原王浑见而悦之，谓刘渊说："此儿吾所不能测也。"

《宋书·五行志》记载了一段刘聪的故事，见上文李雄目下其二"晋愍帝建兴元年十一月戊午"。

## 五、桓　玄

桓玄，字敬道，一名灵宝，晋大司马桓温之子，封楚王。大亨元年，晋安帝禅位，在建康建立桓楚，改元永始。后被益州督护冯迁杀死，时年三十六岁。桓玄博综艺术，善于写文章，著有《桓玄集》二十卷。

据《晋书·桓玄传》记载，有一天夜晚，桓玄的母亲马氏与同辈们围坐，见到有一颗流星落入一个铜盆中，变成一颗二寸的火珠，异常明亮，他们争着用瓢捞取，结果马氏捞到了，一口吞了下去，似乎有了一种感觉，于是有了身孕。马氏生下桓玄时，有光焰照亮屋室，占卜者都感到惊奇。桓玄称帝时，最初确定的年号是建始，右丞王悠之说："建始是赵王司马伦私自称帝时的年号啊，不能用。"桓玄又改年号为永始，这个年号又是王莽开始执权那年的年号，明显都不吉祥，后人认为上天对于篡逆者是有明察的。

《宋书·五行志》记载了二十段桓玄的故事：

其一是桓玄开始篡国时，龙旂旗杆折断。桓玄田猎出入，不绝昏夜，饮食恣奢，土水妨农，又多奸谋，所以木失其性。龙旂昭示着三辰的光明，旗杆折断了，预示着光明远去了。因此桓玄在位八十日而失败。

其二是隆安五年五月，大水。当时司马元显作威陵上，又桓玄擅西夏，孙恩乱东国。是阴胜阳之应。

其三是晋安帝元兴二年十二月，桓玄篡位。第二年二月庚寅夜，涛水入石头城。是时贡使商旅，方舟万计，漂败流断，骸胔相望。江右虽有涛变，未有若斯之甚。三月，义军克京都，玄败走，遂夷灭。

其四是桓玄篡立，宫殿上施绛绫帐，镂黄金为颜，四角金龙，衔五色羽葆流苏。群臣们私下说："这像是灵车啊。"这是服妖。

其五是晋安帝隆安元年八月，琅邪王司马道子家中，青色的雌鸡化为赤色的雄鸡，不鸣不将。后来有桓玄篡国之事发生，都与前面的预兆相应。

其六是隆安四年，荆州有鸡生犄角，很快犄角又堕落了。此时桓玄开始擅权西夏，狂慢不肃，所以会有鸡祸。犄角是兵象；很快堕落，说明妖孽不得善终。

其七是晋安帝元兴二年，衡阳有雌鸡变化为雄鸡，八十日后鸡冠萎缩了。衡阳是桓玄楚国的封地。后来他篡位八十日而失败，正好符合上面的征兆。

其八是晋孝武太元中年，建立内殿名曰清暑，少时而崩。当时的人说，清暑的楚声发音，有哀楚之声。也有人曰："非此之谓，岂可极言乎。谶云，代晋者楚，其在兹乎？”等到桓玄篡逆，果然自号为楚。

其九是桓玄出镇南州，立斋名曰蟠龙。后来刘毅居住此斋。蟠龙恰恰是刘毅小名。

其十是最初桓玄改年为大亨，它可以拆字为“二月了”。所有仲春时节有义军出现。桓玄篡立时，又改年号为建始，因为与当初赵王司马伦的年号相同，又改为永始。而永始又是当初王莽受封之年。这是因为桓玄篡位的过程，均属于言之不从的妖孽，实为僭咎。

其十一是晋安帝元兴元年七月，大饥，九月十月不雨。这一年正月，司马元显聚合众将讨伐桓玄，而桓玄到来后，杀死了司马元显。五月，又遣军东征孙恩余党，十月，去北方讨伐刘轨。元兴二年六月，不雨，冬，又旱。此时桓玄奢僭，十二月篡位。

其十二是桓玄篡国后，有童谣唱道：“草生及马腹，乌啄桓玄目。”等到玄败走至江陵，五月中旬被诛杀，都符合童谣中的预言。

其十三是桓玄篡国时，民谣唱道：“征钟落地桓迸走。”此为桓玄必将失败的征兆。

其十四是司马元显时，民谣唱道：“当有十一口，当为兵所伤。木亘当北度，走入浩浩乡。”又唱道：“金刀既以刻，娓娓金城中。”此诗据说是襄阳道人竺昙林所作，孟顗解释，其中的十一口是玄字，木亘是桓字，金刀是刘字云云。这预示着桓氏败走，有刘姓的人举义，平定天下。

其十五是桓玄得志时，有童谣唱道：“长干巷，巷长干。今年杀郎君，明年斩诸桓。”预示着桓玄败走，桓氏家族被诛杀。这里的郎君是指司马元显。

其十六是桓玄将要受封楚王时，已经摆设好拜席，群官陪位，桓玄还未及出来，有一条狗来到拜席上大便，众人莫不惊怪。桓玄性情多猜忌狂暴，目睹此事，竟然无人言说，只是赶走了狗，更换了拜席而已。

其十七是晋安帝元兴二年十二月，酷寒过甚。此时桓玄篡位，政事烦苛，是其应验。晋氏治国的失误在于舒缓，桓玄则反过来。刘向说：“周衰无寒岁，秦灭无燠年。”就是说的这个道理。元兴三年正月甲申，霰雪，又雷。雷霰不应该同日发生，这是失节之应验。二月，义兵兴起，桓玄败走。

其十八是晋安帝元兴二年十月，钱塘临平湖水变成赤色。桓玄以为是祥瑞，不久就失败了。

其十九是晋安帝元兴二年二月甲辰，大风雨，大航门屋瓦飞落。第二年桓玄篡位，正是由此门入朝的。元兴三年正月，桓玄游大航南，飘风飞其鞞輗盖。三月，桓玄败落。元兴三年五月，江陵大风折木。这个月桓玄败于峥嵘洲，身亦屠裂。

其二十是桓玄之国在荆州，去见刺史殷仲堪，行至鹤穴，预见一位老公，驱赶着一头青牛，形色瑰异。桓玄即以自己所乘的牛，换取老翁的牛。乘坐到零陵泾溪，牛驾驶得非常快，桓玄停下来休息，让牛饮水。结果牛钻入江水中，不再出来。玄派人守后在江边，许多天什么也没见到。

## 六、苻　坚

苻坚，字永固，小字文玉。前秦第三位皇帝，即宣昭帝。建元二十一年，被后秦主姚苌所杀，终年四十八岁。

据《晋书·苻坚载记》记载，苻坚的母亲苟氏曾经在漳水游玩，来到西门豹祠祈求生子，当天夜里梦见与神仙交媾，因而有了身孕，十二月生下苻坚。当时天上有神光放射下来，照耀他们的庭院。苻坚的后背上，有赤色的文字，隐隐写道："草付臣又土王咸阳。""草付臣又土"即"苻堅"。苻坚臂垂过膝，目有紫光。他的祖父很喜欢他，称之为坚头。高平徐统善于相人，他见到苻坚后说："此儿有霸王相。"

《宋书·五行志》记载了五段苻坚的故事：其一是苻坚中年，时有童谣唱道："阿坚连牵三十年，后若欲败时，当在江湖边。"后来苻坚败于淝水，在帝位凡三十年。其二是苻坚中年，有谣语说："河水清复清，苻诏死新城。"后来苻坚被姚苌所杀，死于新城。其三是苻坚中年，时有歌唱："鱼羊田斗当灭秦。"鱼羊是鲜字，田斗是卑字。苻坚自立国号为秦，是说"灭秦者鲜卑也"。因此群臣谏告苻坚，下令尽诛鲜卑。苻坚不从。等到淮南败而还后，为慕容冲所攻击，亡奔姚苌，身死国灭。其四是太元十四年四月，京都地生毛。是时苻坚覆灭后，经略多事，人劳之应也。其五是太元二年六月，长安大风，拔起苻坚宫中的大树。其后苻坚再次南伐，身戮国亡。

又，《新唐书·五行志》记："神龙二年三月壬子，洛阳城东七里，地色如水，树木车马，历历见影，渐移至都，月余乃灭。长安街中，往往见水影。昔苻坚之将死也，长安尝有是。"

## 七、刘子勋

刘子勋，字孝德，刘宋孝武帝刘骏第三子。大明四年，年五岁，封晋安王。景和初年前废帝刘子业被杀，刘子勋被立为皇帝，年号义嘉。当年刘子勋即被乱军杀害，时年十一岁，葬于寻阳庐山。(《宋书·孝武十三王传》)

《宋书·五行志》记载了一段刘子勋的故事："明帝初，晋安王刘子勋称伪号于寻阳，柴桑有狗与女人交，三日不分离。"

## 八、萧　栋

萧栋，字元吉，梁武帝萧衍曾孙，昭明太子萧统之孙，豫章安王萧欢之子。萧欢死后，袭封豫章王。大宝二年，侯景废杀简文帝萧纲，立萧栋为皇帝，年号天正，为南梁第四位皇帝。侯景篡位后，降封为淮阴王，被囚禁于密室之中。承圣元年，侯景之乱后，又被梁元帝萧绎杀害。

据记《南史·萧栋传》载，简文帝被废黜，侯景让萧栋继任帝位。当时萧栋正在与妃子张氏锄地种葵，而接他们的车马突然出现，萧栋惊慌失措，不知所为，哭泣着登上升车辇。等到即位时，登上武德殿，突然有回风从地上涌起，吹飞了车上的华盖，华盖飞出端门，人们由此判断，萧栋一定不得善终。

《隋书·五行志》记载了一段萧栋的故事："中大通五年五月，建康大水，御道通船。京房《易飞候》曰：'大水至国，贱人将贵。'萧栋、侯景僭称尊号之应也。"

## 九、侯　景

侯景，本姓侯骨，字万景。太清元年，率部投降南梁。太清二年反叛，史称侯景之乱。大宝二年，篡位自称皇帝，国号汉。此后梁元帝平定侯景之乱，侯景为部下所杀。

据《南史·侯景传》记载，侯景称帝时，演唱的歌名为《警跸》，有人说，你的名字叫侯景，怎么唱"警跸"呢？这是不能持久的征兆啊。侯景听说了此事，十分厌恶，改唱《备跸》。又有人说，难道准备到这里，事情就结束了吗？于是有司又改为

《永跸》。又，侯景准备登坛受禅时，佩剑上的水精摽无故坠落，侯景自己拾取起来，十分厌恶。将要登坛时，又有兔子在他前跑过，转眼之间不知所踪。天上还有白虹贯日三重，日青无色。等到他坐上御床时，床脚自陷入地下。他在犒劳群臣时，中途站起来，还碰倒了屏风。

《隋书·五行志》记载了九段侯景的故事：

其一是中大通五年五月，建康大水，御道通船。京房《易飞候》曰："大水至国，贱人将贵。"这是萧栋、侯景僭称尊号的征兆。

其二是侯景僭称帝号后，登圆丘时，走路不能端正自己的鞋子，有识见的人认为他不会长久。结果不久就失败了。

其三是天监三年六月八日，梁武帝讲于重云殿，沙门志公忽然起舞歌乐，须臾悲泣，因赋五言诗道："乐哉三十余，悲哉五十里！但看八十三，子地妖灾起。佞臣作欺妄，贼臣灭君子。若不信吾语，龙时侯贼起。且至马中间，衔悲不见喜。"他是喻说梁代自天监至于大同年间，共三十余年，江表无事。后来侯景来降，引狼入室，君王忧郁而死。天监十年四月八日，志公在大会中又作诗道："兀尾狗子始著狂，欲死不死啮人伤，须臾之间自灭亡。患在汝阴死三湘，横尸一旦无人藏。"侯景的小字叫狗子，初自悬瓠来降，悬瓠是古时汝南。巴陵南有地名三湘，即景奔败之所。

其四是天监中年，茅山隐士陶弘景五言诗写道："夷甫任散诞，平叔坐谈空。不意昭阳殿，忽作单于宫。”到了大同年间，朝廷上的公卿，唯以谈玄为务。王夷甫、何平叔是朝廷的贤臣，而侯景作乱，居住在昭阳殿。

其五是大同中年，有童谣唱道：“青丝白马寿阳来。”此后侯景攻破丹阳，乘坐着白马，以青丝为羁勒。

其六是梁大同十二年正月，送两尊辟邪到建陵。左面的双角辟邪送到了陵所；右面的独角辟邪，将要出发，它在车上再三振跃，车的两端辕木都折断了。换了一驾车，还没到陵园二里处，辟邪又再三跃动，每一振则车侧人莫不震起，去地三四尺，车轮陷入土中有三寸深。这属于木沴金。汉代刘向说过：“失众心，令不行，言不从，以乱金气也。石为阴，臣象也。臣将为变之应。”梁武帝暮年，不以政事为意，君臣唯讲佛经、谈玄学而已。因此朝纲紊乱，号令不行，这属于言不从之咎。最后导致侯景之乱。

其七是侯景在南梁时，将受锡命，陈备物于庭。有野鸟如山鹊，赤嘴，集于册书之上，鸺鹠鸣于殿。侯景失败后，将要逃亡入海，为羊鹍所杀。

其八是梁大同十年三月，梁帝路过玄武湖时，湖中的鱼都抬起头来张望梁帝，梁帝入宫后，鱼才沉入水中。《洪范五行传》曰：“鱼阴类也，下人象。又有鳞甲，兵之应也。”这说明，有下人将要举兵围困皇宫，鱼观梁帝，正是觊觎皇位的征兆。后来果然发生侯景之乱。

其九是侯景僭尊号于江南，每将战，他所乘的白马，如果长鸣蹀足就会取胜，如果垂头不语则不利。西州之役时，马卧着不肯起来，侯景拜请或打它都不动。这是马祸。《洪范五行传》曰："马者兵象。将有寇戎之事，故马为怪。"侯景因此大败。

## 十、萧　纪

萧纪，字世询，梁武帝萧衍第八子，梁元帝萧绎之弟。南朝梁第五位皇帝。天监十三年，封为武陵郡王。太清中年，侯景之乱时，萧纪不赴救援。高祖死后，萧纪自行在蜀地称帝，改年为天正。天正二年，被部下樊猛杀害，谥号贞献。(《梁书·萧纪传》)

《隋书·五行志》记载了三段萧纪的故事：其一是大同十年十二月，大雪，平地三尺。是时邵陵王萧纶、湘东王萧绎、武陵王萧纪，并权侔人主，颇为骄恣，皇太子甚恶之，帝王不能抑制他们的行为。上天示变，帝又不能觉悟。等到侯景之乱，诸王各拥强兵，外有赴援之名，内无勤王之实，抛弃了君父，自相屠灭，最终国家竟然灭亡了。其二是萧纪僭即帝位，建元曰天正。永丰侯萧撝说："他不会长久啊。当年桓玄的年号大亨，有识者认为，可以拆字为'二月了'，而桓玄之败，确实在仲春时节。如今萧纪称天正，拆字为'一止'，其能久乎！"果然一年而败。

其三是萧纪祭奠城隍神时，将要烹牛，忽然有赤蛇绕牛口，这是牛祸。又类似于龙蛇之孽。《五行传》说：“逆君道伤，故有龙蛇之孽。”此时萧纪虽以赴援为名，而实际上妄自尊大，犯了思心之咎，神仙都不会理他，这是违反了为君之道的报应。后来果然被梁元帝所败。

## 十一、李　贲

李贲，又称李南帝，万春国开国皇帝。(《陈书·高祖本纪》)

《隋书·五行志》记载了两段李贲的故事：其一是大同三年七月，青州雪，害苗稼。是时交州刺史李贲举兵反，僭尊号，置百官，击之不能克。其二是大同七年二月，建康地震。是岁，交州人李贲举兵，逐刺史萧谘。九年闰正月，地震。李贲自称皇帝，署置百官。

## 十二、宇文化及

宇文化及，武川人，左卫大将军宇文述长子。隋炀帝时官屯卫将军。大业十四年，发动江都政变，杀隋炀帝，拥立秦王杨俊之子杨浩为皇帝，自称大丞相，率军北归，被李密击败。后杀杨

浩自立为帝，国号为许，年号天寿。武德二年，被窦建德擒杀。(《隋书·宇文化及传》)

《隋书·五行志》记载了一段宇文化及的故事：大业中年，有童谣唱道："桃李子，鸿鹄绕阳山，宛转花林里。莫浪语，谁道许。"其后李密坐杨玄感之逆，为吏所拘，在路逃叛，潜结群盗，自阳城山而来，袭破洛口仓，后复屯兵苑内。莫浪语，密也。宇文化及自号许国，寻亦破灭。谁道许者，盖惊疑之辞也。

## 十三、田悦、朱滔、王武俊

田悦，魏博中军兵马使，田承嗣死后继任节度使。建中二年反叛，自立为魏王。兴元元年，田悦被杀害，时年三十四岁。朱滔，太尉朱泚之弟。受封通义郡王。建中三年，自称大冀王。贞元元年，抑郁而死，时年四十岁。王武俊，字元英，小字没诺干。封潍川郡王。建中三年，自称赵王。贞元十七年去世，追赠太师，谥号忠烈。三者《旧唐书》均有传。

《旧唐书·五行志》记载了一段田悦、朱滔、王武俊的故事：建中初年，在魏州魏县西四十里，忽然土地长四五尺数亩，里人骇异之。明年，魏博田悦反，德宗命河东马燧、潞州李抱真讨之，营于陉山。幽州朱滔、恒州王武俊帅兵救田悦，王师退保魏县西。朱滔、武俊、田悦引军与王师对垒。三年十一月，朱滔僭称冀王，武俊称赵王，田悦称魏王。田悦当时驻军的地方，正是土长之所，等到他僭越称王告天的时候，也是以长土为坛祭祀。魏州功曹韦稔还写了一篇《益土颂》，取媚田悦。马燧听到此事，笑着说：“田悦不是一般的贼寇啊。”

## 十四、朱　泚

朱泚，幽州昌平人。初为卢龙节度使李怀仙部将，代宗时代为节度使。唐德宗即位，授太子太师、凤翔尹，迁太尉。建中四年，泾原兵变后，被拥立为帝，国号大秦，年号应天。兴元元年，建立汉国，年号天皇。受到西平王李晟攻击，出走彭原，为部将所杀。《旧唐书》有传。

新旧唐书《五行志》记载了三段朱泚的故事：其一是大历十三年六月戊戌，陇右汧源县军士赵贵家，猫鼠同乳，不相害，节度使朱泚笼之以献。宰相常衮率百僚拜表贺，中书舍人崔祐甫曰：“此物之失性也。天生万物，刚柔有性，圣人因之，垂训作则。礼，迎猫，为食田鼠也。然猫之食鼠，载在祀典，以其能除害利人，虽微必录。今此猫对鼠，何异法吏不勤触邪，疆吏不勤捍敌？据礼部式录三瑞，无猫不食鼠之目。以此称庆，理所未详。以刘向《五行传》言之，恐须申命宪司，察听贪吏，诫诸边境，无失儆巡，则猫能致功，鼠不为害。”帝深然之。其二是德宗时，或为诗曰："此水连泾水，双眸血满川，青牛逐朱虎，方号太平年。"近诗妖也。朱泚未败前两月，有童谣曰："一只筋，两头朱，五六月，化为蛆。"其三是建中三年秋，江淮讹言有毛人食其心，人情大恐。朱泚既僭号，名其旧第曰潜龙宫，移内府珍货以实之。占者以为，《易》称"潜龙勿用"，此败祥也。

## 十五、刘　崇

刘崇，又名刘旻，后汉高祖刘知远之弟。乾祐四年，后汉灭亡，刘崇随即在太原称帝，建立北汉，沿用后汉乾祐年号，但治下仅有十二州之地。乾祐七年，刘崇攻击后周兵败，因此忧愤成疾，不久去世，终年六十岁，庙号世祖。《旧五代史》有传。

《旧五代史·五行志》记载了一段刘崇的故事：周广顺三年六月，河北诸州旬日内无乌，既而聚泽、潞之间山谷中，集于林木，压树枝皆折。是年，人疾疫死者甚众。至显德元年，河东刘崇为周师所败，伏尸流血，故先萌其兆。

无乌之事，又见《旧五代史·太祖本纪》："（广顺三年六月）是月河南、河北诸州大水，霖雨不止，川陂涨溢。襄州汉水溢入城，深一丈五尺，居民皆乘筏登树。群乌集潞州，河南无乌。"

## 十六、刘　豫

刘豫，字彦游，北宋元符年间进士徽宗时，任河北西路提刑官。金兵南下时，弃职逃走。高宗时知济南府，金军围城时，杀死守将关胜而降。建炎四年，金朝封为大齐皇帝，使用金朝天会年号，建都大名府。绍兴七年被废黜。《宋史》有传。

《宋史·五行志》记载了两段刘豫的故事：其一是绍兴元年，行都雨，坏城三百八十丈。是岁，婺州雨，坏城。三年，雨，自正月朔至于二月。七月，四川霖雨，至于明年正月。四年六月，淫雨害稼，苏、湖二州为甚。九月，久雨，当时刘豫联合金人入寇。十月，高宗亲自出征，天气便晴朗了。其二是建炎七年，有枭鸟在刘豫家的后苑鸣叫，又有群乌鸣叫于内庭，声音像“休也”。刘豫非常厌恶，招募人说：“捕获一只枭鸟者，给予五千钱。”这一年，齐国灭亡。

# 大臣的恶名

十五史《五行志》及《灵征志》《灾异志》，涉及人物众多。前文已经专题谈到一些身份特殊的人物，如皇帝、后妃、皇子等，此外还有三百余位人物，其中以各级文武官员占比最多。他们分布在历朝历代，其中有受害者，但主要是害人者，也不乏名人贤臣。本文分朝代列出他们的名字，择取其中代表人物，加以叙述。

## 一、两　汉

其时，有项羽，卢绾，韩信，贾谊，周亚夫，新垣平，公孙恭，江充，吕步舒，刘屈氂，霍光，石显，王凤，霍禹，董贤，张汤，萧望之，窦宪，梁冀，窦武，曹节，张让，董卓，张角，何进，何苗，袁绍，王允，吕布，李傕，郭汜，刘表，彭宠，朱浮，周章，周纡。

1. 项羽

名籍，字羽，泗水下相人，楚国名将项燕之孙。传记见《史记·项羽本纪》。

《汉书·五行志》记载了一段项羽的故事：高帝三年七月，有星孛于大角，有十几天才消失。刘向认为，此时项羽为楚王，统领诸侯，而汉军已经平定了三秦，与项羽相距在荥阳，天下归心于汉，楚将灭亡，所以才有彗星除王位。还有一种解释说，当时项羽坑杀秦国的士兵，火烧宫室，弑杀义帝，扰乱王位，所以有彗星的表现。

2. 董卓

字仲颖，陇西郡临洮县人，中平六年，受召入京，讨伐十常侍，废黜汉少帝，立刘协即位，即汉献帝。此后杀汉少帝、何太后，专断朝政，权倾天下。初平三年，被他的亲信吕布所杀。传记见《三国志·董二袁刘传》。

《后汉书·五行志》记载了八段董卓的故事：

其一是汉灵帝好胡服、胡帐、胡床、胡坐、胡饭、胡箜篌、胡笛、胡舞，京都贵戚都竞相效仿。这是服妖。此后董卓进京，军队中有许多胡兵，他们填塞街衢，掳掠宫掖，发掘园陵。

其二是汉灵帝在宫中西园内，亲自用四头白驴驾车，驱驰周旋，以为大乐。于是公卿贵戚竞相仿效，纷纷用驴驾车，导致驴与马一样昂贵。史官解释，《周易》中说："时乘六龙以御天。"行天者莫若龙，行地者莫若马。《诗》中说："四牡骙骙，载是常服。”“檀车煌煌，四牡彭彭。”驴是负重致远之物，上下山谷，供野人使用的牲畜，哪能成为帝王君子使用之物呢！驴是迟钝之畜，而今变得如此昂贵。上天的意思是说：国家将要大乱，贤者与愚人发生倒置，凡是执政者皆如驴一样。此后董卓陵虐王室，招来许多边塞之人，充斥在朝廷之中，胡夷异种，跨蹈中国。

其三是汉献帝初平二年三月，长安宣平城门外屋无故自坏。至三年夏天，司徒王允指使中郎将吕布杀死了太师董卓，夷灭三族。

其四是汉灵帝中平中年，京都有歌唱道：“承乐世，董逃；游四郭，董逃。蒙天恩，董逃；带金紫，董逃。行谢恩，董逃；整车骑，董逃。垂欲发，董逃；与中辞，董逃。出西门，董逃；瞻宫殿，董逃。望京城，董逃；日夜绝，董逃；心摧伤，董逃。”史官解释，董是董卓，说他虽然跋扈，纵其残暴，终归逃窜，最终被灭族。

其五是汉献帝登基之初，京都有童谣唱道：“千里草，何青青。十日卜，不得生。”史官解释，千里草为董，十日卜为卓。凡是辨别字体，都是从上面做起，左右离合，没有从下发端的。而董卓二字却反其道，上天的意思是说，董卓自下欺上，以臣陵君。青青是暴盛之貌，不得生是很快就败亡了。

其六是中平二年二月己酉，南宫云台灾。庚戌，乐成门灾，延及北阙，度道西烧嘉德、和欢殿。……其后三年，汉灵帝暴崩，接着发生董卓之乱，火烧三日而不灭，京都化为丘墟。

其七是汉献帝初平元年八月，霸桥灾。此后三年，董卓被杀死。

其八是光和二年，洛阳上西门外，有女子生儿子，两个头，两个肩共长在一个胸上，都面向一面。生者以为不祥，生下来就扔掉了。自此之后，朝廷霿乱，政在私门，上下无别，正符合二头之象。后来董卓杀戮太后，废黜杀害天子，汉代以来，世间发生祸患的程度，没有超过此时的了。

## 二、三国时期

其时，有诸葛恪，邓飏，何晏，贾逵，姜维，诸葛亮，诸葛诞，诸葛融，公孙渊，应璩，张布，韦昭，盛冲，杨彪，管宁，张琦，朱据，陆义，邓嘉，丁奉，邓芝，毌丘俭，黄皓，吕壹，朱然，胡质，留平，陆凯。

### 1. 诸葛恪

字元逊，琅琊阳都人，三国时期东吴大将军诸葛瑾长子。赤乌八年，丞相陆逊病逝，诸葛恪迁大将军，领荆州事。神凤元年，孙权病危，诸葛恪为托孤大臣之首。孙亮即位，加封太傅，后封阳都侯。建兴二年，被孙峻所害，时年五十一岁。传记见《三国志·诸葛恪传》。

《宋书·五行志》记载了九段诸葛恪的故事：

其一是吴孙亮建兴二年，诸葛恪出征淮南，发兵后，他用于听事的房间，房梁从中间折断。这是因为诸葛恪妄兴征役，夺取农时，操作邪谋，伤国财力，所以木失其本性，导致房梁毁折。等到他回来后，就被诛灭了。此类事情，《周易》中又称之为栋挠之凶。

其二是吴孙亮元年，有童谣唱道："吁汝恪，何若若，芦苇单衣篾钩络，于何相求成子阁。"成子阁的反语是石子冈，钩络是钩络带。等到诸葛恪被诛死，果然用苇席裹身，用篾束其腰，投到了石子冈。后来听说有诸葛恪的旧部为他收尸，正是在石子冈上找到的。吴孙亮元年，公安有白鼍鸣叫。童谣唱道："白鼍鸣，龟背平，南郡城中可长生，守死不去义无成。"是说南郡城中可以长生者，会有紧急情况，应该逃离此地。第二年，诸葛恪兵败，他的弟弟诸葛融镇守公安，也受到牵连。诸葛融刮下金龟印上的金屑，吞服而死。再者鼍有鳞介，是甲兵之象，也属于白祥。

其三是诸葛恪征讨淮南归来，将要赴朝会，家里的狗衔着他的衣服不放。诸葛恪说："狗不想让我走吗？"他只好回来坐下，过一会儿又站起来要走，狗又来衔住他的衣服。诸葛恪只好让人将狗赶走，登车入朝，最终被害。

其四是吴孙亮建兴元年十二月，武昌的端门发生火灾。重修端门后，内殿又发生火灾。史官说，门是号令所出之处，殿是听取政令之所。此时诸葛恪秉政，矜慢放肆；孙峻总领禁卫军，险害终著。武昌是孙氏尊号开始的地方，上天告诫说，应该清除这些专权的首要之人。最终诸葛恪丧失众望，孙峻授政于孙綝，孙綝废黜了孙亮。或者说，当初孙权要增建太初宫，诸葛恪有迁都意，又建起门殿，此事均不合时宜，所以有火灾发生。京房《易传》说："君不思道，厥妖火烧宫。"

其五是吴孙亮建兴元年九月，桃李树反季开花。孙权掌权时，政烦赋重，民众苦于劳役。此时诸葛恪开始辅政，崇尚宽厚治国，因此发生桃李华的现象，是政策舒缓的应验。还有一种说法是桃李寒华为草妖，属于华孽。

其六是诸葛恪将要被诛杀时，他闻到盥洗的水有血臭味；侍者拿来衣服，衣服也有血臭味。这是赤祥。

其七是吴孙亮建兴元年十二月丙申，大风震电。这一年，曹魏派遣三路大军来攻，诸葛恪击破其东兴军，其余两路军队亦退去。第二年，诸葛恪又进攻新城，损失大半军队，回来后被诛杀。

其八是吴孙亮建兴二年，诸葛恪将要征讨淮南，有一位穿着孝服的孝子，进入诸葛恪的楼阁中。人们询问他为何而来，他回答说："我不自觉就进来了。"当时中外守备严密，却没见到他是如何进来的，众人都感到惊异。结果诸葛恪回来后，就被诛杀了。诸葛恪被杀害后，他的妻子在室内，让婢女取盥洗水，闻到婢女身上有血腥气，而且眼光异常，夫人问："你怎么了？"婢女突然跃起，头触到房梁上，挥着胳膊，咬牙切齿说："诸葛公被孙峻杀害了。"

其九是吴孙亮建兴二年四月，诸葛恪围攻新城时发生大疫，半数的人都死去了。

2. 贾逵

本名贾衢，字梁道，河东襄陵人，贾充的父亲。历仕曹操、曹丕、曹叡三世。太和二年去世，时年五十五岁，谥号为肃侯。《三国志》有传。《唐会要》将其尊为魏晋八君子之一。据《三国志·贾逵传》记载，豫州吏民追思贾逵，为他刻石碑，立宗祠。青龙中年，魏明帝曹叡东征，乘车进入贾逵祠，下诏说："昨过项，见贾逵碑像，念之怆然。古人有言，患名之不立，不患年之不长。逵存有忠勋，没而见思，可谓死而不朽者矣。其布告天下，以劝将来。"

《宋书·五行志》记载了一段贾逵的故事：晋怀帝永嘉元年，项县立有曹魏豫州刺史贾逵的石碑，石碑上可以采取生金。这是金不从革的变异。这一年五月，汲桑作乱，群寇飙起。

《晋书·宣帝本纪》也记有一则故事：嘉平三年六月，司马懿病卧床上，梦见贾逵、王凌前来作祟，司马懿十分厌恶。当年秋八月戊寅，司马懿死于京师。

## 三、两　晋

其时，有周顗，王敦，桓温，殷浩，谢尚，荀羡，王恭，庾楷，王国宝，殷仲堪，陈勰，贾谧，二刘毅，刘渊，石勒，周玘，陈敏，张昌，张骋，尼媪，韩谧，周筵，甘卓，石虎，殷仲文，何曾，何绥，庾希，王恺，羊琇，石崇，冯紞，荀勖，贾充，杨峻，淳于伯，孙恩，王导，王浚，荀晞，苏峻，祖约，庾亮，桓石民，王忱，卢龙，司马腾，皇甫晏，张华，阎纂，王如，郗愔，卢循，吴隐之，张天锡，张邕，张瓘，郭默，刘胤，卢竦，毛安之，刘曜，刘隗，谢安，吕纂，张重华，谢艾，张祚，宋混，王献之。

1. 王敦

字处仲，琅琊临汾人，司徒王导的堂兄，父亲王基，曾任治书侍御史。永昌元年，王敦被拜为丞相。太宁二年，王敦起兵攻建康，病逝于军中，时年五十九岁。晋明帝平定叛乱后，将王敦剖棺戮尸。有传记见《晋书·王敦传》。

《宋书·五行志》记载了十九段王敦的故事。

其一是晋元帝太兴三年二月辛未，雨，木冰。有说是后来王敦进攻京师的预兆。

其二是王敦在武昌，铃下仪仗生出莲花状的东西，五六日而萎落，这是木失其性的变异。后来终以逆命，死后又被戮尸，是其应验。

其三是晋元帝太兴以来，兵士用红色的发囊系头发。晋属金，红色的发囊属于火色，火克金，所以这是臣下侵上的象征。到了永昌元年，大将军王敦举兵内攻，六军散溃。

其四是旧时制作羽扇，手柄为刻木，像骨骼一样，用十根羽毛，选取全数。晋中兴初年，王敦南征，羽扇开始改为长柄下出，而且羽毛减为八根。有识见的人说："羽扇象征着羽翼。改为长柄者，象征着手执其柄制约羽翼。改十根羽毛为八根，是要以未备夺已备。"此时人们穿衣服，上身短，衣带到腋下；戴帽子，有带子系在项颈上。这象征着以下逼上，上无余地。下身的裤子，直幅为口无杀，象征着下大失裁。很快有兵乱发生，三年而再攻京师。

其五是晋元帝太兴中年，王敦镇武昌，有雌鸡变化为雄鸡。这是上天示戒："雌化为雄，臣陵其上。"其后王敦再次进攻京师。

其六是晋明帝太宁元年，周筵归顺王敦后，开始修建宅院，所起五间六架的梁栋，突然跃出堕地，余桁犹亘柱头。这是金沴木。明年五月，钱凤谋乱，将周筵灭族。

其七是永昌二年，大将军王敦占据姑熟。百姓讹言有虫病流行，需要用白狗的胆为药治疗。

其八是晋元帝太兴四年五月，旱。此时王敦僭上的势头已经显著。晋元帝永昌元年，大旱。这一年三月，王敦生变，二宫陵辱，大臣诛死。僭逾无上，所以旱情尤甚。

其九是晋明帝太宁三年，自春不雨，直到六月。这是去年秋天，灭掉王敦、亢阳动众自大的应验。

其十是晋元帝太兴中，王敦镇守武昌。武昌火起，兴众救之。救于此而发于彼，东西南北数十处俱应，数日不绝。

其十一是晋明帝太宁元年正月，京都发生火灾。此时王敦威侮朝廷，多行无礼，内外臣下，咸怀怨毒。极阴生阳，故有火灾。

其十二是晋明帝太宁元年九月，会稽剡县有树木生如人面。此后王敦称兵作逆，祸败无成。

其十三是晋元帝太兴三年六月，大水。此时王敦内怀不臣，傲狠作威，后终夷灭。大兴四年七月，大水，明年有石头之败。晋明帝太宁元年五月，丹阳、宣城、吴兴、寿阳大水，此时王敦疾害忠良，威权震主，很快被诛灭。

其十四是晋元帝太兴二年三月丁未，成都风雹杀人。太兴三年三月，海盐郡雨雹。此时王敦陵上。

其十五是太兴二年五月，淮陵、临淮、淮南、安丰、庐江诸郡，蝗虫食秋麦。太兴三年五月癸丑，徐州及扬州江西诸郡蝗，吴民多饿死。去年王敦并领荆州，苛暴之衅，所以有此灾异发生。

其十六是太兴元年四月，西平地震，涌水出；十二月，庐陵、豫章、武昌、西陵地震，山崩。干宝说："王敦陵上之应。"

其十七是晋明帝太宁初，武昌有大蛇，常居故神祠空树中，每出头从人受食。京房《易妖》说："蛇见于邑，不出三年，有大兵，国有大忧。"其后讨灭王敦及其党羽。

其十八是晋元帝大兴二年，丹阳郡吏濮阳杨演马生驹，两头自颈前分别，生下来就死了。按照司马彪的说法，政在私门，二头之象也。这是后来王敦陵上的象征。

其十九是晋明帝太宁元年正月己丑朔，日晕无光；癸巳，黄雾四塞。占曰："君道失明，臣有阴谋。"是时王敦陵上，不久就被诛杀了。

**2. 桓温**

字元子，谯国龙亢县人，东汉桓荣之后，宣城内史桓彝长子。晋明帝驸马，死后谥号宣武。其子桓玄建立桓楚政权后，追尊为宣武皇帝。见《晋书·桓温传》。据《晋书·桓温传》记载，桓温刚出生时，太原温峤见到了说："此儿有奇骨，让我听一下他的哭声。"听后温峤说："真英物啊！"由于得到温峤的赞赏，所以命名叫温。后来桓温的父亲桓彝被江播杀害，当时桓温只有十五岁，他每天枕戈泣血，志在复仇。到了十八岁那年，江播死去，他的儿子江彪等兄弟三人居丧，他们安置刃杖在家中，防备桓温来复仇。桓温谎称前来吊唁，得以进入，手刃江彪于庐中，并追其二弟杀之。

《宋书·五行志》记载了九段桓温的故事。

其一是晋穆帝永和八年正月乙巳，雨，木冰。这一年，荀羡、殷浩北伐，是桓温入关之象。

其二是永和六年闰月，旱。这一年春天，桓温以大众出夏口，上疏欲以舟军北伐，朝廷骇之。

其三是晋哀帝隆和元年夏，旱。此时桓温强恣，权制朝廷，是僭逾的惩罚。

其四是晋孝武帝宁康元年三月，京都风，火大起。此时桓温入朝，志在陵上；少主践位，人怀忧恐。

其五是晋穆帝永和四年五月，大水。永和五年五月，大水。永和六年五月，大水。永和七年七月甲辰夜，涛水入石头城，死者数百人。此时幼主冲弱，母后临朝；而将相大臣，各争权政，殷浩、桓温交恶，且连年征伐。

其六是晋穆帝升平二年五月，大水。升平五年四月，大水。此时桓温权制朝廷，专擅征伐。

其七是晋海西太和六年六月，京都大水，平地数尺，侵及太庙。朱雀大航缆断，三艘流入大江。丹阳、晋陵、吴国、吴兴、临海五郡又大水，稻稼荡没，黎庶饥馑。此前太和四年，桓温北伐败绩，十丧其九；五年，又征淮南，逾岁乃克。这是百姓愁怨之应。

其八是隆和二年二月庚寅，江陵地震。是时桓温专政。

其九是太和六年三月辛未，白虹贯日，日晕五重。十一月，桓温废帝。

## 四、南北朝

其时，有徐羡之，费淹，谢灵运，元法僧，冯子琮，高睿，高润，库狄伏连，阮佃夫，刘德愿，戴法兴，卫瓘，刘斌，徐湛之，邓琬，王弘，朱猗，崔慧景，尒朱荣，高肇，何承天，黄文济，纪僧真，沮渠牧犍，刘思逸，穆泰，沈攸之，张敬儿，唐宇之，王俭，江淹，王晏，王德元，王周南，萧谌，萧颖胄，徐孝嗣，蔡景历，陆缮，陈宝应，陈伯之，刘季连，张冲，崔叔瓒，大野拔，樊子鹄，道登，段韶，段孝先，尔朱文畅，高昂，高仲密，和士开，元文遥，赵彦深，侯安都，胡长仁，华皎，李凯，兰钦，骆提婆，韩长鸾，高阿那瑰，毛喜，木杆可汗，任蛮奴，萧摩柯，陈纪，柳庄，吐谷浑，王琳，王僧辩，韦孝宽，尉迟迥，文僧朗，吴明彻，王轨，邢子才，杨愔，宇文孝伯，章华，江总，孔范，傅縡，司马申，沈客卿，施文庆，朱异，萧谘。

1. 谢灵运

本名公义，字灵运，小名客儿，陈郡阳夏县人，祖父谢玄，晋车骑将军。父谢瑍，秘书郎。元兴二年，袭封康乐县公。刘宋时期，降封康乐县侯。元嘉十年，以叛逆罪处死，时年四十九岁。据《宋书·谢灵运传》记载，谢灵运临死之前，作诗道："龚胜无余生，李业有终尽。嵇公理既迫，霍生命亦殒。凄凄凌霜叶，网网冲风菌。邂逅竟几何，修短非所愍。送心自觉前，斯痛久已忍。恨我君子志，不获岩上泯。"谢灵运曾奉诏撰《晋书》，辑有《谢康乐集》。

《宋书·五行志》记载了一段谢灵运的故事：陈郡谢灵运有逸才，每出入，自扶接者常数人。民间歌谣唱"四人挈衣裙，三人捉坐席"，就是说谢氏的做法属于不肃，因而后来被诛杀。

### 2. 和士开、元文遥、赵彦深

和士开，本姓素和氏，字彦通，临漳县人，西域胡人后代。北齐时期宠臣，中书舍人和安之子。太宁元年，授给事黄门侍郎，后封为淮阳王。武平二年，为琅邪王高俨所杀。见《北齐书·和士开传》。元文遥，字德远，河南洛阳人，鲜卑族。北魏昭成皇帝六世孙，赠中书监元晞之子。见《北齐书·元文遥传》。赵隐，字彦深，南阳郡宛县人，汉代太傅赵熹之后。父奉伯，仕魏位中书舍人、行洛阳令。武平二年，拜司空；四年，征为司空，转司徒。武平七年卒，时年七十岁。见《北齐书·赵彦深传》。

《隋书·五行志》记载了九段和士开等人的故事：

其一是后齐河清二年十二月，兖、赵、魏三州大水。天统三年，并州汾水溢。谶语说："水者纯阴之精，阴气洋溢者，小人专制。"此时，和士开、元文遥、赵彦深专政，正是应验。

其二是齐武平元年夏，有雷震丞相段孝先的南门柱。京房《易传》曰："震击贵臣门及屋者，不出三年，佞臣被诛。"后年，和士开被戮。

其三是武平元年冬，雨木冰；明年二月，又木冰。时录尚书事和士开专政。这一年七月，太保、琅邪王高俨假借帝昭，杀死和士开。九月，高俨亦遇害。

其四是武成帝时，左仆射和士开对皇帝说："自古帝王，尽为灰土，尧舜、桀纣，又有什么区别呢。陛下趁着少壮，宜于恣意欢乐，一日可以当千年，没有必要勤奋自勉了。”皇帝喜欢他的说法，更加淫侈。和士开既引导皇帝走到邪道，自己又擅权，最终被御史中丞所杀。

其五是武平元年，有童谣唱道：“狐截尾，你欲除我我除你。”这一年四月，陇东王胡长仁谋划派遣刺客杀和士开，结果事情败露，反而被和士开害死。

其六是武平二年，有童谣唱道：“和士开，七月三十日，将你向南台。”小儿唱讫，一时拍手云：“杀却。”至七月二十五日，御史中丞、琅邪王高俨抓捕和士开，送到南台斩首。这一年，又有童谣唱道：“七月刈禾伤早，九月吃糕正好。十月洗荡饭瓮，十一月出却赵老。”七月和士开被诛杀，九月琅邪王高俨遇害，十一月赵彦深出任西兖州刺史。

其七是后齐河清二年，大风，三旬乃止。此时皇帝刚刚重用佞臣和士开，专恣日甚。天统三年五月，大风，昼晦，发屋拔树。上天的变化再次出现，而皇帝不觉悟。明年皇帝死去，后主继续重用和士开，最终被琅邪王高俨所诛。

其八是后齐武平元年，槐树开花而不结实。槐树象征着三公之位，它华而不实，正是三公萎落之象。至明年，录尚书事和士开伏诛。陇东王胡长仁，太保、琅邪王高俨皆遇害。左丞相段韶死去。

其九是后齐河清二年，并州地震，是和士开专恣之应。

## 五、隋　代

其时，有樊子盖，高颎，韩擒虎，李密，史万岁，宋子贤，向海明，王世充，韦霁，杨素，杨玄感。

### 1. 樊子盖

字华宗，庐江人，祖父樊道则，梁越州刺史。父樊儒，侯景之乱时逃奔到齐国，官至仁州刺史。隋代，樊子盖官至建安侯。大业十年，晋爵为济公。大业十二年去世，终年七十二岁。见《隋书·樊子盖传》。传载，樊子盖没有什么权略，治军稳重，未尝负败，临民明察，下莫敢欺。然而严酷少恩，果于杀戮，临终之日，见断头鬼前后重沓为之厉云。

《隋书·五行志》记载了一段樊子盖的故事：大业八年，杨玄感在东都作乱。尚书樊子盖，于长夏门外坑杀其党徒，前后有数万人，后来人们多次在那里听到鬼的哭声，还有呻吟的声音。

### 2. 李密

字法主，辽东襄平人，真乡公李衍之从孙。祖父李耀，周邢国公。父李宽，骁勇善战，干略过人，自周及隋，数经将领，官至柱国、蒲山郡公。开皇中年，李密沿袭父爵蒲山公。大业初年，授亲卫大都督，因非其所好，称疾而归。见《隋书·李密传》。

《隋书·五行志》《旧唐书·五行志》《新唐书·五行志》记载了三段李密的故事。

其一是《隋书·五行志》：大业中年，有童谣唱道："桃李子，鸿鹄绕阳山，宛转花林里。莫浪语，谁道许。"后来李密受到杨玄感叛逆牵连，为官吏所拘捕，在路上逃跑并反叛。潜结群盗，自阳城山而来，袭破洛口仓，后复屯兵苑内。"莫浪语"说的就是"密"。按：事又见《旧唐书·五行志》：隋末有谣云："桃李子，洪水绕杨山。"炀帝疑李氏有受命之符，故诛李金才。后李密据洛口仓以应其谶。

其二是《隋书·五行志》：大业八年，有澄公者，若狂人，于东都大叫唱贼。帝闻而恶之。明年，玄感举兵，围洛阳。十二年，澄公又叫贼。李密逼东都，孟让烧丰都市而去。

其三是《新唐书·五行志》：武德元年秋，李密、王世充隔洛水相拒，密营中鼠，一夕渡水尽去。占曰："鼠无故皆夜去，邑有兵。"

## 六、唐　代

其时，有阿臧，李迥秀，安禄山，武令珣，成汭，处罗可汗，崔玄暐，邓景山，邓珽，窦参，窦怀贞，岑羲，窦建德，冯太和，辅公祏，哥舒翰，哥舒曜，黑齿常之，李谨，侯君集，黄巢，来俊臣，李承嘉，李崇真，李横，李杭，李处鉴，李德裕，裴度，李怀光，李嘉胤，张景夫，李金才，李揆，李林甫，李茂贞，符道昭，李适之，李嗣真，李万荣，曹仁师，王孝杰，李训，李邕，刘从谏，石雄，刘仁恭，刘武周，马燧，李抱真，毛婆罗，倪若水，姚崇，韩思复，惠范，潘孟阳，庞勋，丘神勣，始毕可汗，孙佺，田绪，李纳，王承宗，李师道，王璠，王叔文，温傅，裴行俭，吴元济，邓怀金，武士彟，武攸宁，武元恒，阎知微，武延秀，杨再思，尧君素，姚璹，薛怀义，尹愔，元载，周皓，李泌，张九龄，张韶，薛玄明，张易之，张昌宗，郑愔，郑注，宗楚客，宗晋卿，宗秦客。

1. 来俊臣

雍州万年人，唐武周时期先后任侍御史、御史中丞、太仆卿，酷吏。万岁通天二年，武则天下令处死来俊臣。《新唐书·来俊臣传》:“父操，博徒也，与里人蔡本善。本负博数十万不能偿，操因纳其妻，先已娠而生俊臣，冒其姓。天资残忍，喜反覆，不事产。客和州为奸盗，捕送狱，狱中上变，刺史东平王续按讯无状，杖之百。天授中，续以罪诛，俊臣上书得召见，自陈前上琅邪王冲反状，为续所抑。武后以为谅，擢累侍御史，按诏狱，数称旨。后阴纵其惨，胁制群臣，前后夷千余族。生平有纤介，皆入于死。拜左台御史中丞，中外累息，至以目语……初，俊臣屡掎摭诸武、太平公主、张昌宗等过咎，后不发。至是诸武怨，共证其罪。有诏斩于西市，年四十七，人皆相庆，曰：‘今得背著床瞑矣！’争抉目、擿肝、醢其肉，须臾尽，以马践其骨，无孑余，家属籍没。”

《新唐书·五行志》记载了两段来俊臣的故事：

其一是武后时，来俊臣家井水变得赤色如血，井中夜晚有吁嗟叹惋之声，来俊臣用木头将井围起来，木头忽然自己投射到十步以外。

其二是有一次，来俊臣家的婢女生产，生下一个肉块，可以装满一个二升的容器，用刀将肉块剖开，里面有赤色的虫子，须臾化为蜂，螫人而去。

2. 李林甫

小字哥奴，陇西郡成纪县人。唐太祖李虎五世从孙，扬州参军李思诲之子。开元二十三年，成为唐朝宰相。天宝十一年病逝，追赠太尉、扬州大都督。后来遭到杨国忠诬告，削官改葬，抄没家产，子孙流放。见《旧唐书·李林甫传》《新唐书·李林甫传》。

《新唐书·五行志》记载了两段李林甫的故事：

其一是天宝十二年，李林甫家东北隅每夜都有火光闪现，就像有小儿持火把出入一样。这是赤祥。

其二是天宝十一年，李林甫晨起盥洗装饰，将要上朝，取来书囊内视，见到其中有一个动物像老鼠一样，跳跃到地上，立即变为一只狗，壮大雄目，张牙看着李林甫。李林甫用箭射杀它，命中后发出声音，那只狗随着箭而不见了。

# 七、五代、宋代

五代：皇甫遇，李守贞，钱俶，王处直，王峻，张文礼。

宋代：蔡京，陈抟，陈尧叟，杜充，高从海，高继冲，胡交修，贾似道，孔彦舟，李顺，林廷彦，留正，卢多逊，吕大防，孟昶，庞籍，秦桧，史弥远，汪伯彦，王胜，王禹偁，徐铉，徐锴，韩熙载，姚岳，宇文虚中，张海，张延钧，张宗元，赵昌言，朱胜非。

## 1. 蔡京

字元长，北宋宰相，兴化仙游人。北宋末年，太学生陈东上书，称蔡京为“六贼之首”。宋钦宗即位后，蔡京被贬岭南，途中死于潭州。见《东都事略》《宋史·蔡京传》。

《宋史·五行志》记载了三段蔡京的故事：

其一是宣和二年三月，内出鱼，纯赤色，蔡京等乞付史馆，拜表贺。

其二是宣和元年九月戊午，蔡京等表贺赤乌，又贺白鹊。政和后，禁苑多为村居野店，又聚珍禽、野兽、麀鹿、驾鹅、禽鸟数百实其中。至宣和间，每秋风夜静，禽兽之音四彻，宛若深山大泽陂野之间，识者以为不祥。宣和末，南郊礼毕，御郊宫端拱殿。天未明，百辟方称贺，忽有鸮止鸣于殿屋，若与赞拜声相应和，闻者骇之。时已报女真背盟，未逾月，内禅。明年有陷城之难。

其三是大观元年闰十月丙戌，都水使者赵霆行河，得两首龟以为瑞，蔡京信之，曰："此齐小白所谓象罔见之而霸者也。"郑居中曰："首岂容有二，而京主之，意殆不可测。"帝命弃龟金明池。

2. 秦桧

字会之，江宁人，宋代宰相。绍兴二十五年病逝，追赠申王，谥忠献。《宋史·秦桧列传》："绍兴十三年，贺瑞雪，贺雪自桧始。贺日食不见，是后日食多书不见。彗星常见，选人康倬上书言彗星不足畏，桧大喜，特改京秩。楚州奏盐城县海清，桧请贺，帝不许。知虔州薛弼言木内有文曰'天下太平年'，诏付史馆。于是修饰弥文，以粉饰治具，如乡饮、耕籍之类节节备举，为苟安余杭之计，自此不复巡幸江上，而祥瑞之奏日闻矣。"

《宋史·五行志》记载了四段秦桧的故事：

其一是绍兴二十五年五月，太室楹生芝九茎，秦桧帅百官观之，称贺。勾龙廉、沈中立以献颂迁擢，周麟之请绘之卤簿行旗。桧孙礼部侍郎埙请以黎州甘露降草木，道州连理木，镇江府瑞瓜，南安军瑞莲，严、信州瑞芝悉图之旗。是冬，桧薨，高宗曰："比年四方奏瑞，文饰取悦，若信州林机奏秦桧父祠堂生芝，佞谀尤甚。"明年四月甲午，诏郡国无献瑞。

其二是绍兴十一年三月庚申，长安兵刃皆生火光。二十六年，郫县地出铜马，高三尺，制作精好，风雨夜嘶。绍兴中，耕者得金瓮重二十四钧于秦桧别业。

其三是绍兴十四年四月，虔州民毁欹屋析柱，木里有文曰：

“天下太平”，时守臣薛弼上之，方大乱，近木妖也。二十年八月，福州冲虚观皂荚木翠叶再实。二十一年，建德县定林寺桑生李实，栗生桃实，占曰：“木生异实，国主殃。”二十五年十月，赣州献太平木。时秦桧擅朝，喜饰太平，郡国多上草木之妖以为瑞。

其四是绍兴十一年三月庚申，泾州雨黄沙。十八年十一月壬辰，肆赦，天有云赤黄，近黄祥也，太史附秦桧旨奏瑞。

### 3. 徐铉、徐锴、韩熙载

徐铉、徐锴，二人为兄弟，《宋史·徐铉、徐锴传》：“徐铉字鼎臣，扬州广陵人。十岁能属文，不妄游处，与韩熙载齐名，江东谓之韩、徐。……锴字楚金，四岁而孤，母方教铉，未暇及锴，能自知书。李景见其文，以为秘书省正字，累官内史舍人，因铉奉使入宋，忧惧而卒，年五十五。李穆使江南见其兄弟文章，叹曰：‘二陆不能及也！’铉有文集三十卷，质疑论若干卷。所著《稽神录》，多出于其客蒯亮。锴所著则有文集、家传、《方舆记》、《古今国典》、《赋苑》、《岁时广记》云。”

韩熙载，字叔言，祖籍南阳，北海郡治人。后唐同光四年进士。南唐后主李煜时，任兵部尚书，充勤政殿学士承旨。开宝三年去世，时年六十九岁。《宋史·韩熙载传》：“熙载才气俊逸，机用周敏，性高简，无所卑屈，未尝拜人。虽被遣逐，终不改节，江左号为‘韩夫子’。显德中，熙载来朝廷，归，景问中国大臣，时太祖方典禁兵，熙载对曰：‘赵点检顾视不常，不可测也。’及太祖登极，景益重之。颇以文章自负，好大言。初，乾德丁卯年，五星连珠于奎，奎主文章，又在鲁分，时太宗镇兖、海，中国太平之符也。是岁，熙载著《格言》五卷，自序其事云：'鲁无其应，韩子《格言》成之。'人多笑之。"

《宋史·五行志》有一段涉及徐铉、徐锴及韩熙载的记载：周广顺初，江南伏龟山圮，得石函，长二尺，广八寸，中有铁铭，云："维天监十四年秋八月，葬宝公于是。"铭有引曰："宝公尝为偈，大事书于版，帛幂之。人欲读之者，必施数钱乃得，读讫即幂之。是时，名士陆倕、王筠、姚察而下皆莫知其旨。或问之，云在五百年后。至卒，乃归其铭同葬焉。"铭曰："莫问江南事，江南自有冯。乘鸡登宝位，跨犬出金陵。子建司南位，安仁秉夜灯。东邻家道阙，随虎遇明兴。"其字皆小篆，体势完具，徐铉、徐锴、韩熙载皆不能解。及煜归朝，好事者云：煜丁酉年袭位，即乘鸡也；开宝八年甲戌，江南国灭，是跨犬也；当王师围其城而曹彬营其南，是子建司南位；潘美营其北，是安仁秉夜灯也；其后太平兴国三年，淮海王钱俶举国入觐，即东邻也；家道阙，意无钱也；随虎遇，戊寅年也。

## 八、金代、明代、清代

金代：郝赞，蒲乃速，完颜普捏，李晏，杨珪。

明代：胡惟庸，李乾，魏忠贤，客氏，张士诚，张士信，黄敬夫，叶德新，蔡彦文，张献忠，罗汝才。

清代：李旺，林良铨，尚可喜。

1. 胡惟庸

定远人，明开国功臣。洪武六年，任右丞相。洪武十年，进左丞相。《明史·胡惟庸传》：“（洪武）十二年九月，占城来贡，惟庸等不以闻。中官出见之，入奏。帝怒，敕责省臣。惟庸及广洋顿首谢罪，而微委其咎于礼部，部臣又委之中书。帝益怒，尽囚诸臣，穷诘主者。未几，赐广洋死，广洋妾陈氏从死。帝询之，乃入官陈知县女也。大怒曰：‘没官妇女，止给功臣家，文臣何以得给？’乃敕法司取勘。于是惟庸及六部堂属咸当坐罪。明年正月，涂节遂上变，告惟庸。御史中丞商暠时谪为中书省吏，亦以惟庸阴事告。帝大怒，下廷臣更讯，词连宁、节。廷臣言：‘节本预谋，见事不成，始上变告，不可不诛。’乃诛惟庸、宁并及节。惟庸既死，其反状犹未尽露。至十八年，李存义为人首告，免死，安置崇明。十九年十月，林贤狱成，惟庸通倭事始著。二十一年，蓝玉征沙漠，获封绩，善长不以奏。至二十三年五月，事发，捕绩下吏，讯得其状，逆谋益大著。会善长家奴卢仲谦首善长与惟庸往来状，而陆仲亨家奴封帖木亦首仲亨及唐胜宗、费聚、赵庸三侯与惟庸共谋不轨。帝发怒，肃清逆党，词所连及坐诛者三万余人。乃为《昭示奸党录》，布告天下。株连蔓引，迄数年未靖云。”

《明史·五行志》有一段胡惟庸的记载：“（洪武）十二年十

二月甲子，徐州卫谯楼铜壶自鸣。乙丑，复鸣。是岁，胡惟庸井中生石笋，去之，笋复旁出者三。次年，惟庸伏诛。”

2. 张献忠、罗汝才

张献忠，字秉忠，号敬轩，外号黄虎，延安卫柳树涧人。崇祯十六年，攻克武昌，自称大西王。带兵攻入四川，建立大西政权于成都，年号大顺。大顺三年，在西充凤凰山，被清和硕肃亲王豪格射死。

《明史·张献忠传》:“献忠者，延安卫柳树涧人也，与李自成同岁生。长隶延绥镇为军，犯法当斩，主将陈洪范奇其状貌，为请于总兵官王威释之，乃逃去。崇祯三年，陕西贼大起，王嘉胤据府谷，陷河曲。献忠以米脂十八寨应之，自称八大王。明年，嘉胤死，其党王自用复聚众三十六营，献忠及高迎祥、罗汝才、马守应等皆为之渠。其冬，洪承畴为总督，献忠及汝才皆就抚。已而叛入山西，偕群贼焚掠。寻扰河北，又偕渡河。自是，陕西、河南、湖广、四川，江北数千里地，皆被蹂躏。当此之时，贼渠率众无专主，遇官军，人自为斗，胜则争进，败则窜山谷不相顾。官军遇贼追杀，亦不知所逐何贼也。贼或分或合，东西奔突，势日强盛。……献忠黄面长身虎颔，人号黄虎。性狡谲，嗜杀，一日不杀人，辄悒悒不乐。诡开科取士，集于青羊宫，尽杀之，笔墨成丘冢。坑成都民于中园。杀各卫籍军九十八万。又遣四将军分屠各府县，名草杀。伪官朝会拜伏，呼獒数十下殿，獒所嗅者，引出斩之，名天杀。又创生剥皮法，皮未去而先绝者，刑者抵死。将卒以杀人多少叙功次，共杀男女六万万有奇。贼将有不忍至缢死者。伪都督张君用、王明等数十人，皆坐杀人少，剥皮死，并屠其家。胁川中士大夫使受伪职，叙州布政使尹伸、广元给事中吴宇英不屈死。诸受职者，后寻亦皆见杀。其惨虐无人理，不可胜纪。又用法移锦江，涸而阙之，深数丈，埋金宝亿万计，然后决堤放流，名水藏，曰：'无为后人有也。'当是时，曾英、李占春、于大海、王祥、杨展、曹勋等议兵并起，故献忠诛杀益毒。川中民尽，乃谋窥西安。顺治三年，献忠尽焚成都宫殿庐舍，夷其城，率众出川北，又欲尽杀川兵。伪将刘进忠故统川兵，闻之，率一军逃。会我大清兵至汉中，进忠来奔，乞为乡导。至盐亭界，大雾。献忠晓行，猝遇我兵于凤凰坡，中矢坠马，蒲伏积薪下。于是我兵擒献忠出，斩之。"

罗汝才，陕西延安人，别号曹操。崇祯初年，率众造反。崇祯十一年，与张献忠联合。崇祯十四年，与李自成联合，后生嫌隙，被李自成袭杀。

《五行志》及《灾异志》记载张献忠、罗汝才的故事有两段：

其一是《明史·五行志》："又成都东门外镇江桥回澜塔，万历中布政余一龙所修也。张献忠破蜀毁之，穿地取砖，得古碑。上有篆书云：'修塔余一龙，拆塔张献忠。岁逢甲乙丙，此地血流红。妖运终川北，毒气播川东。吹箫不用竹，一箭贯当胸。汉元兴元年，丞相诸葛孔明记。'本朝大兵西征，献忠被射而死，时肃王为将。又有谣曰：‘邺台复邺台，曹操再出来。’贼罗汝才自号曹操，此其兆也。

其二是《清史稿·灾异志》：“顺治元年十一月十二日，盐亭山顶崩一大石，如数间房，横截路口，是夕大风雨，居民避张献忠者得脱大半。先是有童谣云‘入洞数，钻岩怪，沿山走的后还在’，至是果应。”

# 重要典籍记略

十五史《五行志》及《灵征志》《灾异志》，其中涉及众多典籍，有经书、纬书、史书、笔记等，整理《五行志》阅读笔记时，见到直接引用的历代典籍二百余种。再加上文中涉及的著述，诸如古人互相转抄的内容，其书目更为丰富。本文辑录书目，大致有四个指向：其一，找寻源流，即确定正史中某一个事件的出处。其二，比照异同，即不同典籍中记载同一事件，彼此之间存在的相同点与不同点。其三，参阅评价，即历代对《五行志》评说文字。其四，介绍版本，即相关典籍的基本说明。

## 一、典籍的分类

根据研究的需要，本文将收入的各类典籍，粗略划分为占书与非占书两类。

先说非占书，它们大体包括四类图书：其一，经书与史书，经书如《易经》《书经》《诗经》《论语》等，史书如《史记》《国语》等。此类书既是正史《五行志》学说的根脉，又是历代论说五行灾异的理论根据。其二，类书，如《太平御览》《太平广记》《艺文聚类》《册府元龟》等，它们与正史《五行志》内容交错，互为补充。其三，其他各类史书，如《资治通鉴》《文献通考》《通志十二略》等，此类书与诸史比较，笔法不同，观点不同，体例不同，视角不同，许多内容可以比照、借鉴与参考。其四，历代笔记，这部分内容最丰富、最生动，它们既是正史撰著的基础，又是正史传播的源泉。

再说占书，本文所录的绝大部分著作，都属于谶纬一类图书。当然还有《河图》《洛书》《洪范五行传》，以及刘向、刘歆、京房等人的著作与言论列入其中，它们处于占书与非占书之间，但对于诸史《五行志》的推占而言，其地位非常重要。需要说明的是，本文列入占书的原则，依然根据诸史《五行志》及《灵征志上》《灾异志》，还有《宋书·符瑞志》《南齐书·祥瑞志》《魏书·灵征志下》中提到的书目或言辞。其史料的源流，大体有两个方向：一是《河图》《洛书》以及刘向、刘歆、京房等汉儒的著述，史书中记载很多，根据诸史内容整理，已经非常丰富。二是诸史之中引用的一些著作，以谶纬之书居多，本文考察时，主要对照《纬书集成》等著作的记载，核对每一本著作的存留资料，以及史书中所引语句的出处。说到“出处”，会涉及许多相关的著作，诸如《文选》《纬攟》《重校说郛》《古微书》《纬书》《古书拾遗》《诸经纬遗》《七纬》《玉函山房辑佚书》《汉学堂丛书》《黄氏逸书考》《集纬》《北堂书钞》《困学纪闻》《艺文聚类》《初学记》《太平御览》《潜确居类书》《汉魏遗书钞》《广博物志》《周髀算经》《水经注》《山海经》《河清郡本》《格致镜原》《唐开元占经》等，凡此种种，也需要记录。

还有两点，一是此中的许多占书，出现在《符瑞志》《祥瑞志》《天象志》《灵征志下》中，按道理说，它们不属于《五行志》的范畴，但内容一天一地，一正一反，一阳一阴，一吉一凶，福祸相倚，关系密切，相互渗透。因此本书另辟有《祥瑞物》一章，权作这一历史现象的比照与奇观。二是历代史官撰史，都要参阅各种典籍，涉及面极为广泛，时代淹没，注处不明。本考不在全，也不可能全，只能据管见，取比照，附例说，意在给出一个开放式的研读方向与模式，给出更为丰富的思考空间。

以下略记其中重要典籍。

## 二、《周易》

十五史《五行志》及《灵征志》《灾异志》，几乎每一史文字，都以《周易》开篇。本文仅以《汉书・五行志》为例，列出它们对《周易》的引用。

其一，总序文二见：一是“《易》曰：天垂象，见吉凶，圣人象之；河出图，洛出书，圣人则之”。句见《系辞传上》。二是接着又说：“以为《河图》《洛书》相为经纬，八卦、九章相为表里。昔殷道弛，文王演《周易》；周道敝，孔子述《春秋》。则《乾》《坤》之阴阳，效《洪范》之咎征，天人之道粲然著矣。”“昔殷道弛”一句，见《系辞传下》：“易之兴也，其当殷之末世，周之盛德邪？当文王与纣之事邪？”

其二，木不曲直序文一见：“说曰：木，东方也。于《易》，地上之木为《观》。”此句源于《观》卦的卦象。《汉书·五行志》中颜师古注：“《坤》下《巽》上，《观》。《巽》为木，故云地上之木也。”

其三，火不炎上一见：说曰“于《易》，《坎》为水，为中男，《离》为火，为中女，盖取诸此也”。此句中文字，见于《离》卦传文及《说卦传》。

其四，金不从革序文一见：“动静应谊，‘说以犯难，民忘其死’。”句见《彖》传注：“《兑》，说也。刚中而柔外，说以利贞。是以顺乎天而应乎人。说以先民，民忘其劳。说以犯难，民忘其死。说之大民劝矣哉！”

其五，貌之不恭序文三见：一是“于《易》，《巽》为鸡”。二是“于《易》，《震》在东方，为春为木也；《兑》在西方，为秋为金也；《离》在南方，为夏为火也；《坎》在北方，为冬为水也”。三是“于《易》,《兑》为羊”。均见《说卦传》。

其六，貌之不恭恒雨一见：“于《易》，雷以二月出，其卦曰《豫》，言万物随雷出地，皆逸豫也。以八月入，其卦曰《归妹》，言雷复归。”此句见《豫》卦：“《豫》，利建侯，行师。”《象传》曰：“雷出地奋,《豫》。先王以作乐崇德，殷荐之上帝，以配祖考。”《归妹》卦：“《归妹》，征凶，无攸利。”《象传》曰：“泽上有雷,《归妹》。君子以永终知敝。”

其七，貌之不恭服妖二见：一是“《易》曰：时乘六龙以御天”。句见《乾》卦,《彖传》曰：“大明终始，六位时成，时乘六龙以御天。”二是“得臣无家”。句见《损》卦：“上九，弗损益之，无咎。贞，吉，利有攸往，得臣无家。”

其八，言之不从序文二见：一是“孔子曰：‘君子居其室，出其言不善，则千里之外违之，况其迩者乎！’”句见《系辞传上》。二是“于《易》,《兑》为口，犬以吠守，而不可信，言气毁故有犬祸”。句见《兑》卦传文,《说卦传》曰：“《兑》为泽，为少女，为巫，为口舌，为毁折，为附决。”

其九，言之不从白眚白祥一见：“京房《易传》曰：‘《复》，崩来无咎。’自上下者为崩，厥应泰山之石颠而下，圣人受命人君虏。”又曰：“石立如人，庶士为天下雄。立于山，同姓；平地，异姓。立于水，圣人；于泽，小人。”颜师古注：“《复》卦之辞也。今《易》崩字作朋字。”

其十，视之不明序文二见：一是“于《易》，刚而包柔为

《离》,《离》为火为目”。二是“鸡于《易》,自在《巽》”。二句见《说卦传》。

其十一，视之不明草妖二见：一是“于《易》,《离》为雉，雉，南方，近赤祥也”。句见《说卦传》:“《离》为雉。”二是“《易》有《鼎》卦，鼎，宗庙之器，主器奉宗庙者长子也”。句直述《易》卦名。

其十二，视之不明羽虫之孽一见:“《易》曰：鸟焚其巢，旅人先笑后号咷。”句见《旅》卦:“上九，鸟焚其巢，旅人先笑后号咷，丧牛于易，凶。”

其十三，听之不聪序文一见:“于《易》,《坎》为豕，豕大耳而不聪察，听气毁，故有豕祸也，一曰，寒岁豕多死，及为怪，亦是也。及人，则多病耳者，故有耳痾。”句见《说卦传》曰:“《坎》为豕。”

其十四，听之不聪二见：一是恒寒:“刘向以为周十月，今八月，消卦为《观》。”即《观卦》为八月的消息卦。二是鼓妖:“一曰《易》《震》为雷，为貌不恭也。”见《说卦传》。

其十五，思心之不睿序文一见:“于《易》,《巽》为风为木，卦在三月四月，继阳而治，主木之华实。风气盛，至秋冬木复华，故有华孽。”句见《说卦传》:“巽为木，为风，为长女，为绳直，为工，为白，为长，为高，为进退，为不果，为臭。”

其十六，皇之不极序文一见:“《易》曰‘亢龙有悔，贵而亡位，高而亡民，贤人在下位而亡辅’，如此，则君有南面之尊，而亡一人之助，故其极弱也。盛阳动进轻疾。礼，春而大射，以顺阳气。上微弱则下奋动，故有射妖。《易》曰‘云从龙’，又曰‘龙蛇之蛰，以存身也’。阴气动，故有龙蛇之孽。于《易》，《乾》为君为马，马任用而强力，君气毁，故有马祸。”引文均见《乾》卦传文。前句见《文言传》曰：“上九曰：‘亢龙有悔。’何谓也？子曰：‘贵而无位，高而无民，贤人在下位而无辅，是以动而有悔也。’”中二句，一见《文言传》曰：“九五曰：‘飞龙在天，利见大人。’何谓也？子曰：‘同声相应，同气相求。水流湿，火就燥。云从龙，风从虎。圣人作而万物睹。本乎天者亲上，本乎地者亲下。则各从其类也。’”一见《系辞传下》曰：“子曰：‘尺蠖之屈，以求信也。龙蛇之蛰，以存身也。精义入神，以致用也。利用安身，以崇德也。过此以往，未之或知也。穷神知化，德之盛也。’”后一句见《说卦传》曰：“乾为天，为圜，为君，为父，为玉，为金，为寒，为冰，为大赤，为良马，为瘠马，为驳马，为木果。”

其十七，皇之不极下人伐上之痾一见：“《易》曰：弧矢之利，以威天下。”句见《系辞传下》曰：“弦木为弧，剡木为矢，弧矢之利，以威天下。”

其十八，皇之不极五行沴天三见：一是“《易》曰：‘县象著明，莫大于日月。’”句见《系辞传上》：“是故，法象莫大乎天地，变通莫大乎四时，悬象著明莫大乎日月，崇高莫大乎富贵。”二是“于《易》在《丰》之《震》曰：‘《丰》其沛，日中见昧，折其右肱，亡咎。’”句见《丰》卦：“九三，《丰》其沛，日中见昧，折其右肱，无咎。”三是“《易》曰：‘雷雨作，解。’”句见《象传》：“《象》曰：雷雨作，解。君子以赦过有罪。”

## 三、《书经》

《汉书·五行志》总序文中称，五行学说起源于《河图》《洛书》，而后者的内容即来源于《书经·洪范》：“初一曰五行；次二曰羞用五事；次三曰农用八政；次四曰叶用五纪；次五曰建用皇极；次六曰艾用三德，次七曰明用稽疑；次八曰念用庶征；次九曰嚮用五福，畏用六极。”《汉书·五行志》中的章目，如五行、六事、休征、咎征等概念，均出自《书经·洪范》。尤其是《汉书·五行志》所据最重要的基础理论著作《洪范五行传》，也是以《书经·洪范》为依托，加以推演论说的。由此可见，对诸史《五行志》而言，《书经·洪范》实在是太重要了。

以后诸史《五行志》及《灵征志》《灾异志》总序文，几乎都记载了《书经》的内容。如《晋书·五行志》：“故《书》曰：惠迪吉，从逆凶，惟影响。”《宋书·五行志》：“刘向广演《洪范》，休咎之文益备。故班固斟酌《经》《传》，详纪条流，诚以一王之典，不可独阙故也。”《隋书·五行志》：“《书》以九畴论休咎，则大禹所以为明也。”《旧唐书·五行志》：“殷太师箕子入周，武王访其事，乃陈《洪范》九畴之法，其一曰五行。"《新唐书·五行志》："昔者箕子为周武王陈禹所有《洪范》之书，条其事为九类，别其说为九章，谓之九畴。"《旧五代史·五行志》："昔武王克商，以箕子归，作《洪范》。其九畴之序，一曰五行，所以纪休咎之征，穷天人之际。"《宋史·五行志》："其于《洪范》五行五事之学，虽非所取，然班固、范晔志五行已推本之，及欧阳修《唐志》，亦采其说，且于庶征惟述灾眚，而休祥阙焉，亦岂无所见欤？"《金史·五行志》："谓其不然，'肃，时雨若''蒙，恒风若'之类，箕子盖尝言之。"《元史·五行志》："乃本《洪范》，仿《春秋》之意，考次当时之灾祥，作《五行志》。"《明史·五行志》："粤稽《洪范》，首叙五行，以其为天地万物之所莫能外。"《清史稿·灾异志》："五行之性本乎地，人附于地，人之五事，又应于地之五行，其《洪范》最初之义乎？"

## 四、《春秋三传》

《春秋三传》，即《春秋左氏传》(又名《左传》)、《春秋公羊传》(又名《公羊传》)、《春秋穀梁传》(又名《穀梁传》)三书的合称。注释《春秋》的书，有左传、公羊、穀梁三家，另有邹氏、夹氏二家，早在汉朝即已失传。所以自汉至今，历代学者仅凭借"三传"研读《春秋》。

《汉书·五行志》从春秋时期写起，其中摘取许多《春秋三传》中的故事。初略统计如下，其中未注出处者为《春秋经》：

木不曲直一见：成公十六年；火不炎上十三见：桓公十四年，严公二十年，釐公二十年，宣公十六年，成公三年，襄公九年、三十年，《左传》昭公六年、九年，昭公十八年，定公二年，哀公三年、四年；稼穑不成一见：严公二十八年；金不从革一见：《左传》昭公八年；水不润下七见：桓公元年，严公七年、十一年、二十四年，宣公十年，成公五年，襄公二十四年；狂咎十三见：《左传》桓公十三年，釐公十一年，成公十三年、十四年，襄公七年、二十八年（二例）、三十一年，昭公十一年、二十一年，定公元年、十五年；恒雨一见：隐公九年；服妖二见：愍公二年，《左传》僖公二十四年；鸡祸一见：《左传》昭公二十二年；鼠妖三见：成公七年，定公十五年，哀公元年；金沴木一见：文公十三年；僭咎八见：《左传》桓公二年，《左传》宣公六年，《左传》襄公二十九年、三十一年，《左传》昭公元年（二例）、十五年，《左传》哀公十六年；恒阳八见：釐公二十一年，宣公七年，襄公五年，昭公三年，定公七年，严公三十一年，釐公二年，文公二年、十年、十三年（三例合一）；诗妖二见：《左传》僖公五年，《左传》昭公二十五年；犬祸一见：《左传》襄公十七年；白眚白祥一见：《左传》昭公二十四年；毛虫之孽一见：严公十七年；恒燠三见：桓公十五年（实应为十四年），成公元年，襄公二十八年；草妖二见：僖公三十三年（二例）；赤眚赤祥一见:《左传》襄公二十六年；羽虫之孽一见：昭公二十五年；恒寒三见：桓公八年，釐公十年，昭公四年；鼓妖一见:《左传》釐公三十二年；豕祸一见:《左传》严公八年；介虫之孽八见：桓公五年，严公二十九年，僖公十五年，文公三年、八年，宣公六年、十三年、十五年（三例合一），襄公七年，哀公十二年、十三年（二例合一），宣公十五年；恒风一见：釐公十六年；脂夜之妖二见：釐公十五年，成公十六年；羸虫之孽三见：隐公五年、八年，严公六年；牛祸一见：宣公三年；心腹之痾二见：昭公二十一年、二十五年；金木水火沴土五见：文公九年，襄公十六年，昭公十九年、二十三年，哀公三年；射妖一见：严公十八年；龙蛇之孽一见:《左传》昭公十九年；马祸一见:《左传》定公十年；下人伐上之痾一见：文公十一年；五行沴天日食三十七见:《公羊传》《穀梁传》隐公三年，桓公三年、十七年,《穀梁传》严公十八年，严公二十五年、二十六年、三十年，僖公五年、十二年、十五年，文公元年、十五年，宣公八年、十年、十七年，成公十六年、十七年，襄公十四年、十五年、二十年、二十一年（二例）、二十三年、二十四年（二例）、二十七年，昭公七年、十五年、十七年、二十一年、二十二年、二十四年、三十一年；定公五年、十二年、十五年，哀公十四年；五行沴天星陨一见：严公七年；五行沴天星孛三见：文公十四年，昭公十七年，哀公十三年；日月乱行、星辰逆行，陨石一见：釐公十六年。共计一百三十六条。

# 五、《诗经》

班固《汉书·五行志》引用《诗经》论说，仅见于春秋时期的故事，共二十一见，录于下：

其一，金不从革序文二见：一是“有虔秉钺，如火烈烈”。句见《商颂·长发》。二是“载戢干戈，载櫜弓矢”。句见《周颂·时迈》。

其二，稼穑不成序文一见：“文王刑于寡妻。”句见《大雅·文王之什·思齐》：“刑于寡妻，至于兄弟，以御于家邦。”

其三，貌之不恭狂咎九见：一是“兕觥其觩，旨酒思柔。彼傲匪傲，万福来求”。句见《小雅·甫田之什·桑扈》。二是“敬慎威仪，惟民之则”（此句二见）。句见《大雅·荡之什·抑》。三是“靡不有初，鲜克有终”。句见《大雅·荡之什·荡》。四是“威仪棣棣，不可选也”。句见《国风·邶风·柏舟》。五是“朋友攸摄，摄以威仪”。句见《大雅·生民之什·即醉》。六是“不识不知，顺帝之则”。句见《大雅·文王之什·皇矣》。七是“不解于位，民之攸塈”。句见《大雅·生民之什·假乐》。八是“敬天之怒，不敢戏豫。敬天之渝，不敢驰驱”。句见《大雅·生民之什·板》。

其四，貌之不恭鼠妖一见：“人而亡仪，不死何为！”句见《国风·鄘风·相鼠》。

其五言之不从序文一见：“如蜩如螗，如沸如羹。”句见《大雅·荡之什·荡》。

其六，视之不明序文一见："尔德不明，以亡陪亡卿；不明尔德，以亡背亡仄。"句见《大雅·荡之什·荡》："文王曰咨，咨女殷商。女炰烋于中国。敛怨以为德。不明尔德，时无背无侧。尔德不明，以无陪无卿。"

其七，皇之不极龙蛇之孽二见：一是"赫赫宗周，褒姒灭之"。句见《小雅·节南山之什·正月》。二是"维虺维蛇，女子之祥"。句见《小雅·鸿雁之什·斯干》。

其八，皇之不极五行沴天四见：一是"或宴宴居息，或尽瘁事国"。句见《小雅·谷风之什·北山》。二是"此日而食，于何不臧"。句见《小雅·节南山之什·十月之交》。三是"赫赫宗周，褒姒灭之"。句见《小雅·节南山之什·正月》。四是"颠覆厥德，荒湛于酒"。句见《大雅·荡之什·抑》。

## 六、《论语》

《汉书·五行志》序文中，有记"孔子曰"五段，其中有四处取自《论语》，一处取自《周易·系辞传》已见前《周易》，录《论语》文于下：

其一，火不炎上一见："孔子曰：浸润之谮，肤受之诉，不行焉，可谓明矣。"句见《颜渊》："子张问明。子曰：浸润之谮，肤受之诉，不行焉，可谓明也已矣。”

其二，稼穑不成二见：一是“孔子曰：礼，与其奢也宁俭”。句见《八佾》：“林放问礼之本。子曰：大哉问！礼，与其奢也宁俭；丧，与其易也宁戚。”二是“禹卑宫室”。句见《论语·泰伯》：“子曰：禹，吾无间然矣。菲饮食而致孝乎鬼神，恶衣服而致美乎黻冕，卑宫室而尽力乎沟洫。禹，吾无间然矣。”

其三，言之不从一见：“孔子曰：君子居其室，出其言不善，则千里之外违之，况其迩者乎！”句见《周易·系辞传上》：“子曰：君子居其室，出其言不善，则千里之外违之，况其迩者乎？”

其四，思心之不睿一见：“孔子曰：居上不宽，吾何以观之哉！”句见《八佾》：子曰：“居上不宽，为礼不敬，临丧不哀，吾何以观之哉？”

## 七、《史记》

《史记》，司马迁撰，即《太史公书》。《汉书·五行志》记载《史记》中的故事共计有十三见，略记如下：

言之不从诗妖一见，取自《史记·晋世家》。言之不从白眚白祥一见，取自《史记·秦始皇本纪》。言之不从木沴金一见，取自《史记·周本纪》。视之不明草妖二见，取自《史记·殷本纪》二例。视之不明羊祸一见，取自《史记·孔子世家》。听之不聪鱼孽一见，取自《史记·秦始皇本纪》。听之不聪火沴水一见，记载有误，《史记·秦本纪》未见。思心之不睿牛祸一见，取自《史记·秦本纪》，记载有误，“秦孝文王五年”应为元年。皇之不极射妖一见，取自《史记·孔子世家》。皇之不极龙蛇之孽一见，取自《史记·周本纪》。皇之不极马祸一见。此事《史记·秦本纪》未见，有记：（秦孝公）二十一年，齐败魏马陵。《正义》虞喜志林云：“濮州甄城县东北六十余里有马陵，涧谷深峻，可以置伏。”（按：庞涓败即此也。）……（昭襄公）二十年，《集解》徐广曰：“秦地有父马生驹。”王之汉中，又之上郡、北河。二十一年，《集解》徐广曰：“有牡马生牛而死。”《汉书·五行志》皇之不极下人伐上之痾一见，取自《史记·秦始皇本纪》。

## 八、《洪范五行传》

《洪范五行传》，见于汉代，全书已失传，汉代孔安国说是伏生所作：“《五行传》伏生之书也。孔于太戊桑谷之下云‘七日大拱，貌不恭之罚’，高宗雊雉之下云‘耳不聪之异’，皆《书传》之文也。”（《书经·洪范》注）清代赵翼《廿二史劄记·汉儒言灾异》中说，此书是刘向所作，因为《汉书·艺文志》中记有刘向《五行传》十一卷，所以一般认为，它就是《洪范五行传》。

但据《汉书》记载，在刘向之前，夏侯胜就曾经引用过《洪范五行传》算命。因此有人推断，它可能是夏侯胜的前辈夏侯始昌的作品，刘向只是在此基础上，推演成十一篇耳。

班固撰写《汉书·五行志》，最重要的依据就是《洪范五行传》。班固以"《传》曰"的名义，引入五行变异的五种现象，即木不曲直、火不炎上、稼穑不成、金不从革及水不润下；还有六事变异的六种现象，即貌之不恭、言之不从、视之不明、听之不聪、思心之不容及皇之不极。以上内容，前文已有多处记载。本文简略列出《汉书》以后，诸史《五行志》及《灵征志》《灾异志》中，引用《洪范五行传》的内容，其中有不见于《汉书》的内容。

1. 貌之不恭

《南齐书》序文三见：一是《传》曰："大雨雪，犹庶征之常雨也，然有甚焉。雨，阴。大雨雪者，阴之畜积甚也。一曰与大水同象，曰攻为雪耳。"二是《传》曰："雷于天地为长子，以其首长万物，与之出入。故雷出万物出，雷入万物入。夫雷者人君之象，入则除害，出则兴利。雷之微气以正月出，其有声者以二月出，以八月入，其余微者以九月入。冬三月雷无出者；若是阳不闭阴，则出涉危难而害万物也。"三是《传》曰："雨雹，君臣之象也。阳之气专为雹，阴之气专为霰。阳专而阴胁之，阴盛而阳薄之。雹者，阴薄阳之象也。霰者，阳胁阴之符也。《春秋》不书霰者，犹月蚀也。"

《魏书》序文二见：一是雨雹，《洪范论》曰："阳之专气为雹，阴之声气为霰。此言阳专而阴胁之，阴专而阳薄之，不能相入，则转而为雹。犹臣意不合于君心也。"二是鸡祸，《洪范论》曰："京房《传》曰：鸡小畜，犹小臣也。角者，兵之象，在上，君之威也。此小臣执事者将秉君之威以生乱，不治之害。"

《隋书》恒雨四见：一是《洪范五行传》曰："阴气强积，然后生水雨之灾。"二是《洪范五行传》曰："庶征之常，雨也，然尤甚焉。雨，阴也；雪，又阴畜积甚盛也。皆妾不妾、臣不臣之应。"三是《洪范五行传》曰："阴之盛而凝滞也。木者少阳，贵臣象也。将有害，则阴气胁木，木先寒，故得雨而冰袭之。木冰一名介，介者兵之象也。"四是《洪范五行传》曰："雹，阴胁阳之象也。"

2. 言之不从

《隋书》恒阳一见：《洪范五行传》曰："君持亢阳之节，兴师动众，劳人过度，以起城邑，不顾百姓，臣下悲怨。然而心不能从，故阳气盛而失度，阴气沉而不附。阳气盛，旱灾应也。"《隋书》犬祸二见：一是《洪范五行传》曰："异类不当交而交，悖乱之气。犬交人为犬祸。"二是《五行传》曰："犬，守御者也，而今去其主，臣下不附之象。形变如狼，狼色白，为主兵之应也。"《隋书》白眚白祥一见：《洪范五行传》曰："石自高陨者，君将有危殆也。"《隋书》毛虫之孽一见：《洪范五行传》曰："狼贪暴之兽，大体以白色为主，兵之表也。又似犬，近犬祸也。"

3. 视之不明

《南齐书》序文二见：一是《传》又曰："犯上者不诛，则草犯霜而不死。或杀不以时，事在杀生失柄，故曰草妖也。"一曰："草妖者，失众之象也。"二是《传》曰："惟水沴火。"又曰："赤眚赤祥。"

《魏书》羊祸一见：《洪范论》曰："君不明，失政之所致。"

《隋书》恒奥一见：刘向《五行传》曰："视不明，用近习，贤者不进，不肖不退，百职废坏，庶事不从，其过在政教舒缓。"羊祸一见：《洪范五行传》曰："君不明，逆火政之所致也。"

4. 听之不聪

《南齐书》序文一见：《传》曰："极阴气动，故有鱼孽。鱼孽者，常寒罚之符也。"

《魏书》序文四见：一是雪。《洪范论》曰："《春秋》之大雨雪，犹庶征之恒雨也，然尤甚焉。夫雨，阴也，雪又阴也。大雪者，阴之蓄积盛甚也。一曰与大水同，冬故为雪耳。"二是无云而雷。《洪范论》曰："雷，阳也；云，阴也。有云然后有雷，有臣然后有君也。雷托于云，君托于臣，阴阳之合也。故无云而雷，示君独处无臣民也。"三是雷。《洪范论》曰："阳用事百八十三日而终，阴用事亦百八十三日而终，雷出地百八十三日而入地，入地百八十三日而复出地，是其常经也。故雷安，万物安；雷害，万物害。犹国也，君安，国亦安；君害，国亦害。不当雷而雷，皆失节也。"四是蝗虫螟。《洪范论》曰："刑罚暴虐，取利于下；贪饕无厌，以兴师动众；取邑治城，而失众心，则虫为害矣。”

《隋书》鼓妖一见:《洪范五行传》曰:“雷霆托于云，犹君之托于人也。君不恤于天下，故兆人有怨叛之心也。”《隋书》鱼孽一见:《洪范五行传》曰:“鱼阴类也，下人象。又有鳞甲，兵之应也。”“急之所致。鱼阴类，下人象也。”《隋书》黑眚黑祥一见:《洪范五行传》曰:“当有兵起西北。”《隋书》火沴水一见:《洪范五行传》曰:“火沴水也。法严刑酷，伤水性也。五行变节，阴阳相干，气色缪乱，皆败乱之象也。”《隋书》介虫之孽一见:《洪范五行传》曰:“介虫之孽也。”“刑罚暴虐，食贪不厌，兴师动众，取城修邑，而失众心，则虫为灾。”

### 5. 思心之不容

《南齐书》序文一见:《思心传》曰:“心者，土之象也。思心不容，其过在瞀乱失纪。风于阳则为君，于阴则为大臣之象，专恣而气盛，故罚常风。心为五事主，犹土为五行主也。”一曰:“阴阳相薄，偏气阳多为风，其甚也常风。阴气多者，阴而不雨，其甚也常阴。”一曰:“风宵起而昼晦，以应常阴同象也。”《传》又曰:“山之于地，君之象也。山崩者，君权损，京陵易处，世将变也。陵转为泽，贵将为贱也。”《传》又曰:“雷电所击，盖所感也。皆思心有尤之所致也。”《传》又曰:“土气乱者，木金水火乱之。”

《魏书》序文三见：一是地震。《洪范论》曰:“地阴类，大臣之象，阴静而不当动，动者，臣下强盛，将动而为害之应也。”二是山崩。《洪范论》曰：“山，阳，君也；水，阴，民也。天戒若曰：君道崩坏，百姓将失其所也。”三是牛祸。《洪范论》：“《易》曰：‘《坤》为牛。’《坤》，土也，土气乱则牛为怪，一曰牛祸。其象，宗庙将灭。一曰，转输烦则牛生祸。”

《隋书》恒风三见：一是《洪范五行传》曰：“人君瞀乱之应。”二是《洪范五行传》以为大臣专恣之咎。三是《洪范五行传》曰：“失众心甚之所致也。”《隋书》脂夜之妖三见：一是《洪范五行传》曰：“王失中，臣下强盛以蔽君明，则云阴。”二是《洪范五行传》曰：“昼而晦冥若夜者，阴侵阳，臣将侵君之象也。”三是《洪范五行传》曰：“哭者死亡之表，近夜妖也。鬼而夜哭者，将有死亡之应。”《隋书》裸虫之孽一见：《洪范五行传》曰：“妇人，阴象也。角，兵象也。下反上之应。”《隋书》华孽一见：《洪范五行传》曰：“华者，犹荣华容色之象也。以色乱国，故谓华孽。”《隋书》牛祸二见：一是《五行传》曰：“逆君道伤，故有龙蛇之孽。”二是《洪范五行传》曰：“牛事应，宫室之象也。”《隋书》木金水火沴土三见：一是《洪范五行传》曰：“臣下盛，将动而为害。”二是《洪范五行传》曰：“崩散落，背叛不事上之类也。”三是刘向《洪范五行传》曰：“山者，君之象；水者，阴之表，人之类也。天戒若曰，君人拥威重，将崩坏，百姓不得其所。”

《新唐书》华孽一见：《传》曰：“天反时为灾。”

### 6. 皇之不极

《南齐书》序文二见：一是《传》曰："皇之不极，是谓不建，其咎在霿乱失听，故厥咎霿。"思心之咎亦雾。天者，正万物之始，王者，正万事之始，失中则害天气，类相动也。天者转于下而运于上，云者起于山而弥于天，天气动则其象应，故厥罚常阴。王者失中，臣下盛强，而蔽君明，则云阴亦众多而蔽天光也。二是《传》曰："《易》曰：'《乾》为马。'逆天气，马多死，故曰有马祸。"一曰，马者，兵象也。将有寇戎之事，故马为怪。

《魏书》序文二见：一是龙蛇之孽。《洪范论》曰："龙，鳞虫也，生于水。云亦水之象，阴气盛，故其象至也，人君下悖人伦，上乱天道，必有篡杀之祸。"二是马祸。《洪范论》曰："马者，兵象也，将有寇戎之事，故马为怪也。"

《隋书》射妖一见：《洪范五行传》曰："射者，兵戎祸乱之象，气逆天则祸乱将起。"《隋书》龙蛇之孽二见：一是《洪范五行传》曰："龙，兽之难害者也。天之类，君之象。天气害，君道伤，则龙亦害。斗者兵革之象也。"二是《洪范五行传》曰："龙，阳类，贵象也。上则在天，下则在地，不当见庶人邑里室家。井中，幽深之象也，诸侯且有幽执之祸，皇不建之咎也。"《隋书》马祸三见：一是《洪范五行传》曰："马者兵象。将有寇戎之事，故马为怪。"二是《洪范五行传》曰："马生角，兵之象，败亡之表也。"三是《洪范五行传》曰："逆天气，故马多死。"

# 九、刘歆六传

刘歆条目，见《为皇家占卜》一章。十五史《五行志》及《灵征志》《灾异志》，经常见到刘歆的事迹，本文单论他的“六传”。由于《洪范五行传》作者及版本等问题，一直没有定论，所以也有观点说，所谓刘歆六传，是《洪范五行传》中的内容。本文将诸史对刘歆《貌传》《言传》《视传》《听传》《思心传》《皇极传》记载的内容，略记如下：

1.《貌传》

《汉书》貌之不恭序文一见：“刘歆《貌传》曰有鳞虫之孽，羊祸，鼻痾。说以为于天文东方辰为龙星，故为鳞虫；于《易》，《兑》为羊，木为金所病，故致羊祸，与常雨同应。此说非是。春与秋，气阴阳相敌，木病金盛，故能相并，唯此一事耳。祸与妖痾祥眚同类，不得独异。”

《南齐书》貌之不恭序文五见：一是《貌传》曰：“失威仪之制，怠慢骄恣，谓之狂，则不肃矣。下不敬，则上无威。天下既不敬，又肆其骄恣，肆之则不从。夫不敬其君，不从其政，则阴气胜，故曰厥罚常雨。”二是《貌传》又曰：“上失节而狂，下怠慢而不敬，上下失道，轻法侵制，不顾君上，因以荐饥。貌气毁，故有鸡祸。”三是“一曰水岁鸡多死及为怪，亦是也。上下不相信，大臣奸宄，民为寇盗，故曰厥极恶”。四是“一曰民多被刑，或形貌丑恶，风俗狂慢，变节易度，则为轻剽奇怪之服，故曰时则有服妖”。五是《貌传》又曰：“危乱端见，则天地之异生。木者青，故曰青眚，为恶祥。凡貌伤者，金沴木，木沴金，衡气相通。”

2.《言传》

《汉书》言之不从序文一见：“刘歆《言传》曰时有毛虫之孽，说以为于天文西方参为虎星，故为毛虫。”

《宋书》序文一见：“介虫，刘歆传以为毛虫。”

《南齐书》三见：一是《言传》曰：“言《易》之道，西方曰兑，为口。人君过差无度，刑法不一，敛从其重，或有师旅，炕阳之节，若动众劳民，是言不从。人君既失众，政令不从，孤阳持治，下畏君之重刑，阳气胜则旱象至，故曰厥罚常阳也。”二是《言传》曰：“下既悲苦君上之行，又畏严刑而不敢正言，则必先发于歌谣。歌谣，口事也。口气逆则恶言，或有怪谣焉。”三是《言传》曰：“言气伤则民多口舌，故有口舌之痾。金者白，故有白眚，若有白为恶祥。”

3.《视传》

《汉书》视之不明序文一见：“刘歆《视传》曰有羽虫之孽，鸡祸。说以为于天文南方喙为鸟星，故为羽虫；祸亦从羽，故为鸡；鸡于《易》，自在《巽》。说非是。”

《后汉书》视之不明序文一见：“蠃虫，刘歆传以为羽虫。”

《宋书》视之不明序文一见：“裸虫，刘歆传以为羽虫。”

《南齐书》视之不明序文一见：“刘歆《视传》有羽虫之孽，

谓鸡祸也。班固案《易》鸡属巽，今以羽虫之孽类是也，依歆说附《视传》云。”

4.《听传》

《汉书》听之不聪序文一见：“刘歆《听传》曰有介虫孽也，庶征之恒寒。……刘歆以为大雨雪，及未当雨雪而雨雪，及大雨雹，陨霜杀叔草，皆常寒之罚也。”

《后汉书》听之不聪序文一见：“鱼孽，刘歆传以为介虫之孽，谓蝗属也。”《晋书》《宋书》均一见如《后汉书》。

《南齐书》听之不聪序文一见：“《听传》曰：不聪之象见，则妖生于耳，以类相动，故曰有鼓妖也。一曰，声属鼓妖。”

5.《思心传》

《汉书》思心之不睿序文一见：“刘歆《思心传》曰时则有嬴虫之孽，谓螟螣之属也。”

《后汉书》思心之不容序文一见：“华孽，刘歆传为嬴虫之孽，谓螟属也。”此句《晋书》《宋书》亦同。

《南齐书》思心之不睿序文一见：《思心传》曰：“心者，土之象也。思心不睿，其过在瞀乱失纪。风于阳则为君，于阴则为大臣之象，专恣而气盛，故罚常风。心为五事主，犹土为五行主也。”一曰：“阴阳相薄，偏气阳多为风，其甚也常风。阴气多者，阴而不雨，其甚也常阴。”一曰：“风宵起而昼晦，以应常阴同象也。”

6.《皇极传》

《汉书》皇之不极序文一见："刘歆《皇极传》曰，有下体生上之痾。说以为下人伐上，天诛已成，不得复为痾云。皇极之常阴，刘向以为《春秋》亡其应。一曰，久阴不雨是也。刘歆以为自属常阴。"

## 十、京房《易传》

在十五史《五行志》及《灵征志》《灾异志》中，引用京房的著作最多，包括京房《易传》《易飞候》《易妖占》《易妖》《易占》等。而引用京房《易传》的数量，又是其中之最。本文按照五行与六事类分，记录如下：

1. 木不曲直

《南齐书》三见：一是京房《易传》曰："树枯冬生，不出二年，国丧，君子亡。"二是"木冬生花，天下有丧"。

《隋书》二见：京房《易传》曰："王德衰，下人将起，则有木生为人状。""妃后有颛，木仆反立，断枯复生。"

《新唐书》一见：京房《易传》曰："君吝于禄，信衰贤去，厥妖天雨草。"

2. 火不炎上

《汉书》一见：京房《易传》曰："君不思道，厥妖火烧宫。"

《后汉书》二见：一是京房《易传》曰："上不俭，下不节，盛火数起，燔宫室。"二是"君不思道，厥妖火烧宫"。

《晋书》一见：京房《易传》曰："君不思道，厥妖火烧宫。"

《南齐书》二见：一是京房《易传》曰："君不思道，厥妖火烧宫。"二是京房《易占》曰："天火下烧民屋，是谓乱治杀兵作。"

《隋书》一见：京房《易传》曰："君不思道，厥妖火烧宫。"

《新唐书》一见：京房《易传》曰："君不思道，天火燔其宫室。"

### 3. 水不润下

《汉书》水不润下序文一见：京房《易传》曰："颛事有知，诛罚绝理，厥灾水。其水也，雨杀人，陨霜，大风，天黄。饥而不损，兹谓泰，厥水水杀人。辟遏有德，兹谓狂，厥水水流杀人，已水则地生虫。归狱不解，兹谓追非，厥水寒杀人。追诛不解，兹谓不理，厥水五谷不收。大败不解，兹谓皆阴，厥水流入国邑，陨霜杀谷。"此段文字，《后汉书》《晋书》《宋书》同。

《隋书》一见：京房《易传》曰："颛事有智，诛罚绝理，则厥灾水。"

### 4. 貌之不恭

《南齐书》恒雨一见：京房《易占》曰："冬雨，天下饥。春雨，有小兵。"《隋书》恒雨一见：京房《易传》曰："震击贵臣门及屋者，不出三年，佞臣被诛。"

《汉书》服妖一见：京房《易传》曰："行不顺，厥咎人奴冠，天下乱，辟无適，妾子拜。"又曰："君不正，臣欲篡，厥妖狗冠出朝门。"《后汉书》服妖一见：京房《易传》曰："君不正，臣欲篡，厥妖狗冠出。"

《汉书》鸡祸三见：一是京房《易传》曰："有始无终，厥妖雄鸡自啮断其尾。"二是"鸡知时，知时者当死"。三是"贤者居明夷之世，知时而伤，或众在位，厥妖鸡生角。鸡生角，时主独。"又曰："妇人颛政，国不静；牝鸡雄鸣，主不荣。"《晋书》《宋书》鸡祸二见：一是京房《易传》曰："牝鸡雄鸣，主不荣。"二是"君用妇人言，则鸡生妖"。

《汉书》鼠妖四见：一是京房《易传》曰："祭天不慎，厥妖鼷鼠啮郊牛角。"二是"子不子，鼠食其郊牛"。三是"诛不原情，厥妖鼠舞门"。四是"臣私禄罔辟，厥妖鼠巢"。

《汉书》金沴木一见：京房《易传》曰："上下咸悖，厥妖城门坏。"《后汉书》金沴木一见：京房《易传》曰："小人在位，上下咸悖，厥妖城门内崩。"《晋书》《宋书》金沴木一见：京房《易传》曰："上下咸悖，厥妖也城门坏。"

5. 言之不从

《汉书》恒阳一见：京房《易传》曰："欲德不用兹谓张，厥灾荒。荒，旱也，其旱阴云不雨，变而赤，因而除。师出过时兹谓广，其旱不生。上下皆蔽兹谓隔，其旱天赤三月，时有雹杀飞禽。上缘求妃兹谓僭，其旱三月大温亡云。居高台府，兹谓犯阴侵阳，其旱万物根死，数有火灾。庶位逾节兹谓僭，其旱泽物枯，为火所伤。”此段《后汉书》《晋书》《宋书》恒阳均同。

《汉书》犬祸二见：一是京房《易传》曰：“执政失，下将害之，厥妖狗生角。君子苟免，小人陷之，厥妖狗生角。”二是“夫妇不严，厥妖狗与豕交。兹谓反德，国有兵革”。《晋书》《宋书》犬祸二见：一是京房《易传》曰：“君不正，臣欲篡，厥妖狗出朝门。”二是“谗臣在侧，则犬生妖”。《新唐书》犬祸一见：京房曰：“执正失将害之应。”又曰：“君子危陷，则狗生角。”

《汉书》白眚白祥二见：一是京房《易传》曰：“‘《复》，崩来无咎。’自上下者为崩，厥应泰山之石颠而下，圣人受命人君虏。”又曰：“石立如人，庶士为天下雄。立于山，同姓；平地，异姓。立于水，圣人；于泽，小人。”二是“前乐后忧，厥妖天雨羽”。又曰：“邪人进，贤人逃，天雨毛。”《晋书》《宋书》白眚白祥二见：一是京房《易传》曰“庶士为天子之祥也”，其说曰：“石立于山同姓，平地异姓。”“石立如人，庶士为天下雄。”二是“前乐后忧，厥妖天雨羽”。又曰：“邪人进，贤人逃，天雨毛。”

《汉书》木沴金一见：京房《易传》曰：“饥而不损兹谓泰，厥灾水，厥咎牡亡。”

《汉书》毛虫之孽一见：京房《易传》曰：“废正作淫，大不明，国多麋。”又曰：“《震》遂泥，厥咎国多麋。”《后汉书》毛虫之孽一见：京房《易传》曰：“君将无道，害将及人，去之深山以全身，厥妖狼食人。”《南齐书》毛虫之孽序文一见：京房《易传》曰：“野兽入邑，其邑大虚。”又曰：“野兽无故入邑朝廷门及宫府中者，邑逆且虚。”《隋书》毛虫之孽一见：京房《易传》曰：“君将无道，害将及人，去之深山以全身。厥妖狼食人。”

6. 视之不明

《汉书》视之不明序文一见：京房《易传》曰：“禄不遂行兹谓欺，厥咎奥，雨雪四至而温。臣安禄乐逸兹谓乱，奥而生虫。知罪不诛兹谓舒，其奥，夏则暑杀人，冬则物华实。重过不诛，兹谓亡征，其咎当寒而奥六日也。”此段《晋书》《宋书》亦同。

《魏书》恒奥一见：京房《易传》曰：“夏暑杀人，冬则物华实。”

《汉书》草妖五见：一是京房《易传》曰：“臣有缓兹谓不顺，厥异霜不杀也。”二是“枯杨生稊，枯木复生，人君亡子”。三是“王德衰，下人将起，则有木生为人状”。四是“弃正作淫，厥妖木断自属。妃后有颛，木仆反立，断枯复生。天辟恶之”。五是“君吝于禄，信衰贤去，厥妖天雨草”。《后汉书》草妖一见：京房《易传》曰：“王德衰，下人将起，则有木生人状。”《晋书》草妖一见：京房《易传》曰：“弃正作淫，厥妖木断自属。妃后有专，木仆反立。”

《晋书》《宋书》羊祸一见：京房《易传》曰：“足少者，下不胜任也。”

《汉书》赤眚赤祥二见：一是京房《易传》曰：“尊卑不别，厥妖女生赤毛。”二是“归狱不解，兹谓追非，厥咎天雨血；兹谓不亲，民有怨心，不出三年，无其宗人”。又曰：“佞人禄，功臣僇，天雨血。”《晋书》《宋书》赤眚赤祥一见：京房《易传》曰：“山见葆，江于邑，邑有兵，状如人头，赤色。”“归狱不解，兹谓追非，厥咎天雨血，兹谓不亲，下有恶心，不出三年，无其宗。”又曰：“佞人禄，功臣戮，天雨血也。”

《汉书》羽虫之孽五见：一是京房《易传》曰：“逆亲亲，厥妖白黑乌斗于国。”二是“专征劫杀，厥妖乌鹊斗”。三是“辟退有德，厥咎狂，厥妖水鸟集于国中”。四是“人君暴虐，鸟焚其舍”。五是“贼臣在国，厥咎燕生爵，诸侯销”。《晋书》《宋书》羽虫之孽一见：京房《易传》曰“辟退有德，厥妖水鸟集于国中”。《新唐书》羽虫之孽二见：一是京房《易传》曰：“贼臣在国，厥妖燕生雀。”二是“人君暴虐，鸟焚其舍”。

7. 听之不聪

《魏书》序文一见：霜，京房《易传》曰：“兴兵妄诛，兹谓亡法，厥灾霜，夏杀五谷，冬杀麦；诛不原情，兹谓不仁，夏先大霜。”

《汉书》恒寒二见：一是京房《易传》曰：“夏雨雪，戒臣为乱。”二是“兴兵妄诛，兹谓亡法，厥灾霜，夏杀五谷，冬杀麦。诛不原情，兹谓不仁，其霜，夏先大雷风，冬先雨，乃陨霜，有芒角。贤圣遭害，其霜附木不下地。佞人依刑，兹谓私贼，其霜在草根土隙间。不教而诛兹谓虐，其霜反在草下”。此段《晋书》《宋书》均同。又曰：“夏雪，戒臣为乱。”《魏书》恒寒一见：京房《易传》曰："兴兵妄诛，兹谓亡法，厥灾霜，夏杀五谷，冬杀麦；诛不原情，兹谓不仁，夏先大霜。"《隋书》恒寒二见：一是京房《易传》曰："有德遭险，兹谓逆命。厥异寒。"曰："杀无罪，其寒必异。"二是"兴兵妄诛，谓亡法，厥罚霜"。《新唐书》恒寒一见：京房《易传》曰："人君刑罚妄行，则天应之以陨霜。"

《汉书》鼓妖一见：京房《易传》曰："今不修本，下不安，金毋故自动，若有音。"

《汉书》鱼孽二见：一是京房《易传》曰："众逆同志，厥妖河鱼逆流上。"二是"海数见巨鱼，邪人进，贤人疏"。《晋书》《宋书》鱼孽一见：京房《易传》曰："鱼去水，飞入道路，兵且作。"

《汉书》豕祸一见：京房《易传》曰："众心不安君政，厥妖豕入居室。"《魏书》豕祸序文一见：京房《易传》曰："凡妖象其类足多者，所任邪也。"

《汉书》火沴水二见：一是京房《易传》曰："天子弱，诸侯力政，厥异水斗。"二是"君湎于酒，淫于色，贤人潜，国家危，厥异流水赤也。"《晋书》《宋书》火沴水一见：京房《易传》曰："君淫于色，贤人潜，国家危，厥异水流赤。"

《后汉书》介虫之孽一见：京房《易传》曰："大作不时，天降灾，厥咎蝗虫来。"

8. 思心之不容

《魏书》序文一见：大风，京房《易传》曰："众逆同志，至德乃潜，厥异风。”

《汉书》恒风一见：京房《易传》曰：“潜龙勿用，众逆同志，至德乃潜，厥异风。其风也，行不解物，不长，雨小而伤。政悖德隐兹谓乱，厥风先风不雨。大风暴起，发屋折木，守义不进兹谓耄，厥风与云俱起，折五谷茎。臣易上政，兹谓不顺，厥风大焱发屋。赋敛不理兹谓祸，厥风绝经纬，止即温，温即虫。侯专封兹谓不统，厥风疾，而树不摇，谷不成。辟不思道利，兹谓无泽，厥风不摇木，旱无云，伤禾。公常于利兹谓乱，厥风微而温，生虫蝗，害五谷。弃正作淫兹谓惑，厥风温，螟虫起，害有益人之物。侯不朝兹谓叛，厥风无恒，地变赤而杀人。”此段《晋书》《宋书》恒风均同。《隋书》恒风一见：京房《易传》曰：“众逆同志，至德乃潜，厥异风。”

《汉书》裸虫之孽一见：京房《易传》曰：“臣安禄兹谓贪，厥灾虫，虫食根。德无常兹谓烦，虫食叶。不绌无德，虫食本。与东作争，兹谓不时，虫食节。蔽恶生孽，虫食心。”此段《晋书》同。

《汉书》牛祸一见：京房《易传》曰：“兴徭役，夺民时，厥妖牛生五足。”《晋书》《宋书》牛祸四见：一是京房《易传》曰：“杀无罪，牛生妖。”二是“牛能言，如其言占吉凶”。三是“牛生子二首一身，天下将分之象也”。四是“足多者，所任邪也；足少者，不胜任也”。《新唐书》牛祸一见：京房《易传》曰：“牛少者谷不成。”又占曰：“金革动。”

《汉书》黄眚黄祥二见：一是京房《易传》曰："诛不原情，厥妖鼠舞门。"二是"经称'观其生'，言大臣之义，当观贤人，知其性行，推而贡之，否则为闻善不与，兹谓不知，厥异黄，厥咎聋，厥灾不嗣。黄者，日上黄光不散如火然，有黄浊气四塞天下。蔽贤绝道，故灾异至绝世也。经曰'良马逐'。逐，进也，言大臣得贤者谋，当显进其人，否则为下相攘善，兹谓盗明，厥咎亦不嗣，至于身明家绝"。《晋书》《宋书》黄眚黄祥一见：京房《易传》曰："闻善不予兹谓不知，厥异黄，厥咎聋，厥灾不嗣。黄者，有黄浊气四塞天下。蔽贤绝道，灾至绝世也。"

《汉书》金木水火沴土三见：一是京房《易传》曰："君臣相背，厥异名水绝。"二是"臣事虽正，专必震，其震，于水则波，于木则摇，于屋则瓦落。大经在辟而易臣，兹谓阴动，厥震摇政宫。大经摇政，兹谓不阴，厥震摇山，山出涌水。嗣子无德专禄，兹谓不顺，厥震动兵陵，涌水出"。三是"小人剥庐，厥妖山崩，兹谓阴乘阳，弱胜强"。《后汉书》金木水火沴土二见：一是京房《易传》曰："山崩，阴乘阳，弱胜强也。"二是"地裂者，臣下分离，不肯相从也"。《晋书》《宋书》金木水火沴土四见：一是京房《易传》曰："臣事虽正，专必震。其震，于水则波，于木则摇，于屋则瓦落。大经在辟而易臣，兹谓阴动，厥震摇政宫。大经摇政，兹谓不阴，厥震摇山，出涌水。嗣子无德专禄，兹谓不顺，厥震动丘陵，涌水出。"二是"小人剥庐，厥妖山崩，兹谓阴乘阳，弱胜强"。又曰："阴背阳则地裂，父子分离，夷羌叛去。”三是“自上下者为崩，厥应泰山之石颠而下，圣王受命人君虏”。四是“地坼裂者，臣下分离，不肯相从也”。《南齐书》金木水火沴土一见：京房《易占》：“山崩，人主恶之。”

### 9. 皇之不极

《汉书》恒阴一见：京房《易传》曰：“有蜺，蒙，雾。雾，上下合也。蒙，如尘云。蜺，日旁气也。其占曰：后妃有专，蜺再重，赤而专，至冲旱。妻不壹顺，黑蜺四背，又曰蜺双出日中。妻以贵高夫，兹谓擅阳，蜺四方，日光不阳，解而温。内取兹谓禽，蜺如禽，在日旁。以尊降妃，兹谓薄嗣，蜺直而塞，六辰乃除，夜星见而赤。女不变始，兹谓乘夫，蜺白在日侧，黑蜺果之，气正直。妻不顺正，兹谓擅阳，蜺中窥贯而外专。夫妻不严兹谓媟，蜺与日会。妇人擅国兹谓顷，蜺白贯日中，赤蜺四背。適不答兹谓不次，蜺直在左，蜺交在左。取于不专，兹谓危嗣，蜺抱日两未及。君淫外兹谓亡，蜺气左日交于外。取不达兹谓不知，蜺白夺明而大温，温而雨。尊卑不别兹谓媟，蜺三出三已，三辰除，除则日出且雨。臣私禄及亲，兹谓罔辟，厥异蒙，其蒙先大温，已蒙起，日不见。行善不请于上，兹谓作福，蒙一日五起五解。辟不下谋，臣辟异道，兹谓不见，上蒙下雾，风三变而俱解。立嗣子疑，兹谓动欲，蒙示，日不明。德不序，兹谓不聪，蒙，日不明，温而民病。德不试，空言禄，兹谓主窳臣夭，蒙起而白。君乐逸人，兹谓放，蒙，日青，黑云夹日，左右前后行过日。公不任职，兹谓怙禄，蒙三日，又大风五日，蒙不解。利邪以食，兹谓闭上，蒙大起，白云如山行蔽日。公惧不言道，兹谓闭下，蒙大起，日不见，若雨不雨，至十二日解，而有大云蔽日。禄生于下，兹谓诬君，蒙微而小雨，已乃大雨。下相攘善，兹谓盗明，蒙黄浊。下陈功，求于上，兹谓不知，蒙，微而赤，风鸣条，解复蒙。下专列，兹谓分威，蒙而日不得明。大臣厌小臣，兹谓蔽，蒙微，日不明，若解不解，大风发，赤云起而蔽日。众不恶恶，兹谓闭，蒙，尊卦用事，三日而起，日不见。漏言亡喜，兹谓下厝用，蒙微，日无光，有雨云，雨不降。废忠惑佞，兹谓亡，蒙，天先清而暴，蒙微而日不明。有逸民，兹谓不明，蒙浊，夺日光。公不任职，兹谓不绌，蒙白，三辰止，则日青，青而寒，寒必雨。忠臣进善君不试，兹谓遏，蒙，先小雨，雨已蒙起，微而日不明。惑众在位，兹谓覆国，蒙微而日不明，一温一寒，风扬尘。知佞厚之，兹谓庳，蒙甚而温。君臣故弼，兹谓悖，厥灾雨雾，风拔木，乱五谷，已而大雾。庶正蔽恶，兹谓生孽灾，厥异雾。”

《汉书》射妖一见：京房《易传》曰：“忠臣进善君不试，厥咎国生蜮。”

《汉书》龙蛇之孽三见：一是京房《易传》曰：“众心不安，厥妖龙斗。”二是“有德遭害，厥妖龙见井中”。又曰：“行刑暴恶，黑龙从井出。”三是“立嗣子疑，厥妖蛇居国门斗”。

《汉书》马祸二见：一是京房《易传》曰：“方伯分威，厥妖牡马生子。亡天子，诸侯相伐，厥妖马生人。”二是“臣易上，政不顺，厥妖马生角，兹谓贤士不足”。又曰：“天子亲伐，马生角。”《后汉书》马祸一见：京房《易传》曰：“上亡天子，诸侯相伐，厥妖马生人。”《晋书》《宋书》马祸二见：一是京房《易传》曰：“臣易上，政不顺，厥妖马生角，兹谓贤士不足。”又曰：“天子亲伐，马生角。”二是“上亡天子，诸侯相伐，厥妖马生人”。《隋书》马祸一见：京房《易传》曰：“天子亲伐，则马生角。”《新唐书》马祸二见：一是京房《易传》曰：“方伯分威，厥妖牡马生子。”二是“诸侯相伐，厥妖马生人”。一曰：“人流亡。”《宋史》马祸一见：京房《易传》曰：“臣易上，政不顺，厥妖马生角，兹谓贤士不足。”

《汉书》下人伐上之痾六见：一是京房《易传》曰：“君暴乱，疾有道，厥妖长狄入国。”又曰：“丰其屋，下独苦。长狄生，世主虏。”二是“女子化为丈夫，兹谓阴昌，贱人为王；丈夫化为女子，兹谓阴胜，厥咎亡”。三是“‘干父之蛊，有子，考亡咎。’子三年不改父道，思慕不皇，亦重见先人之非，不则为私，厥妖人死复生”。四是“‘睽孤，见豕负涂’，厥妖人生两头。下相攘善，妖亦同。人若六畜首目在下，兹谓亡上，正将变更。凡妖之作，以谴失正，各象其类。二首，下不壹也；足多，所任邪也；足少，下不胜任，或不任下也。凡下体生于上，不敬也；上体生于下，媟渎也；生非其类，淫乱也；人生而大，上速成也；生而能言，好虚也。群妖推此类，不改乃成凶也”。五是“冢宰专政，厥妖人生角”。六是“妖言动众，兹谓不信，路将亡人，司马死”。《晋书》《宋书》下人伐上之痾四见：一是京房《易传》曰：“至阴为阳，下人为上。”二是“至阴为阳，下人为上，厥妖人死复生”。三是“女子化为丈夫，兹谓阴昌，贱人为王”。四是“人生他物，非人所见者，皆为天下大兵”。《南齐书》下人伐上之痾序文一见：京房《易传》曰：“生子二胸以上，民谋其主。三手以上，臣谋其主。二口已上，国见惊以兵。三耳已上，是谓多听，国事无定。二鼻以上，国主久病。三足三臂已上，天下有兵。”《新唐书》下体伐上之痾一见：京房《易传》曰：“兹谓阴昌，贼人为王。”

《汉书》五行沴天六见：一是京房《易传》曰：“亡师兹谓不御，厥异日食，其食也既，并食不一处。诛众失理，兹谓生叛，厥食既，光散。纵畔兹谓不明，厥食，先大雨三日，雨除而寒，寒即食。专禄不封，兹谓不安，厥食既，先日出而黑，光反外烛。君臣不通，兹谓亡，厥蚀三既。同姓上侵，兹谓诬君，厥食四方有云，中央无云，其日大寒。公欲弱主位，兹谓不知，厥食中白青，四方赤，已食地震。诸侯相侵，兹谓不承，厥食三毁三复。君疾善，下谋上，兹谓乱，厥食既，先雨雹，杀走兽。弑君获位，兹谓逆，厥食既，先风雨折木，日赤。内臣外乡，兹谓背，厥食食且雨，地中鸣。冢宰专政，兹谓因，厥食先大风，食时日居云中，四方亡云。伯正越职，兹谓分威，厥食日中分。诸侯争美于上，兹谓泰，厥食日伤月，食半，天营而鸣。赋不得，兹谓竭，厥星随而下。受命之臣专征云试，厥食虽侵光犹明，若文王臣独诛纣矣。小人顺受命者征其君云杀，厥食五色，至大寒陨霜，若纣臣顺武王而诛纣矣。诸侯更制，兹谓叛，厥食三复三食，食已而风。地动。適让庶，兹谓生欲，厥食日失位，光晻晻，月形见。酒亡节兹谓荒，厥蚀乍青乍黑乍赤，明日大雨，发雾而寒。”二是“美不上人，兹谓上弱，厥异日白，七日不温。顺亡所制兹谓弱，日白六十日，物亡霜而死。天子亲伐，兹谓不知，日白，体动而寒。弱而有任，兹谓不亡，日白不温，明不动。辟愆公行，兹谓不伸，厥异日黑，大风起，天无云，日光晻。不难上政，兹谓见过，日黑居仄，大如弹丸”。三是“辟不闻道兹谓亡，厥异日赤”。四是“祭天不顺兹谓逆，厥异日赤，其中黑。闻善不予，兹谓失知，厥异日黄”。五是“君不任贤，厥妖天雨星”。六是“距谏自强，兹谓却行，厥异鹢退飞。適当黜，则鹢退飞”。

## 十一、《搜神记》

《搜神记》，晋干宝著。据汪绍楹校注《搜神记》统计，南朝沈约《宋书·五行志》引录干宝《搜神记》七十四条；唐代撰修《晋书·五行志》，引录《搜神记》六十二条。刘知幾《史通·杂说》云：“近见皇家所撰晋史，其所采亦多是短部小说，省功易阅者，若《语林》《世说》《搜神记》《幽明录》之类是也。”余嘉锡《四库提要辨证》也谈到《搜神记》与诸史《五行志》之间的关系，比如提要写道："至于六卷、七卷，全录两汉《五行志》。司马彪虽在宝前，《续汉书》宝应及见，似决无连篇抄录，一字不更之理，殊为可疑。"云云。《搜神记》原本已散失，今本系后人缀辑增益而成，凡二十卷，四百五十四个故事。本文将《宋书·五行志》中，干宝言论略记如下：

木不曲直一见：干宝以为"狂华生枯木，又在铃阁之间，言威仪之富，荣华之盛，皆如狂华之发，不可久也"。

火不炎上二见：一是干宝以为"高原陵火，太子废之应。汉武帝世，高园便殿火，董仲舒对与此占同"。二是干宝以为"此臣而君行，亢阳失节，是为王敦陵上，有无君之心，故灾也"。

貌之不恭：狂咎一见："干宝以为贵者失位，降在皁隶之象也。"服妖四见：一是干宝以为"缟素，凶丧之象也"。二是干宝曰："上饶奢，下俭逼，上有余下不足之妖也。"三是干宝以为"男女之别，国之大节，故服物异等，贽币不同。今妇人而以兵器为饰，此妇人妖之甚者。于是遂有贾后之事"。四是干宝以为"夫屩者，人之贱服，处于劳辱，黔庶之象也。败者，疲弊之象；道者，四方往来，所以交通王命也。今败屩聚于道者，象黔庶罢病，将相聚为乱，以绝王命也"。龟孽一见：干宝曰："螺被甲，兵象也。于《周易》为《离》，《离》为戈兵。"鸡祸一见：干宝曰："是岁宣帝平辽东，百姓始有与能之义，此其象也。然晋三后并以人臣终，不鸣不将，又天意也。"

言之不从：僭咎一见：此二事，干宝云“未之能论”。恒阳一见：干宝曰“杀伯之后旱三年”。白眚白祥二见：一是“干宝以为孙皓承废故之家得位，其应也；或曰孙休见立之祥也”。二是干宝曰：“寻有石冰入建业。”毛虫之孽一见：干宝曰：“虎者阴精，而居于阳，金兽也。南阳，火名也。金精入火，而失其形，王室乱之妖也。六，水数，言水数既极，火慝得作，而金受其败也。至元康九年，始杀太子，距此十四年。二七十四，火始终相乘之数也。自帝受命，至愍怀之废，凡三十五年。”

视之不明：草妖一见：干宝曰：“明年晋平吴，王浚止船，正得平渚，姓名显然，指事之征也。黄狗者，吴以土运承汉，故初有黄龙之瑞，及其季年，而有鬼目之妖，托黄狗之家，黄称不改，而贵贱大殊。天道精微之应也。”赤眚赤祥二见：一是干宝以为“后八载而封云乱徐州，杀伤数万人，是其应也”。二是“于是频旱三年。干宝以为冤气之应也”。

听之不聪：鱼孽一见：干宝以为“武库兵府，鱼有鳞甲，亦兵类也。鱼既极阴，屋上太阳，鱼见屋上，象至阴以兵革之祸干太阳也。至惠帝初，诛杨骏，废太后，矢交馆阁。元康末，贾后谤杀太子，寻亦诛废。十年之间，母后之难再兴，是其应也，自是祸乱构矣”。

思心之不容：金木水火沴土一见：干宝曰“王敦陵上之应”。

皇之不极：下人伐上之痾二见：一是干宝曰“此与汉宣帝同事。乌程侯皓承废故之家，得位之祥也”。二是干宝曰“夫禁庭，尊秘之处。今贱人径入，而门卫不觉者，宫室将虚，而下人逾上之妖也”。

## 十二、谶　纬

研读十五史《五行志》及《灵征志》《灾异志》，其中涉及很多占验之书，大多数是谶纬著作，略记书目如:《瑞图》《春秋考异邮》《谶》《易妖占》《易妖》《易占》《潜潭巴》《妖辞》《乐纬叶图征》《河图秘征篇》《春秋说》《金藤》《易传》《星传》《易萌气枢》《春秋汉含孳》《演孔图》《巫》《占》《河图占》《日蚀说》《赤伏符》《春秋谶》《春秋玉版谶》《春秋佐助期》《金雌诗》《孔子河洛谶》《洛书宝予命》《洛书录运期》《洛书甄耀度》《诗推度灾》《孝经钩命诀》《孝经中黄谶》《易运期》《刘向谶》《礼含文嘉》《孝经援神契》《易纬是类谋》《老子河洛谶》《尚书中候·仪明》《礼纬斗威仪》《论语比考谶》《尚书帝命验》《尚书璇机钤》等等。本文略举几例:

1.《春秋考异邮》

清代赵在翰《七纬·春秋纬叙目》云:“异成气错，溃败有由，王侯元德，天下归邮。”《叙录》云:“天垂政象，示吉凶,《考异邮》又次焉。”《古微书》云:“此篇专谈物应耳，邮与尤通。”

《隋书·五行志》水不润下有记:“梁天监二年六月，太末、信安、丰安三县大水。《春秋考异邮》曰：'阴盛臣逆人悲，则水出河决。'是时江州刺史陈伯之、益州刺史刘季连举兵反叛，师旅数兴，百姓愁怨，臣逆人悲之应也。"

按:《纬书集成·春秋编》录《春秋考异邮》，谓出《后汉书·五行志》注、《隋书·五行志》；资料见《纬攟》《纬书》《七纬》《玉函山房辑佚书》《汉学堂丛书》《黄氏逸书考》《集纬》。

2.《河图秘征篇》

又称《河图秘征》，见于《古微书·河图杂纬篇》。

《后汉书·五行志》言之不从介虫之孽有记："光和元年诏策问曰：'连年蝗虫至冬踊，其咎焉在？'蔡邕对曰：'臣闻《易传》曰："大作不时，天降灾，厥咎蝗虫来。"《河图秘征篇》曰："帝贪则政暴而吏酷，酷则诛深必杀，主蝗虫。"蝗虫，贪苛之所致也。'是时，百官迁徙，皆私上礼西园以为府。"

按：所引文,《纬书集成·河图编》有录，谓出《后汉书·五行志》及《后汉书·蔡邕传》注："帝贪则政暴，吏酷则诛惨。生蝗虫，贪苛之所致也。"资料见《纬攟》《古微书》《集纬》《纬书》《汉学堂丛书》《黄氏逸书考》。

3.《春秋说》

刘向撰。清马国翰《玉函山房辑佚书》据《春秋穀梁传注疏》与《宋书·天文志》，引刘向《春秋说》十六节，辑成《春秋穀梁传说》；清王仁俊《玉函山房辑佚书续编》，从《说苑》增补二节，辑为《春秋穀梁刘更生义》。

《晋书·五行志》二见：其一，稼穑不成：“吴孙皓时，常岁无水旱，苗稼丰美而实不成，百姓以饥，阖境皆然，连岁不已。吴人以为伤露，非也。案刘向《春秋说》曰‘水旱当书，不书水旱而曰大无麦禾者，土气不养，稼穑不成’，此其义也。皓初迁都武昌，寻还建邺，又起新馆，缀饰珠玉，壮丽过甚，破坏诸营，增广苑囿，犯暑妨农，官私疲怠。《月令》，季夏不可以兴土功，皓皆冒之。此修宫室饰台榭之罚也。”其二，思心之不容脂夜之妖：“元帝景元三年十月，京都大震，昼晦，此夜妖也。班固曰：‘夜妖者，云风并起而杳冥，故与常风同象也。’刘向《春秋说》云：‘天戒若曰，勿使大夫世官，将令专事。暝晦，公室卑矣。’魏见此妖，晋有天下之应也。”

按：《晋书》中此两段故事，均录自《宋书·五行志》，文字无改动。

4.《演孔图》

又称《春秋演孔图》。《七纬·春秋纬叙录》云：“其叙首《演孔图》，纪黑精之降，应图而生。”《七纬·春秋纬叙目》云：“圣不空生，法制木铎，有命白天，黑龙赤雀。”

《后汉书·五行志》皇之不极龙蛇之孽有录：“灵帝光和元年六月丁丑，有黑气堕北宫温明殿东庭中，黑如车盖，起奋讯，身五色，有头，体长十余丈，形貌似龙。上问蔡邕，对曰：‘所谓天投蜺者也。不见足尾，不得称龙。《易传》曰：“蜺之比无德，以色亲也。”《潜潭巴》曰：“虹出，后妃阴胁王者。”又曰：“五色迭至，照于宫殿，有兵革之事。”《演孔图》曰:“天子外苦兵，威内夺，臣无忠，则天投蜺。”变不空生，占不空言。’”

按:《演孔图》词句,《纬书集成·春秋编》有录，出《后汉书·五行志》《清河郡本》《蔡中郎集》;资料见《纬攟》《古微书》《七纬》《汉学堂丛书》《黄氏逸书考》《玉函山房辑佚书》。

# 为皇家占卜

所谓占家，《史记·日者列传》有记，褚少孙在补写诸多占家名目时，其中记载了汉武帝时，一段众人占验吉凶的故事："臣为郎时，与太卜待诏为郎者同署，言曰：'孝武帝时，聚会占家问之，某日可取妇乎？五行家曰可，堪舆家曰不可，建除家曰不吉，从辰家曰大凶，历家曰小凶，天人家曰小吉，太一家曰大吉。辩讼不决，以状闻。制曰：避诸死忌，以五行为主。'人取于五行者也。"

## 一、占家的组成

本文依据诸史《五行志》及《灵征志》《灾异志》内容，整理出一百多个人物将他们列在这里，选取的标准是在史书中，他们都曾经运用五行灾异的原理，以不同的形式，预测一些事件的吉凶，判断灾异的对应等。对于这些人，需要有几点说明：

其一，这里的记载的人物，许多人只是有推占的经历，但未必能称“家”。比如班固记载了两段孔子参与占验的故事：一是哀公三年五月，鲁国发生火灾。当时孔子在陈国，他马上猜到："其桓、釐之宫乎！"董仲舒、刘向认为，此二宫起火，是因为它们的建造违反了礼。还有鲁哀公由于季氏的原因，不肯使用孔子。二是鲁哀公时，有一群身上带着箭的隼鸟，死在陈国的宫廷上。陈闵公问孔子："这是什么箭？"孔子说："当初周武王灭掉商朝后，四方国家都来进贡，肃慎送来一种叫作楛矢的箭。武王将这些贡品分给各方诸侯，让他们不忘根本，陈国得到的正是肃慎箭。"陈闵公让人去当年的府库中寻找，果然如孔子所言，见到了存放在那里的肃慎箭。(《汉书·五行志》《史记·孔子世家》)

其二，占验是一种方法，也是一种精神，它能够渗透到许多社会活动之中，而不仅仅在单纯的占验活动中。比如大臣的奏折，也会是一篇占验的檄文，带来升迁、杀人或被杀的结果。南北朝时，北魏崔光就是因为上书解说当时发生鸡祸的原因，从而得到君王的赏识，因此得到升迁。(《魏书·灵征志上》《魏书·崔光传》)北齐天宝年间，连年发生蝗虫的灾害。后齐文宣帝高洋向魏尹丞崔叔瓒询问原因，崔叔瓒回答说："《五行志》中说：'土功不时，则蝗虫为灾。'如今君王外筑长城，内修三台，所以导致灾害。"文宣帝闻言大怒，殴打崔叔瓒的面颊，揪他的头发，还将粪便涂在他的头上。(《隋书·五行志》《北齐书·文宣帝本纪》)

其三，这里的人物，尤其是史官，几乎都有很高的占验技术。如刘向、刘歆、班固、司马彪、谯周、沈约、李淳风等。三国时期，谯周曾记载东汉以来的灾异事件，晋代司马彪编撰《后汉书·五行志》，曾引用他的文字。南朝沈约记载谯周推占吉凶的二则故事：一是刘蜀刘禅嗣位时，谯周说："先主的名字叫刘备，它说明诸事已经完备。后主的名字叫刘禅，它的意思是授让。如果说蜀国已经诸事完备，应当授予他人，此事比晋穆侯、汉灵帝命子的故事还要严重。"后来刘蜀果然灭亡了。这属于言之不从。再一是刘禅景耀五年，宫中大树无故自折。谯周感到忧虑，又无处诉说，就在木柱上写道："众而大，其之会。具而授，若何复。"他是说，曹的意思是众，魏的意思是大，众而大，天下一定是曹魏的了。刘备、刘禅的名字，完备而授让，如何能长久呢？后来刘蜀果然灭亡，正如谯周所言。这属于草妖。(《宋书·五行志》)

其四，诸史《五行志》及《灵征志》《灾异志》，其中涉及许多古人的笔记，查找起来尤为有趣，既可见其源流的状况，又可勘正差误，理清本源。许多正史之中无传的人，也可以在笔记中，见到他们更多的信息。反过来，历代笔记也会从诸史之中，择取许多故事。如《宋史·五行志》有记："淳熙九年春，德兴县民家镜自飞舞，与日光相射。庆元二年正月，泰宁县耕夫得镜，厚三寸，径尺有二寸，照见水底，与日争辉，病热者对之，心骨生寒，后为雷震而碎。”此事明代陈继儒《销夏部》采用：“泰宁县，耕夫得镜，照之病热者，心骨生寒，故名生寒镜。”

## 二、春秋时期的占家

在班固《汉书·五行志》中，列举了很多春秋时期的故事，其中提到推占吉凶的人物，有四十多位。他们的故事主要取自《左传》《国语》《史记》等著作，写作风格与其他章节中的故事大为不同，其内容完全可以独立成书。专题研究春秋时期的占验哲学，那一定是一件较为独立且有趣的工作。

本文先将书中提到的人物名字略记于下：士弱，士文伯，裨灶，孔子，师旷，单襄公，斗伯比，内史过，孟献子，刘康公，甯惠子，叔孙穆子，子产，叔向，北宫文子，昭子，彪傒，伯廖，伯阳甫，子赣，卜偃，狐突，梁馀子养，罕夷，泠州鸠，平子，刘定公，后子，女齐，申繻，申须，梓慎，师服，叔兴，有司，子羽，昭子，苌弘，甘德，石申。下面举几个例子，看一看这些春秋占家的行为特征。

### 1. 士文伯

即士匄、士伯瑕，春秋时期晋国大夫，曾辅佐赵武。《左传》中，士文伯四见。班固从《左传》中，摘取了士文伯的两段故事：其一是昭公六年，郑国发生火灾。这一年春天，郑国人还铸造刑书。士文伯解释说："火见，郑其火乎？火未出而作火以铸刑器，臧争辟焉。火而象之，不火何为？"其二是昭公七年四月发生日食，晋侯与士文伯有一段对话：晋侯问于士文伯曰："谁将当日食？"对曰："鲁、卫恶之，卫大鲁小。"公曰："何故？"对曰："去卫地，如鲁地，于是有灾，其卫君乎？鲁将上卿。"是岁八月卫襄公卒，十一月鲁季孙宿卒。晋侯谓士文伯曰："吾所问日食从矣，可常乎？"对曰："不可。六物不同，民心不壹，事序不类，官职不则，同始异终，胡可常也？《诗》曰：'或宴宴居息，或尽悴事国。'其异终也如是。"公曰："何谓六物？"对曰："岁、时、日、月、星、辰是谓。"公曰："何谓辰？"对曰："日月之会是谓。"公曰："《诗》所谓'此日而食，于何不臧'，何也？"对曰："不善政之谓也。国无政，不用善，则自取谪于日月之灾。故政不可不慎也，务三而已：一曰择人，二曰因民，三曰从时。"（《左传·昭公七年》）

### 2. 裨灶

春秋时郑国大夫。《左传》中，裨灶七见：襄公二十八年、三十年（两次）；昭公九年、十年、十七年、十八年。班固《汉书·五行志》中有一段记载：昭公九年夏四月，陈火。《左传》说，这是陈国的灾难。郑国的裨灶解释说："五年，陈将复封，封五十二年而遂亡。"子产问其故，对曰："陈，水属也。火，水妃也，而楚所相也。今火出而火陈，逐楚而建陈也。妃以五成，故曰五年。岁五及鹑火，而后陈卒亡，楚克有之，天之道也。"（《左传·昭公九年》）

3. 师旷

字子野，晋大夫，著名乐师。他生而无目，故自称盲臣、瞑臣。《左传》中，师旷七见：襄公十四年、十八年（两次）、二六年、三十年（两次），昭公八年。班固《汉书·五行志》有记：昭公八年春，晋国有石头说话。晋平公问师旷原因，师旷说："石不能言，神或冯焉。作事不时，怨讟动于民，则有非言之物而言。今宫室崇侈，民力雕尽，怨讟并兴，莫信其性，石之言不亦宜乎！"于是晋侯方筑虒祁之宫。叔向说："君子之言，信而有征。"(《左传·昭公八年》)

4. 斗伯比

春秋时期楚国令尹。《左传》中斗伯比仅一见。班固记载他的故事如下：桓公十三年，楚国屈瑕伐罗，斗伯比送行，回来后对驭手说："莫嚣必败，举止高，心绪不稳固。"驭手将斗伯比的话告诉楚子。楚子使人追回莫嚣，已经来不及了。结果莫嚣在行进中，军队无次序，且不设防备。到了罗国，罗国军队攻打过来，楚军大败。莫嚣自缢而死。(《左传·桓公十三年》)

5. 孟献子

鲁国大臣。《左传》中又称孟、孟孙、仲孙蔑。成公、文公、襄公年间，孟三见，孟孙一见，孟献子二十二见。班固记载他的故事如下：成公十三年，晋侯让郤锜向鲁国乞求出兵，行为不敬。孟献子说："郤氏其亡乎！礼，身之干也；敬，身之基也。郤子无基。且先君之嗣卿也，受命以求师，将社稷是卫，而惰弃君命也，不亡何为！”十七年，郤氏亡。(《左传·成公十三年》)

### 6. 子产

春秋时期郑国大臣。《左传》中，又称子美、公孙侨。襄公、哀公年间，子产三十四见。班固记载他的故事如下：襄公二十八年，蔡景侯归自晋，入于郑。郑伯宴请他，他却行为不敬。子产说：“蔡君其不免乎！日其过此也，君使子展往劳于东门，而敖。吾曰：‘犹将更之。’今还，受享而惰，乃其心也。君小国，事大国，而惰敖以为已心，将得死乎？君若不免，必由其子。淫而不父，如是者必有子祸。”三十年，为世子般所杀。(《左传·襄公二十八年》)

### 7. 子赣

即子贡。因其姓端木，名赐，又为卫人，《左传》中有卫赐之称。在《左传》中，子贡五见，子赣六见。班固记载他的故事如下：定公十五年，邾隐公朝拜于鲁国，手执玉很高，仰着脸。鲁定公接受玉时很谦卑，俯着身子。子赣观礼，说道：“以礼观之，二君者皆有死亡焉。夫礼，死生存亡之体也。将左右周旋，进退俯仰，于是乎取之；朝祀丧戎，于是乎观之。今正月相朝，而皆不度，心已亡矣。嘉事不体，何以能久？高仰，骄也；卑俯，替也。骄近乱，替近疾。君为主，其先亡乎！”(《左传·定公十五年》)

## 三、两汉时期的占家

班固撰写《五行志》，正是基于汉代儒生的灾异学说。其中涉及一些重要人物，如伏生、董仲舒、两夏侯、眭孟、京房、杜邺、谷永、翼奉、李寻、刘向、刘歆、扬雄、龚遂、王音、蔡邕、傅坚、襄楷、李固等。此后历代史官撰写《五行志》及《灵征志》《灾异志》，经常会把他们的话当成“语录”，用来引征。本节择重介绍几位人物，正是他们建立了《五行志》学说的理论基础。

1. 董仲舒

广川人，汉孝景帝时任博士，讲授《公羊春秋》。元光元年，汉武帝下诏征求治国方略，董仲舒上《举贤良对策》。董仲舒任江都易王刘非国相十年，任胶西王刘端国相四年。太初元年，病逝于家中，享年七十五岁。《史记》《汉书》有传。据司马迁记载，董仲舒著有《灾异之记》，当时辽东高庙发生火灾，主父偃嫉妒董仲舒，窃取他的书上奏天子，天子拿来让大臣们看，其中有讥讽的言辞。董仲舒的弟子吕步舒不知道是他老师的书，下令处罚，导致董仲舒入狱，定为死罪。后来天子下诏赦免。从此之后，董仲舒不敢再言灾异之事。(《史记·儒林传》)

班固在《汉书·五行志》序文中写道:“汉兴，承秦灭学之后，景、武之世，董仲舒治《公羊春秋》，始推阴阳，为儒者宗。”接着，班固在《汉书·五行志》正文中，大量引用董仲舒观点，几乎处处皆见；此后诸史亦然。如总序文:《汉书》一见;《晋书》三见;《隋书》一见;《旧唐书》一见;《新唐书》一见。火不炎上:《汉书》十四见。稼穑不成:《汉书》一见。水不润下:《汉书》七见。貌之不恭:《汉书》鼠妖一见。言之不从:《汉书》毛虫之孽一见。视之不明:《汉书》恒奥三见，草妖二见，羽虫之孽一见。听之不聪:《汉书》恒寒四见，介虫之孽四见。思心之不睿:《汉书》牛祸一见，金木水火沴土：一见。皇之不极:《汉书》五行沴天约四十见。

2. 京房

本姓李，字君明，东郡顿丘人，推律自定为京氏。早年受学于梁人焦延寿，焦氏自称学《易》于孟喜，焦延寿说:“得我道以亡身者，必京生也。”汉元帝初元四年，京房举孝廉为郎，后任魏郡太守，以诽谤天子的罪名被杀弃市，终年四十一岁，当时天降大雪。见《汉书·京房传》。

《汉书·五行志》记载了两段京房的故事：其一是宣帝黄龙元年、永光中年及元帝初元中年，不断发生鸡祸，即雌鸡化为雄鸡、雌鸡啼鸣、雄鸡生角。京房认为，鸡是知道时辰的生物，这预示着能够预测未来的人将死去，而他自己就是这样的人，所以将遭不测。其二是元帝建昭二年十一月，齐楚地大雪，深五尺。当时京房因诬告被杀害，弃尸市上。

在十五史《五行志》及《灵征志》《灾异志》中，京房的著作被大量引用。其著作题目如京房《易传》百余见;《易飞候》

三十四见;《易妖占》三见;《易妖》十一见;《易占》六见。详见本书《重要典籍记略》一章。

3. 刘向

原名更生，字子政，沛郡丰邑人，楚元王刘交玄孙，阳城侯刘德之子。汉宣帝时，授谏大夫、给事中。汉元帝时，授宗正卿，后因故免为庶人。汉成帝时，任光禄大夫，改名为刘向，官至中垒校尉，世称刘中垒。今存著作有《别录》《洪范五行传论》《五经通义》《五经杂义》《刘向谶》《刘向老子说》《五纪论》《新序》《说苑》《列女传》《世说》。他还整理校订了《楚辞》《世本》《战国策》《晏子》《管子》《列子》。见《汉书·楚元王传》。

据记载，早年刘向见到家中有《枕中鸿宝苑秘书》一书，那是其父参与平定淮南王刘安时，清理刘安藏书，将该书带回家中的。书中有记炼金与长生之法，刘向把书献给汉宣帝，没想到方法不灵，刘向险些被处死刑，君王念及他的才华，才放过他，让他去研习《穀梁传》。此事也成为刘向人生污点，后世有人以此为例，批评刘向博而不精，只算是一个通人；即使作为贤人，也远不如汉代谷永。其实刘向的品质，远非一件事情可以定论。单说他二十年居身天禄阁，苦心校阅书刊，撰著《别录》传世，兢兢业业，一丝不苟。《汉宫殿疏》中说，刘向在天禄阁校书时，专精覃思。夜间一位身穿黄衣服的老人，拄着青藜杖走进来，看见刘向坐在暗处背诵典籍，老人便吹燃手杖的顶端，借着光亮，向他传授五行洪范。刘向见内容太多，害怕忘记，还撕下衣服，解下腰带，用来记录。（见《三辅黄图》）故而刘向后人以“黎阁刘氏”自称。

在班固《汉书·五行志》中记载的人物，刘向是最重要的一员。通篇论说，刘向言论最多；这且不论，据《汉书·艺文志》记载，刘向有《五行传》十一卷传世，它似乎就是《汉书·五行志》的纲领性著作《洪范五行传》。所以有观点说，《洪范五行传》是刘向所撰，或者是他所整理，总之此书与他渊源颇深。所谓“宣、元之后，刘向治《穀梁春秋》，数其祸福，传以《洪范》，与仲舒错”。

十五史《五行志》及《灵征志》《灾异志》，刘向几乎无处不在，愈往前追溯，出现愈多。本文列刘向出现的次数略记如下：总序文:《汉书》三见;《晋书》二见;《宋书》一见;《隋书》二见;《旧唐书》一见;《新唐书》一见;《旧五代史》一见;《元史》一见;《明史》一见。木不曲直:《汉书》一见;《晋书》《宋书》一见。火不炎上:《汉书》二十见;《晋书》《宋书》一见；稼穑不成:《汉书》一见;《晋书》《宋书》一见。金不从革:《汉书》一见;《晋书》《宋书》一见。水不润下:《汉书》七见。貌之不恭:序文:《汉书》一见;《晋书》一见。恒雨:《汉书》一见。服妖:《汉书》一见。鸡祸:《汉书》二见。鼠妖:《汉书》三见。金沴木:《汉书》一见。言之不从：白眚白祥《晋书》一见,《隋书》一见。金沴木:《隋书》一见。毛虫之孽:《汉书》一见。视之不明:序文:《汉书》一见,《晋书》一见,《魏书》一见。恒奥:《汉书》

三见,《隋书》一见。草妖:《汉书》四见。赤眚赤祥:《汉书》二见,《隋书》一见。羽虫之孽:《汉书》二见,《晋书》《宋书》一见,《新唐书》一见。听之不聪：序文:《汉书》一见。恒寒:《汉书》五见,《晋书》《宋书》五见。鼓妖:《汉书》二见,《晋书》《宋书》二见。鱼孽:《汉书》一见。豕祸:《汉书》二见。火沴水:《汉书》二见。介虫之孽:《汉书》七见。思心之不容：序文:《汉书》二见,《晋书》一见。恒风:《汉书》一见。脂夜之妖:《汉书》一见,《晋书》《宋书》二见。裸虫之孽:《汉书》二见。牛祸:《汉书》二见,《晋书》《宋书》一见。心腹之痾:《汉书》一见。金木水火沴土:《汉书》十见,《后汉书》一见,《晋书》《宋书》二见。皇之不极：序文:《汉书》一见。恒阴:《隋书》一见。射妖:《汉书》二见。龙蛇之孽:《汉书》五见,《晋书》《宋书》一见。马祸:《汉书》一见,《晋书》《宋书》一见。下人伐上之痾:《汉书》一见。五行沴天:《汉书》二十余见。

4. 刘歆

字子骏，后改名秀，字颖叔，刘向之子。建平元年，改名刘秀。刘向去世后，刘歆任中垒校尉。汉哀帝时，任侍中太中大夫，后为右曹太中大夫。后因谋划诛杀王莽，事情败露而自杀。刘歆一生留下许多著作，有《春秋左氏传章句》《春秋左氏传条例》《尔雅注》《三统历谱》。据传，刘歆还曾撰写《续史记》《汉书》等。刘歆诗文有《遂初赋》《移让太常博士书》《上〈山海经〉表》《甘泉宫赋》《灯赋》等传世。

据记载，刘向、刘歆父子学术分歧很多，刘向每提出一个观点，刘歆经常会站出来反驳，班固将这些争吵的内容如实记录在《汉书》之中，很少加评判，是正史中的一段奇观，却为后世攻击二刘留下口实。如宋代欧阳修在《新唐书》中，批评二刘背离圣人的本意，还自相矛盾。（至其不通也，父子之言自相戾）还有说，刘歆到处反驳父亲的观点，也是一种不孝的行为。(《容斋随笔》) 在人品上，晋代傅玄说："向才学俗而志忠，歆才学通而行邪。"原因是刘向始终忠于汉室，刘歆却做了汉贼王莽的国师。历史上王莽被视为乱臣贼子，刘歆也成为负面人物。刘歆又是一位能够推往知来的人，他很早把自己的名字改为刘秀。为什么？当时没人知道。十几年后，纬书《河图赤伏符》显世，其中有记："刘秀发兵捕不道，四夷云集龙斗野，四七炎际火为王。"预言将有一位叫刘秀的人出来恢复汉室，想来刘歆早已预见到此事。后来汉室复兴，光武帝果然叫刘秀，却不是那位改名的刘秀。与刘歆有关的还有两件事：一是王莽之子王临谋反，刘歆的两个儿子受到株连被杀。而王临的妻子，正是刘歆的女儿刘愔。她受父亲影响，也会看天象。事发之前，刘愔告诉王临，据天象显示，宫中会有丧事发生，因此事情败露后，刘愔也被王莽赐死。再一是后来刘歆与人勾结谋反，开始确定在六月动手。刘歆夜观天象，认为时间不对，还要等一等。结果夜长梦多，七月事情败露，刘歆自杀身亡。最终还是人算不如天算。

班固《汉书·五行志》称"至向子歆治《左氏传》，其《春秋》意亦已乖矣；言《五行传》，又颇不同”。刘歆的观点，异于刘向观点之处极多，需要专文论述。

十五史《五行志》及《灵征志》《灾异志》提到刘歆之处很多，略记如下：

总序文:《汉书》二见,《晋书》一见,《宋书》二见,《新唐书》一见,《元史》一见,《明史》一见。木不曲直:《汉书》一见,《晋书》《宋书》一见。火不炎上:《汉书》一见。金不从革:《汉书》一见,《晋书》《宋书》一见。水不润下:《汉书》二见。貌之不恭：序文:《汉书》一见,《晋书》一见,《魏书》一见。恒雨:《汉书》一见。言之不从：序文:《汉书》一见,《后汉书》一见,《晋书》一见,《宋书》一见。恒阳:《汉书》二见。白眚白祥:《晋书》一见。毛虫之孽:《汉书》一见。视之不明：序文:《汉书》二见,《后汉书》一见,《晋书》三见,《宋书》一见,《南齐书》一见。草妖:《汉书》一见。羽虫之孽:《汉书》一见。听之不聪：序文:《汉书》一见,《后汉书》一见,《晋书》《宋书》一见。恒寒:《晋书》《宋书》一见。介虫之孽:《汉书》五见。思心之不睿：序文:《汉书》一见,《后汉书》一见,《晋书》一见,《宋书》一见。恒风:《汉书》一见。脂夜之妖:《汉书》一见。裸虫之孽:《汉书》一见。金木水火沴土:《晋书》《宋书》一见。皇之不极：序文:《汉书》二见。射妖:《汉书》一见。五行沴天:《汉书》约四十见。

## 四、魏晋南北朝时期的占家

其时，有高堂隆，管辂，杨阜，邓芝，谯周，习凿齿，郭景纯，傅玄，干宝，孙盛，司马彪，董养，刘毅，王隐，沙门志公，陶弘景，崔光，祖暅，二澄公，崔叔瓒，陆法和，强练，曹魏祖。

### 1. 高堂隆

字升平，泰山平阳人，鲁高堂生后人。《三国志·高堂隆传》云："少为诸生，泰山太守薛悌命为督邮。郡督军与悌争论，名悌而呵之。隆按剑叱督军曰：'昔鲁定见侮，仲尼历阶；赵弹秦筝，相如进缶。临臣名君，义之所讨也。'督军失色，悌惊起止之。后去吏，避地济南。"

《宋书·五行志》记载了三段高堂隆的故事：

其一是青龙元年六月，洛阳宫鞠室发生火灾。二年四月，崇华殿发生火灾，延烧到南阁，修缮恢复之后，至三年七月，此殿又发生火灾。魏明帝问高堂隆说："这是因为什么过错引起的火灾呢？在礼节上，是需要祈祷吗？"高堂隆回答说："灾变的发生，都是一种明确的告诫，只有率礼修德才可以战胜灾异。京房《易传》说：'上不勤俭，下不节制，会有孽火烧他们的屋室。'又说：'君王高筑楼台，天火就会为灾。'这是因为君王装饰宫室，不知道百姓空竭，所以上天提前警示，火灾从高殿上燃起。还有《旧占》说：'灾火之发，皆以台榭宫室为诫。'如今宜于取消劳役，务必要节约，清扫火灾之处，不能再于那里有所营造，那么一些吉祥的草木就会在那里生长出来，以此来报答陛下虔恭的品德。”明帝不肯听从高堂隆的意见，又恢复崇华殿，改称为九龙殿，根据郡国前后有人说，九次见到了龙，所以以此为名。这是丢弃法度、疲众逞欲、以妾为妻的报应。

其二是景初元年，有燕子在卫国李盖家，生下巨鸟，形状像鹰一样，嘴吻像燕子，这是羽虫之孽，又属于赤眚。高堂隆说：“这是曹魏的大异，要防止鹰扬之臣，在萧墙之内作乱。”此后司马懿诛灭曹爽，占有了曹魏的天下。

其三是景初元年，陵霄阙刚刚修建，就有喜鹊在上面筑巢。喜鹊的身体是白黑杂色，这是羽虫之孽，又是白黑祥。魏明帝问高堂隆是何灾异，高堂隆回答说：“《诗》云‘维鹊有巢，维鸠居之’，如今兴建宫室而喜鹊来巢，这是宫室未成，身不得居之象。象征着上天告诫说，宫室未成，将有其他姓氏的人控制它，不可不深思熟虑。”于是魏明帝改颜动色。

2. 管辂

《三国志·方术列传》：“管辂字公明，平原人也。容貌粗丑，无威仪而嗜酒，饮食言戏，不择非类，故人多爱之而不敬也。”裴松之注引《辂别传》曰：“辂年八九岁，便喜仰视星辰，得人辄问其名，夜不肯寐。父母常禁之，犹不可止。自言‘我年虽小，然眼中喜视天文’。常云：‘家鸡野鹄，犹尚知时，况于人乎？’与邻比儿共戏土壤中，辄画地作天文及日月星辰。每答言说事，语皆不常，宿学耆人不能折之，皆知其当有大异之才。及成人，果明《周易》，仰观、风角、占、相之道，无不精微。体性宽大，多所含受；憎己不雠，爱己不褒，每欲以德报怨。常谓：‘忠孝信义，人之根本，不可不厚；廉介细直，士之浮饰，不足为务也。’”

《宋书·五行志》记载了两段管辂的故事：其一是曹魏尚书邓飏行步驰纵，筋不束体，坐起倾倚，若无手足，这是貌之不恭的形象。管辂称之为鬼躁。鬼躁是凶险终命的征兆，后来邓飏被诛杀。其二是嘉平元年正月壬辰朔，西北大风，吹毁房屋，折断树木，昏尘蔽天。按照管辂的说法，这是因为当时刑罚大臣，执政有了忧虑。此时，曹爽昏昧自专，骄僭过度，上天数次告诫，终不改革，这是思心不睿，恒风的惩罚。不久曹爽等人被诛灭。

上述第一段故事，《三国志·方术列传》有记：“辂还邑舍，具以此言语舅氏，舅氏责辂言太切至。辂曰：‘与死人语，何所畏邪？’舅大怒，谓辂狂悖。岁朝，西北大风，尘埃蔽天，十余日，闻晏、飏皆诛，然后舅氏乃服。”注引《辂别传》曰：“舅夏大夫问辂：‘前见何、邓之日，为已有凶气未也？’辂言：‘与祸人共会，然后知神明交错；与吉人相近，又知圣贤求精之妙。夫邓之行步，则筋不束骨，脉不制肉，起立倾倚，若无手足，谓之鬼躁。何之视候，则魂不守宅，血不华色，精爽烟浮，容若槁木，谓之鬼幽。故鬼躁者为风所收，鬼幽者为火所烧，自然之符，不可以蔽也。’”

3. 干宝

《晋书·干宝传》:"干宝字令升，新蔡人也。祖统，吴奋武将军、都亭侯。父莹，丹杨丞。宝少勤学，博览书记，以才器召为著作郎。平杜弢有功，赐爵关内侯。……（干宝）性好阴阳术数，留思京房、夏侯胜等传。宝父先有所宠侍婢，母甚妒忌，及父亡，母乃生推婢于墓中。宝兄弟年小，不之审也。后十余年，母丧，开墓，而婢伏棺如生，载还，经日乃苏。言其父常取饮食与之，恩情如生。在家中吉凶辄语之，考校悉验，地中亦不觉为恶。既而嫁之，生子。又宝兄尝病气绝，积日不冷，后遂悟，云见天地间鬼神事，如梦觉，不自知死。宝以此遂撰集古今神祇灵异人物变化，名为《搜神记》，凡三十卷。以示刘惔，惔曰:'卿可谓鬼之董狐。'宝既博采异同，遂混虚实，因作序以陈其志曰:'虽考先志于载籍，收遗逸于当时，盖非一耳一目之所亲闻睹也，亦安敢谓无失实者哉！卫朔失国，二传互其所闻；吕望事周，子长存其两说。若此比类，往往有焉。从此观之，闻见之难一，由来尚矣。夫书赴告之定辞，据国史之方策，犹尚若兹，况仰述千载之前，记殊俗之表，缀片言于残阙，访行事于故老，将使事不二迹，言无异途，然后为信者，固亦前史之所病。然而国家不废注记之官，学士不绝诵览之业，岂不以其所失者小，所存者大乎！今之所集，设有承于前载者，则非余之罪也。若使采访近世之事，苟有虚错，愿与先贤前儒分其讥谤。及其著述，亦足以明神道之不诬也。群言百家不可胜览，耳目所受不可胜载，今粗取足以演八略之旨，成其微说而已。幸将来好事之士录其根体，有以游心寓目而无尤焉。’宝又为《春秋左氏义外传》，注《周易》《周官》凡数十篇，及杂文集皆行于世。”

《晋书·五行志》《宋书·五行志》中，大量引用干宝的占辞及占例。详见本书《重要典籍记略》一章。

## 五、隋唐五代时期的占家

其时，有崔佑甫，李遐周，李绛，张行成，俞文俊，虞世南，胡僧无畏，向隐，岑文本，李翱，苗神客，宋务光，唐休璟，于志宁，李详。

### 1. 崔祐甫

字贻孙，黄门侍郎侍郎崔沔之子，唐朝宰相。建中元年，崔祐甫病逝，时年六十岁，追赠太傅，谥号文贞。事迹见《旧唐书·崔祐甫传》。

《旧唐书·五行志》记载了一段崔祐甫的故事：“大历十三年六月戊戌，陇右汧源县军士赵贵家，猫鼠同乳，不相害，节度使朱泚笼之以献。宰相常衮率百僚拜表贺，中书舍人崔祐甫曰：‘此物之失性也。天生万物，刚柔有性，圣人因之，垂训作则。礼，迎猫，为食田鼠也。然猫之食鼠，载在祀典，以其能除害利人，虽微必录。今此猫对鼠，何异法吏不勤触邪，疆吏不勤捍敌？据礼部式录三瑞，无猫不食鼠之目。以此称庆，理所未详。以刘向《五行传》言之，恐须申命宪司，察听贪吏，诫诸边境，无失儆巡，则猫能致功，鼠不为害。’帝深然之。”

此事《旧唐书·崔祐甫传》亦有记：“时朱泚上言，陇州将赵贵家猫鼠同乳，不相为害，以为祯祥。诏遣中使以示于朝，衮率百僚庆贺，祐甫独否。中官诘其故，答曰：‘此物之失常也，可吊不可贺。’中使征其状，祐甫上奏言：臣闻天生万物，刚柔有性，圣人因之，垂训作则。《礼记·郊特牲》曰：‘迎猫，为其食田鼠也。’然则猫之食鼠，载在礼典，以其除害利人，虽微必录。今此猫对鼠不食，仁则仁矣，无乃失于性乎！鼠之为物，昼伏夜动，诗人赋之曰：‘相鼠有体，人而无礼。’又曰：‘硕鼠硕鼠，无食我黍。’其序曰：‘贪而畏人，若大鼠也。’臣旋观之，虽云动物，异于麋鹿麏兔，彼皆以时杀获，为国之用。猫受人养育，职既不修，亦何异于法吏不勤触邪，疆吏不勤扞敌。又按礼部式具列三瑞，无猫不食鼠之目，以兹称庆，臣所未详。伏以国家化洽理平，天符洊至，纷纶杂沓，史不绝书。今兹猫鼠，不可滥厕。若以刘向《五行传》论之，恐须申命宪司，察听贪吏，诫诸边候，无失徼巡。猫能致功，鼠不为害。代宗深嘉之。衮益恶祐甫。”

**2. 虞世南**

字伯施，越州余姚人，隋内史侍郎虞世基的弟弟。祖虞检，梁始兴王谘议；父虞荔，陈太子中庶子。叔父虞寄，陈中书侍郎。无子，以虞世南继后，故字曰伯施。见《新唐书·虞世南传》《旧唐书·虞世南传》。

《隋书·五行志》记载了两段虞世南的故事：

其一是虞世南说："我生性不喜欢有人谏戒。如果是为了提高名望而来谏戒我，更会让我厌恶。至于一些卑贱之士，虽然较少有虚假的态度，也不会让他得到好处。然卒不置之于地，你要让他们知道！"当时议论的人认为，古代先哲称王驾驭天下，明四目，达四聪，悬挂着敢谏之鼓，树立起书谤之木，用来听闻敢言者的道理，唯恐不能听到忠诚之言。这样才能泽敷四海，庆流子孙。而隋炀帝厌恶直言，仇恨谏士，怎么能够长久呢！最终被属下杀死。

其二是贞观八年七月七日，陇右山崩，大蛇屡见。唐太宗问秘书监虞世南说："这是何种灾异？"虞世南回答："春秋时梁山崩，晋侯向伯宗询问原因。伯宗回答说：'国主山川，故山崩川竭，君为之不举，降服出次，祝币以礼焉。'晋侯听从了他的意见，最终没有受害。汉文帝九年时，齐、楚地二十九座山同日崩。文帝下令，郡国不必来进贡，施恩惠于天下，远近国民欢洽，结果也不为灾。后汉灵帝时，青蛇见于御座之上。晋惠帝时，大蛇长三百步，经市入庙。如今蛇见山泽，因为深山大泽，实际生长着龙蛇，也不足为怪。唯有修正德行，就可以消除灾变。"皇上深然其说。所记亦见于《旧唐书·玄宗本纪》《旧唐书·虞世南传》。

## 六、宋代以降的占家

其时，有李庭芝，刘炳谬，章颖，金代僧人，马贵中，孔致和，董师中，耶律楚材，何孟春，朱鸣阳。

### 1. 马贵中

《金史·马贵中传》有记，马贵中天德中年为司天提点，与校书郎高守元奏天象灾异，违背了旨意，都被海陵王杖责，马贵中废黜为大同府判官。后来，又出任司天监。正隆三年三月辛酉朔，日当食。是日，候之不食，海陵对马贵中说："此后再遇到发生日食，都要当面告诉我，不须颁示内外。"

《金史·五行志》记载了一段马贵中的故事："正隆五年二月辛未，河东、陕西地震。镇戎、德顺等军大风，坏庐舍，民多压死。海陵问司天马贵中等曰：'何为地震？'贵中等曰：'伏阳逼阴所致。'又问：'震而大风，何也？'对曰：'土失其性，则地以震。风为号令，人君严急则有烈风及物之灾。'"

### 2. 耶律楚材

《元史·耶律楚材传》："耶律楚材字晋卿，辽东丹王突欲八世孙。父履，以学行事金世宗，特见亲任，终尚书右丞。楚材生三岁而孤，母杨氏教之学。及长，博极群书，旁通天文、地理、律历、术数及释老、医卜之说，下笔为文，若宿构者。金制，宰相子例试补省掾。楚材欲试进士科，章宗诏如旧制。问以疑狱数事，时同试者十七人，楚材所对独优，遂辟为掾。后仕为开州同知。贞祐二年，宣宗迁汴，完颜福兴行尚书事，留守燕，辟为左右司员外郎。太祖定燕，闻其名，召见之。楚材身长八尺，美髯宏声。帝伟之，曰：'辽、金世仇，朕为汝雪之。'对曰：'臣父祖尝委质事之，既为之臣，敢仇君耶！'帝重其言，处之左右，遂呼楚材曰吾图撒合里而不名。吾图撒合里，盖国语长髯人也。"

《元史·耶律楚材传》记载了耶律楚材占验的故事："己卯夏六月，帝西讨回回国。祃旗之日，雨雪三尺，帝疑之，楚材曰：'玄冥之气，见于盛夏，克敌之征也。'庚辰冬，大雷，复问之，对曰：'回回国主当死于野。'后皆验。夏人常八斤，以善造弓，见知于帝，因每自矜曰：'国家方用武，耶律儒者何用。'楚材曰：'治弓尚须用弓匠，为天下者岂可不用治天下匠耶？'帝闻之甚喜，日见亲用。西域历人奏五月望夜月当蚀，楚材曰：'否。'卒不蚀。明年十月，楚材言月当蚀，西域人曰不蚀，至期果蚀八分。壬午八月，长星见西方，楚材曰：'女直将易主矣。'明年，金宣宗果死。帝每征讨，必命楚材卜，帝亦自灼羊胛，以相符应。指楚材谓太宗曰：'此人，天赐我家。尔后军国庶政，当悉委之。'甲申，帝至东印度，驻铁门关，有一角兽，形如鹿而马尾，其色绿，作人言，谓侍卫者曰：'汝主宜早还。'帝以问楚材，对曰：'此瑞兽也，其名角端，能言四方语，好生恶杀，此天降符以告陛下。陛下天之元子，天下之人，皆陛下之子，愿承天心，以全民命。'帝即日班师。"

### 3. 何孟春

《明史·何孟春传》:“何孟春，字子元，郴州人。祖俊，云南按察司佥事。父说，刑部郎中。孟春少游李东阳之门，学问该博。第弘治六年进士，授兵部主事。言官庞泮等下狱，疏救之。诏修万岁山毓秀亭、乾清宫西室，役军九千人，计费百余万。抗疏极谏。清宁宫灾，陈八事，疏万余言。进员外郎、郎中，出理陕西马政，条目毕张。还，上釐弊五事，并劾抚臣不职。正德初，请釐正孔庙祀典，不果行。出为河南参政，廉公有威。擢太仆少卿，进为卿。驾幸宣府，驰疏谏。寻以右副都御史巡抚云南。讨平十八寨叛蛮阿勿、阿寺等，奏设永昌府，增五长官司、五守御所。录功，荫一子，辞不受。世宗即位，迁南京兵部右侍郎，半道召为吏部右侍郎。会苏、松诸府旱潦相继，而江、淮北河水大溢，漂没田庐人畜无算。孟春仿汉魏相条奏八事，帝嘉纳焉。寻进左侍郎。尚书乔宇罢，代署部事。……孟春屡疏引疾，至六年春始得请。及《明伦大典》成，削其籍。久之，卒于家。隆庆初，赠礼部尚书，谥文简。孟春所居有泉，用燕去来时盈涸得名，遂称‘燕泉先生’云。”

《明史·五行志》记载了一段何孟春的故事:“弘治九年八月，有黑熊自都城莲池缘城上西直门，官军逐之下，不能获。啮死一人，伤一人。十一年六月，有熊自西直门入城，郎中何孟春曰:‘当备盗，亦宜慎火。宋绍兴间熊抵永嘉城，州守高世则以熊字能火，戒郡中慎火，果延烧庐舍，此其兆也。’是年，城内多火灾。”

# 年号与吉凶

在帝王文化中，年号的文化内涵极其丰富。年号的产生，主要有三个依据：一是根据世间现象做的一些吉祥判断，比如出现龙、凤之类异物，故而得名。二是人文学理的判断，比如选取一些吉祥的辞章雅句。三是根据帝王本人的好恶。一个年号的使用，为当朝帝王带来福运还是厄运，却要看历代史官的考辨。根据评定结果的不同，史官会将它们或归类为祥瑞，或判定为不祥之兆。分门别类，记录在《符瑞志》《祥瑞志》《灵征志下》，或者《五行志》《灵征志上》《灾异志上》之中。此中涉及《魏书·灵征志》，上篇记载灾异，下篇记载祥瑞。

正是在这一层意义上，本文记载了诸史之中，围绕年号做出的吉凶判断，以及引起的争论，共论及二十八个年号，即元狩、元鼎、五凤、甘露、黄龙、天凤、黄初、凤凰、大亨、建兴、青龙、升平、隆和、兴宁、永始、建始、神麚、神龟、天正、隆化、宣政、大象、广运、大业、咸通、大安、崇庆、至宁等。

## 一、汉代的年号

史官评价汉代年号，有两位皇帝的年号最为吉祥。一位是汉武帝刘彻的年号元狩、元鼎，另一位是汉宣帝刘询的年号五凤、甘露、黄龙。

### 1. 汉武帝

中国皇帝年号的创立，始于汉武帝刘彻。他建立的第一个年号叫建元，之后每六年更换一个年号，依次为建元、元光、元朔、元狩、元鼎、元封。制定《太初历》后，更换年号为太初，此后每四年更换一次年号，依次为太初、天汉、太始、征和、后元。汉武帝在位五十四年，共设立了十一个年号。

在这些年号中，被南北朝沈约列为符瑞的年号有两个。一是元狩。《史记·孝武本纪》："其后三年，有司言元宜以天瑞命，不宜以一二数。一元曰建元，二元以长星曰元光，三元以郊得一角兽曰元狩云。"此事《汉书·武帝本纪》云："元狩元年冬十月，行幸雍，祠五畤。获白麟，作《白麟之歌》。"《宋书·符瑞志》云："汉武帝元狩元年十月，行幸雍，祠五畤，获白麟。汉武帝太始二年三月，获白麟。"二是元鼎。《史记·孝武本纪》云："五月，返至甘泉。有司言宝鼎出为元鼎，以今年为元封元年。"《汉书·武帝本纪》云："元鼎元年夏五月，赦天下，大酺五日。得鼎汾水上。"《宋书·符瑞志》云："汉武帝元鼎元年五月五日，得鼎汾水上。"在这里，对年号元狩，做两点说明：

其一是所谓白麟，春秋时期，有西狩获麟的故事。事情发生在哀公十四年，鲁哀公狩猎时，射杀了一只麟。孔子听闻此事后问道："麟为什么会来呢？麟为什么会来呢？"然后掩面痛哭，叹道："吾道穷矣。"抛下笔，不再作《春秋》。(《公羊传》)沈约称麒麟为仁兽，《宋书·符瑞志》："麒麟者，仁兽也。牡曰麒，牝曰麟。不刳胎剖卵则至。麕身而牛尾，狼项而一角，黄色而马足。含仁而戴义，音中钟吕，步中规矩，不践生虫，不折生草，不食不义，不饮洿池，不入坑阱，不行罗网。明王动静有仪则见。牡鸣曰逝圣，牝鸣曰归和，春鸣曰扶幼，夏鸣曰养绥。"沈约《宋书·符瑞志》记自汉武帝至晋成帝年间，麒麟一共出现了十六次。《魏书·灵征志下》亦有记麒麟一项："高祖延兴元年十一月，肆州秀容民获麟以献。王者不刳胎剖卵则至。"

其二是《汉书·武帝本纪》记载，汉武帝在狩猎时，捕获一只白麟，为此他还写了一首《白麟之歌》，因此改年号为元狩。而在《史记·孝武本纪》中记载的是一角兽："其明年，郊雍，获一角兽，若麃然。"文中有司也称之为一角兽，并未明确称之为白麟。那么白麟与一角兽，是否可以画等号呢？当然不能。虽然白麟确实有一只角，正如沈约《宋书·符瑞志》描述麒麟的形象："麕身而牛尾，狼项而一角，黄色而马足。"但一只角的兽，不一定都是麒麟。比如《宋书·符瑞志》中另有一角兽的定义："一角兽，天下平一则至。"再如《太平御览》中，就记载了两种一只角的神兽，一为麒麟，再一为獬豸。

### 2. 汉宣帝

汉宣帝刘询，他在位时一共用了七个年号，即本始、地节、元康、神爵、五凤、甘露、黄龙。其中有三个年号较为吉祥，以致后世帝王不断使用。一是五凤。《汉书·宣帝本纪》:“(神爵四年)冬十月，凤皇十一集杜陵。十二月，凤皇集上林。五凤元年春正月，行幸甘泉，郊泰畤。”此后历代帝王以凤凰为年号者很多，例如新莽时期王莽的天凤，三国时期孙吴孙权的神凤，孙吴孙亮的五凤，孙吴孙皓的凤凰，等等。二是甘露。《汉书·宣帝本纪》:“五凤三年三月，诏曰:‘朕饬躬斋戒，郊上帝，祠后土，神光并见，或兴于谷，烛耀齐宫，十有余刻。甘露降，神爵集。已诏有司告祠上帝、宗庙。三月辛丑，鸾凤又集长乐宫东阙中树上，飞下止地，文章五色，留十余刻，吏民并观。’”此前年号为神爵，一年之后，又改年号为甘露。此后历代帝王以甘露为年号者，如三国时期曹魏高贵乡公曹髦、孙吴末帝孙皓、十六国时期前秦世祖苻坚等。三是黄龙。《汉书·宣帝本纪》:(甘露)二年春正月，诏曰:“乃者凤皇、甘露降集，黄龙登兴，醴泉滂流，枯槁荣茂，神光并见，咸受祯祥。”两年后改元为黄龙。此后帝王以黄龙为年号者，三国时期有东吴太祖孙权。

### 3. 王莽

王莽建立新朝，他的第二个年号叫天凤。当时天上出现了彗星，是大为不祥的天象。王莽却美其名曰“天凤”，试图化凶为吉。如《汉书·王莽传》有记:“(始建国五年)十一月，彗星出，二十余日，不见。是岁，以犯挟铜炭者多，除其法。明年改元曰‘天凤’。天凤元年正月，赦天下。”

## 三、三国时期的年号

### 1. 曹魏

三国时期魏文帝曹丕，他的第一个年号叫黄初，用了七年。黄初七年五月，魏明帝曹叡即位沿用，第二年改元太和。《宋书·符瑞志》有记：“于是魏王受汉禅，柴于繁阳，有黄鸟衔丹书，集于尚书台，于是改元为黄初。”又：“汉中平二年，洛阳民讹言虎贲寺有黄人，观者日数万，道路断绝。中平元年，黄巾贼起，云：‘苍天已死，黄天当立。’此魏氏依刘向自云土德之符也。先是，周敬王之四十七年，宋景公问大夫邢史子臣：‘天道何祥？’对曰：‘后五年五月丁亥，臣将死。死后五年五月丁卯，吴将亡。亡后五年，君将终。终后四百年，邾王天下。’皆如其言。邾王天下，盖谓魏国之后。言四百年则错，疑年代久远，传记者谬误。”魏明帝曹叡的第二个年号名青龙。《宋书·五行志》：“魏明帝青龙元年正月甲申，青龙见郏之摩陂井中。凡瑞兴非时，则为妖孽，况困于井，非嘉祥矣。魏以改年，非也。干宝曰：‘自明帝，终魏世，青龙、黄龙见者，皆其主兴废之应也。魏土运，青木色，而不胜于金。黄得位，青失位之象也。青能多见者，君德国运内相克伐也。故高贵乡公卒败于兵。’案刘向说，龙贵象而困井中，诸侯将有幽执之祸也。魏世，龙莫不在井，此居上者逼制之应。高贵乡公著《潜龙诗》，即此旨也。”此事《三国志·明帝本纪》亦有记：“青龙元年春正月甲申，青龙见郏之摩陂井中。二月丁酉，幸摩陂观龙，于是改年；改摩陂为龙陂，赐男子爵人二级，鳏寡孤独无出今年租赋。”魏高贵乡公曹髦的第二个年号名甘露。《三国志·高贵乡公本纪》有记：“五月，邺及（上谷）上洛并言甘露降。夏六月丙午，改元为甘露。”

2. 刘蜀

古礼有记，先帝驾崩，新帝继承大统，当年是不能改元的，必须在第二年才能改元，否则必有大变故。如《宋书·五行志》有记：“刘备卒，刘禅即位，未葬，亦未逾月，而改元为建兴。此言之不从也。习凿齿曰：‘礼，国君即位逾年而后改元者，缘臣子之心，不忍一年而有二君也。今可谓亟而不知礼矣。君子是以知蜀之不能东迁也。’后又降晋。吴孙亮、晋惠帝、宋元凶亦然。亮不终其位，惠帝号令非已，元凶寻诛。言不从也。”其中晋惠帝之事，清代王鸣盛有专文，见《十七史商榷·晋惠帝改元》。

3. 孙吴

吴太祖孙权的第一个年号叫黄龙。《三国志·孙权传》：“黄龙元年春，公卿百司皆劝权正尊号。夏四月，夏口、武昌并言黄龙、凤凰见。”孙权的最后一个年号叫神凤，但他改元三个月后死去了。吴少帝孙亮的第二个年号为五凤。《宋书·五行志》有记："孙亮建兴二年十一月，有大鸟五见于春申，吴人以为凤皇。明年，改元为五凤。汉桓帝时有五色大鸟，司马彪云：'政道衰缺，无以致凤，乃羽虫孽耳。'孙亮未有德政，孙峻骄暴方甚，此与桓帝同事也。案《瑞应图》，大鸟似凤而为孽者非一，宜皆是也。"此事又见《三国志·孙亮传》："(建兴二年)十一月，有大鸟五见于春申，明年改元。"吴末帝孙皓的第二个年号叫甘露。《三国志·孙皓传》："夏四月，蒋陵言甘露降，于是改年大赦。"孙皓的第五个年号叫凤凰。《三国志·孙皓传》："(建衡三年)西苑言凤凰集，改明年元(凤凰年)。"此事又见《宋书·五行志》："孙皓建衡三年，西苑言凤皇集，以之改元，义同于亮。"

## 四、两晋的年号

### 1. 晋安帝

晋安帝司马德宗的第三个年号叫大亨。《宋书·五行志》："桓玄初改年为大亨，遐迩讼言曰：'二月了。'故义谋以仲春发也。玄篡立，又改年为建始，以与赵王伦同，又易为永始。永始，复是王莽受封之年也。始徙司马道子于安成，晋主逊位，出永安宫，封晋主为平固王，琅邪王德文为石阳公，并使住寻阳城。识者皆以为言不从之妖也。厥咎僭。"

2. 桓玄

晋代桓玄篡位时的年号叫建始、永始。《晋书·桓玄传》有记:“于是大赦,改元永始,赐天下爵二级,孝悌力田人三级,鳏寡孤独不能自存者谷人五斛。其赏赐之制,徒设空文,无其实也。初出伪诏,改年为建始,右丞王悠之曰:‘建始,赵王伦伪号也。’又改为永始,复是王莽始执权之岁,其兆号不祥,冥符僭逆如此。”

3. 晋哀帝

晋穆帝司马聃最后的年号叫升平,晋哀帝司马丕继位后,有两个年号,叫隆和、兴宁。《宋书·五行志》:“晋哀帝隆和初,童儿歌曰:‘升平不满斗,隆和那得久!桓公入石头,陛下徒跣走。’帝闻而恶之,复改年曰兴宁。民复歌曰:‘虽复改兴宁,亦复无聊生。’哀帝寻崩。升平五年,穆帝崩。不满斗,不至十年也。”

## 五、南北朝的年号

1. 神䴥

北魏太武帝拓跋焘的第二个年号。《魏书·世祖本纪》:“神䴥元年春正月,以天下守令多行非法,精选忠良悉代之。辛未,京兆王黎薨。二月,改元。”此事《魏书·灵征志下》有记:“世祖神䴥元年二月，定州获白䴥，白䴥鹿又见于乐陵，因以改元。”

2. 神龟

北魏孝明帝元诩的年号。《魏书·肃宗本纪》：“（神龟元年二月）己酉，诏以神龟表瑞，大赦改年。”此事《魏书·灵征志下》有记：“肃宗神龟元年二月，获龟于九龙殿灵芝池，大赦改元。”

3. 天正

南梁武陵王萧纪的年号。《隋书·五行志》：“梁武陵王纪僭即帝位，建元曰天正。永丰侯萧撝曰：‘王不克矣。昔桓玄年号大亨，有识者以为“二月了”，而玄之败，实在仲春。今日天正，正之为文“一止”，其能久乎！’果一年而败。”

4. 隆化

北齐幼主高恒的年号。《隋书·五行志》：“武平七年，后主为周师所败，走至邺，自称太上皇，传位于太子恒，改元隆化。时人离合其字曰‘降死’。竟降周而死。”

5. 宣政

北周武帝宇文邕的年号。《隋书·五行志》：“周武帝改元为宣政，梁主萧岿离合其字为‘宇文亡日’。其年六月，帝崩。”

6. 大象

北周静帝宇文阐的年号。《隋书·五行志》：“宣帝在东宫时，不修法度，武帝数挞之。及嗣位，摸其痕而大骂曰：‘死晚也。’年又改元为大象，萧岿又离合其字曰‘天子冢’。明年而帝崩。”

7. 广運（广运）

西梁后主萧琮的年号。《隋书·五行志》:“开皇初，梁王萧琮改元为广運。江陵父老相谓曰:‘運之为字，军走也。吾君当为军所走乎?’其后琮朝京师而被拘留不反，其叔父岩掠居人以叛，梁国遂废。”

## 六、隋唐的年号

1. 大業（大业）

隋炀帝杨广的年号。《隋书·五行志》:“炀帝即位，号年曰大業。识者恶之，曰:‘于字离合为“大苦未”也。’寻而天下丧乱，率土遭荼炭之酷焉。”

2. 五凤

唐初窦建德建立夏国时的年号叫五凤。《旧唐书·窦建德传》:“武德元年冬至日，于金城宫设会，有五大鸟降于乐寿，群鸟数万从之，经日而去，因改年为五凤。”

3. 咸通

唐懿宗李漼的第一个年号叫咸通。《旧唐书·懿宗本纪》:“宣宗制《泰边陲乐曲词》有‘海岳晏咸通’之句。又大中末，京城小儿叠布渍水，纽之向日，谓之拔晕。帝果以郓王即大位，以咸通为年号。”拔晕，《新唐书·五行志》云:“大中末，京师小儿叠布渍水纽之向日，谓之曰‘拔晕’。”

## 七、金代的年号

大安、崇庆、至宁，是金卫绍王完颜永济的年号。《金史·五行志》:“初，卫王即位改元大安，四年改曰崇庆，即而又改曰至宁，有人谓曰:‘三元大崇至矣’。俄而有胡沙虎之变。”改元之事,《金史·卫绍王本纪》亦有记:“大安元年正月辛丑，飞星如火。起天市垣，有尾，迹若赤龙。壬戌，改元，大赦。(三年后)崇庆元年正月已酉朔，改元，赦。宋、夏遣使来贺。(一年后)至宁元年五月，改元。诏谕咸平路契丹部人之啸聚者。起胡沙虎复为右副元帅，领武卫军三千人屯通玄门外。八月胡沙虎反。”

# 古史外误考

考查古史中记载的正误，一般采取对照的方法。比如针对《五行志》中的一个问题，按照时间对应，查看本纪与列传中的记载，或者对照其他史书或笔记。由此往往会发现，在年代、地点、人物与事件等许多问题上，经常会出现记录的误差。

在阅读十五史《五行志》及《灵征志》《灾异志》时，发现了四十余处问题：史记，大亡麦禾，桑谷共生，渭水赤，不伤二谷，桓公十五年，秦孝文王，马生人，辽东高庙灾，无与亡，杨宣与杨兴，延光元年，龙死时间，黄初元年，元康五年，邓嘉与邓喜，愍帝与元帝，庾晞与司马晞，萧琮与萧综，大同十年，天监十九年，仁寿宫与永安宫，极恶与极凶，十三宝，开成年与大和年，庆山涌出，张景夫与张景佚，定陵台，建炎七年，咸平二年，大德二年六月，羽虫，鼠妖与鼠孽，花妖与花孽，金石之妖与金异等。对于这些问题，本文略述如下。

# 一、史　记

在班固《汉书·五行志》中有一个现象，即在正文的例目中，经常会见到在记述事件的开头处，加上“史记”二字，诸如“史记成公十六年”“史记秦始皇第三十六年”云云，共有十六处，即貌之不恭狂咎一处；言之不从僭咎一处，诗妖一处，白眚白祥一处，木沴金一处；视之不明羊祸一处；听之不聪鼓妖一处，鱼孽一处，火沴水二处；思心之不容金木水火沴土一处；皇之不极射妖一处，马祸一处，下人伐上之痾三处。值得注意的是，在《汉书·五行志》“史记成公十六年”目下，唐代颜师古注道：“此志凡称史记者，皆谓司马迁所撰也。”颜氏此说有误，故而引起后世学者驳正。

唐代刘知幾认为：“按《太史公书》自《春秋》已前，所有国家灾眚，贤哲占候，皆出于《左传》《国语》者也。今班《志》所引，上自周之幽、厉，下终鲁之定、哀。而不云《国语》，唯称‘史记’，岂非忘本徇末，逐近弃远者乎？此所谓屡举旧事，不知所出也。”（《史通·汉书五行志错误第四科》）他是说，在司马迁《太史公书》中，谈到国家灾异，均引自《左传》《国语》等著作；而班固著《五行志》，不提前贤，只言“史记”，是“忘本徇末，逐近弃远”。

清代钱大昕指出：“古者列国之史，俱称‘史记’……刘知幾以班《志》所引，不云《国语》，惟称‘史记’，訾其忘本徇末，逐近弃远，盖未识此旨也。史迁著书，未尝以‘史记’名之，即孟坚亦未尝以‘史记’目《太史公书》。”（《廿二史考异·五行志中之上》）钱大昕是说，颜师古的观点不对，因为在《汉书·五行志》十六条所谓“史记”中，只有二三条见于司马迁著作，其余均来自《国语》；而“古者列国之史，俱称史记”。刘知幾《史通》对班固之批评也不准确，因为当初司马迁并未称其著作为《史记》，所以班固也不会将“史记”等同于《太史公书》。还是“小颜考之未详尔”。按：钱氏称其中只有“二三条出自司马迁《史记》”也不对，实际上在十六段冠以“史记”的故事中，至少有九段出自司马迁《史记》。

清代王鸣盛也谈到此事：“‘史记成公十六年，公会诸侯于周’云云，师古于‘史记’下注云：‘此志凡称史记者，皆谓司马迁所撰也。’愚谓师古注此书成，年已六十一，六十五而卒，学识本不甚高，又已老悖，故舛误颇多，此注以左传为司马迁，竟如不辨菽麦者。”（《十七史商榷·汉书五行志所引》）王鸣盛是追随刘知幾的观点，却没有钱大昕看得明白，将刘氏错误的观点也继承下来。尤其是王氏把颜师古挖苦了一番，说颜氏六十一岁时批注《汉书》，六十五岁就死去了，学识本来就不高，又已经年老昏聩，所以颜氏点注《汉书》时，舛误很多，这个注释竟然把左传当作司马迁，简直是“不辨菽麦”的人。王鸣盛如此辨史说人，又显得太不厚道。

## 二、大亡麦禾

五行变异，引起自然界的变化，有两种现象与闹饥荒关系密切，即旱灾与水灾。在《汉书·五行志》中，旱灾归于言之不从恒阳，即“刑罚妄加，群阴不附，则阳气胜，故其罚常阳也。旱伤百谷，则有寇难，上下俱忧，故其极忧也”。水灾归于水不润下，即“若乃不敬鬼神，政令逆时，则水失其性。雾水暴出，百川逆溢，坏乡邑，溺人民，及淫雨伤稼穑，是为水不润下”。

其实还有一种饥荒非常厉害，即所谓“亡水旱之灾而草木百谷不孰，是为稼穑不成”。那就是在没有发生水旱的情况下，五谷却不熟，导致稼穑不成。如《汉书·五行志》记：“严公二十八年‘冬，大（水）亡麦禾’。董仲舒以为夫人哀姜淫乱，逆阴气，故大水也。刘向以为水旱当书，不书水旱而曰‘大亡麦禾’者，土气不养，稼穑不成者也。是时，夫人淫于二叔，内外亡别，又因凶饥，一年而三筑台，故应是而稼穑不成，饰台榭内淫乱之罚云。遂不改寤，四年而死，祸流二世，奢淫之患也。”在《春秋》此段话中，注者怀疑脱一“水”字，于是有了董仲舒的错误理解。刘向说得清楚，它实际是在不言说水旱的情况下，出现了“大亡麦禾”的灾害，称之为五行变异中的稼穑不成。

《后汉书·五行志》撰者司马彪似乎没有理解刘向的意思，在土与思心之不容中，没有此项内容。《宋书》撰者沈约理解得很清楚，他在《五行志》中给出两段例子，都将“无水旱之灾而五谷不熟”这种自然灾害，表述得非常准确：

其一,《宋书 · 五行志》有记:“吴孙皓时，尝岁无水旱，苗稼丰美，而实不成，百姓以饥，阖境皆然，连岁不已。吴人以为伤露，非也。按刘向《春秋说》曰:‘水旱当书，不书水旱而曰大无麦禾者，土气不养，稼穑不成。’此其义也。皓初迁都武昌，寻迁建业，又起新馆，缀饰珠玉，壮丽过甚，破坏诸宫，增修苑囿，犯暑妨农，官民疲怠。《月令》,‘季夏不可以兴土功’。皓皆冒之。此治宫室饰台榭之罚，与《春秋》鲁庄公三筑台同应也。班固曰:‘无水旱之灾，而草木百谷不熟，皆为稼穑不成。’”

其二,《宋书 · 五行志》有记:“晋穆帝永和十年，三麦不登，至关西亦然。自去秋至是夏，无水旱，无麦者，如刘向说也。又俗云,‘多苗而不实为伤’，又其义也。”

较《宋书》晚出的《晋书 · 五行志》，抄录《宋书 · 五行志》此段内容时，只取“吴孙皓时”一段，第二段未抄录；接着给出一些“无麦禾”导致饥荒的例子，但并未说明“无麦禾”的原因，究竟是缘于水旱灾害，还是缘于异兆。如“元帝太兴二年，吴郡、吴兴、东阳无麦禾，大饥。成帝咸和五年，无麦禾，天下大饥。穆帝永和十年，三麦不登。十二年，大无麦。孝武太元六年，无麦禾，天下大饥。安帝元兴元年，无麦禾，天下大饥”。

以后诸史或不记饥荒，或只记饥荒、不记自然原因，或只谈事应的原因。如《隋书 · 五行志》归于大兴土木:“炀帝大业五年，燕、代、齐、鲁诸郡饥。先是建立东都，制度崇侈。又宗室诸王，多远徙边郡。”问题最大的是《新唐书·五行志》，稼穑不成的序文中有一句：“谓土失其性，则有水旱之灾，草木百谷不熟也。”此文系欧阳修所写，显然他理解错了班固《汉书·五行志》的意思，将水旱之灾与无水旱而百谷不熟混为一谈。

总结上述三种情况引起的饥荒，它们在五行灾异的观念中，所预示的结果是不同的。一般而言，水灾引起的饥荒，预示着道德沦丧；旱灾引起的饥荒，预示着将有敌寇之难；无水旱之灾而发生饥荒，预示着皇家奢淫骄慢。

## 三、桑谷共生

《汉书·五行志》：“《书序》曰：‘伊陟相太戊，亳有祥，桑谷共生。’传曰：‘俱生乎朝，七日而大拱。伊陟戒以修德，而木枯。’刘向以为殷道既衰，高宗承敝而起，尽涼阴之哀，天下应之，既获显荣，怠于政事，国将危亡，故桑谷之异见。桑犹丧也，谷犹生也，杀生之秉失而在下，近草妖也。一曰，野木生朝而暴长，小人将暴在大臣之位，危亡国家，象朝将为虚之应也。”

唐代颜师古注道：“桑谷自太戊时生，涼阴乃高宗之事，而此云桑谷即高宗时出，其说与《尚书大传》不同。或者伏生差谬。”但清代王鸣盛认为：“引《书序》及伏生《大传》伊陟相太戊、桑谷共生事，其下又引刘向说，以桑谷为高宗武丁时事，此向之误而班氏聊存异说耳。师古乃疑伏生差谬，殊愦愦。”（《十七史商榷·汉书五行志》）清代钱大昕也称：“此自刘向差谬，非伏生误也。”（《廿二史考异·汉书五行志中之下》）与王氏观点相同。

## 四、渭水赤

《汉书·五行志》：“史记曰，秦武王三年渭水赤者三日，昭王三十四年渭水又赤三日。刘向以为近火沴水也。秦连相坐之法，弃灰于道者黥，罔密而刑虐，加以武伐横出，残贼邻国。至于变乱五行，气色谬乱。天戒若曰，勿为刻急，将致败亡。秦遂不改，至始皇灭六国，二世而亡。昔三代居三河，河洛出图书，秦居渭阳，而渭水数赤，瑞异应德之效也。京房《易传》曰：‘君湎于酒，淫于色，贤人潜，国家危，厥异流水赤也。’”

此事《水经注》亦有记：“《史记·秦本纪》云：秦武王三年，渭水赤三日。秦昭王三十四年，渭水又大赤三日。《洪范五行传》云：赤者，火色也，水尽赤，以火沴水也。渭水，秦大川也，阴阳乱，秦用严刑败乱之象。”（《水经注·渭水下》）

核之《史记·秦本纪》，其中没有秦武王时渭水赤的这段记载。其中关于秦武王有记：“惠王卒，子武王立。韩、魏、齐、楚、越皆宾从。武王元年，与魏惠王会临晋。诛蜀相壮。张仪、魏章皆东出之魏。伐义渠、丹、犁。二年，初置丞相，樗里疾、甘茂为左右丞相。张仪死于魏。三年，与韩襄王会临晋外。南公揭卒，樗里疾相韩。武王谓甘茂曰：'寡人欲容车通三川，窥周室，死不恨矣。'其秋，使甘茂、庶长封伐宜阳。四年，拔宜阳，斩首六万。涉河，城武遂。魏太子来朝。武王有力好戏，力士任鄙、乌获、孟说皆至大官。王与孟说举鼎，绝膑。八月，武王死。族孟说。武王取魏女为后，无子。立异母弟，是为昭襄王。昭襄母楚人，姓琇氏，号宣太后。武王死时，昭襄王为质于燕，燕人送归，得立。"

秦昭王三十四年渭水赤的故事，《史记·秦本纪》亦未见记，有记："三十四年，秦与魏、韩上庸地为一郡，南阳免臣迁居之。"又见《史记·白起王翦传》有记："昭王三十四年，白起攻魏，拔华阳，走芒卯，而虏三晋将，斩首十三万。与赵将贾偃战，沉其卒二万人于河中。"

## 五、不伤二谷

《汉书·五行志》："庶征之恒阳，刘向以为《春秋》大旱也。其夏旱雩祀，谓之大雩。不伤二谷，谓之不雨。"《宋书·五行志》言之不从恒阳："太和五年三月，自去冬十月至此月不雨，辛巳，大雩。是春，诸葛亮寇天水，晋宣王距却之，亢阳动众。又是时二隅分据，众出多过时也。《春秋说》曰：伤二谷，谓之不雨。”

此中对于“不雨”的定义,《汉书·五行志》是“不伤二谷”；但《宋书·五行志》，却引《春秋说》曰“伤二谷”，掉了一个“不”字，意思就完全变了。

## 六、秦孝文王

《汉书·五行志》:“秦孝文王五年，斿朐衍，有献五足牛者。刘向以为近牛祸也。先是文惠王初都咸阳，广大宫室，南临渭，北临泾，思心失，逆土气。足者，止也，戒秦建止著泰，将致危亡。秦遂不改，至于离官三百，复起阿房，未成而亡。一曰，牛以力为人用，足所以行也。其后秦大用民力转输，起负海至北边，天下叛之。京房《易传》曰：‘兴徭役，夺民时，厥妖牛生五足。’”

此记有误，秦孝文王在位仅一年，故上文“五年”似为“元年”。秦孝文王故事，见《史记·秦本纪》:“孝文王元年，赦罪人，修先王功臣，褒厚亲戚，弛苑囿。孝文王除丧，十月己亥即位，三日辛丑卒，子庄襄王立。索隐：名子楚。三十二而立，立三年卒，葬阳陵。纪作‘四年’。”

## 七、马生人

《汉书·五行志》:“史记秦孝公二十一年有马生人，昭王二十年牡马生子而死。刘向以为皆马祸也。孝公始用商君攻守之法，东侵诸侯，至于昭王，用兵弥烈。其象将以兵革抗极成功，而还自害也。牡马非生类，妄生而死，犹秦恃力强得天下，而还自灭之象也。一曰，诸畜生非其类，子孙必有非其姓者，至于始皇，果吕不韦子。京房《易传》曰:‘方伯分威，厥妖牡马生子。亡天子，诸侯相伐，厥妖马生人。’”

此事《史记·秦本纪》云:“(秦孝公)二十一年，齐败魏马陵。《正义》虞喜《志林》云:‘濮州甄城县东北六十余里有马陵，涧谷深峻，可以置伏。’按:庞涓败即此也。……(昭襄王)二十年,《集解》引徐广曰:‘秦地有父马生驹。’王之汉中，又之上郡、北河。二十一年，又:‘有牡马生牛而死。’错攻魏河内。”

## 八、《左传》

### 1. 桓公十五年

《汉书·五行志》:“桓公十五年‘春，亡冰’。刘向以为周春，今冬也。先是，连兵邻国，三战而再败也，内失百姓，外失诸侯，不敢行诛罚，郑伯突篡兄而立，公与相亲，长养同类，不明善恶之罚也。董仲舒以为象夫人不正，阴失节也。”

《左传》桓公十五年，未见“亡冰”记载；而见《左传》桓公十四年《经》:“十有四年春正月，公会郑伯于曹。无冰。”

2. 无与亡

《汉书·五行志》有记:“七年‘秋，大水，亡麦苗’。董仲舒、刘向以为严母文姜与兄齐襄公淫，共杀桓公，严释父雠，复取齐女，未入，先与之淫，一年再出，会于道逆乱，臣下贱之之应也。”

“严公七年”之事，取自《左传》，但后者《经》《传》均称“无麦苗”，而非“亡麦苗”。即《左传》庄公七年《经》:“秋，大水。无麦苗。《传》：秋，无麦苗，不害嘉谷也。”

## 九、辽东高庙灾

《汉书·五行志》:“武帝建元六年六月丁酉，辽东高庙火灾。”“六月丁酉”有误，《汉书·武帝本纪》记载为“(建元)六年春二月乙未，辽东高庙灾”。此误，清代钱大昕已在《廿二史考异·汉书二》中指出。

## 十、杨宣与杨兴

《汉书 · 五行志》:“成帝建始元年四月辛丑夜，西北有如火光。壬寅晨，大风从西北起，云气赤黄，四塞天下，终日夜下著地者黄土尘也。是岁，帝元舅大司马大将军王凤始用事；又封凤母弟崇为安成侯，食邑万户；庶弟谭等五人赐爵关内侯，食邑三千户。复益封凤五千户，悉封谭等为列侯，是为五侯。哀帝即位，封外属丁氏、傅氏、周氏、郑氏凡六人为列侯。杨宣对曰：‘五侯封日，天气赤黄，丁、傅复然。此殆爵土过制，伤乱土气之祥也。’”

此事《汉书 · 成帝本纪》有记:“(建始元年)二月，封舅诸吏光禄大夫关内侯王崇为安成侯。赐舅王谭、商、立、根、逢时爵关内侯。夏四月，黄雾四塞，博问公卿大夫，无有所讳。”《汉书 · 元后传》亦有记:“元帝崩，太子立，是为孝成帝。尊皇后为皇太后，以凤为大司马大将军领尚书事，益封五千户。王氏之兴自凤始。又封太后同母弟崇为安成侯，食邑万户。凤庶弟谭等皆赐爵关内侯，食邑。其夏，黄雾四塞终日。天子以问谏大夫杨兴、博士驷胜等，对皆以为‘阴盛侵阳之气也。高祖之约也，非功臣不侯，今太后诸弟皆以无功为侯，非高祖之约，外戚未曾有也，故天为见异’。言事者多以为然。凤于是惧，上书辞谢曰：‘陛下即位，思慕谅闇，故诏臣凤典领尚书事，上无以明圣德，下无以益政治。今有茀星天地赤黄之异，咎在臣凤，当伏显戮，以谢天下。今谅闇已毕，大义皆举，宜躬亲万机，以承天心。’因乞骸骨辞职。”两段记载均有记“黄雾四塞”，后者称杨宣为杨兴。再者，《华阳国志・杨宣传》云：“杨宣，字君纬，西汉什邡人也。少受学于楚国王子张，天文图纬于河内郑子侯。”

## 十一、延光元年

《后汉书・五行志》：“延光元年八月戊子，阳陵园寝殿火。凡灾发于先陵，此太子将废之象也。若曰：不当废太子以自翦，则火不当害先陵之寝也。明年，上以谗言废皇太子为济阴王。后二年，宫车晏驾。中黄门孙程等十九人起兵殿省，诛贼臣，立济阴王。”

此事《后汉书・孝安帝本纪》有记：“（延光元年）八月戊子，阳陵园寝火。”“（延光三年）九月丁酉，废皇太子保为济阴王。”“（延光四年三月）丁卯，幸叶，帝崩于乘舆，年三十二。秘不敢宣，所在上食问起居如故。庚午，还宫。辛未夕，乃发丧。”但“废太子”的时间差一年，安帝去世的时间也差一年。又见《后汉书・孝顺帝本纪》：“（延光四年）明年三月，安帝崩，北乡侯立，济阴王以废黜，不得上殿亲临梓宫，悲号不食，内外群僚莫不哀之。及北乡侯薨，车骑将军阎显及江京，与中常侍刘安、陈达等白太后，秘不发丧，而更征立诸国王子，乃闭宫门，屯兵自守。十一月丁巳，京师及郡国十六地震。是夜，中黄门孙程等十九人共斩江京、刘安、陈达等，迎济阴王于德阳殿西钟下，即皇帝位，年十一。”

## 十二、龙死时间

《后汉书·五行志》:“桓帝延熹七年六月壬子，河内野王山上有龙死，长可数十丈。襄楷以为夫龙者为帝王瑞,《易》论大人。天凤中，黄山宫有死龙，汉兵诛莽而世祖复兴，此易代之征也。至建安二十五年，魏文帝代汉。”

此事《后汉书·孝桓帝本纪》亦有记载，但时间是“秋七月”:“(延熹七年)秋七月辛卯，赵王乾薨。野王山上有死龙。”

## 十三、黄初元年

《晋书·五行志》:“黄初元年，未央宫中又有燕生鹰，口爪俱赤，此与商纣、宋隐同象。”

此事《宋书·五行志》记载为“黄初末”，云:“黄初末，宫中有燕生鹰，口爪俱赤。此与商纣、宋隐同象。”《三国志·高堂隆传》亦记载此事，时间是“黄初之际”，云：“隆疾笃，口占上疏曰……臣观黄初之际，天兆其戒，异类之鸟，育长燕巢，口爪胸赤，此魏室之大异也，宜防鹰扬之臣于萧墙之内。可选诸王，使君国典兵，往往钉跱，镇抚皇畿，翼亮帝室。昔周之东迁，晋、郑是依，汉吕之乱，实赖朱虚，斯盖前代之明鉴。”《日知录·作史不立表志》有记此事。

## 十四、元康五年

《晋书·五行志》：“惠帝元康五年三月，吕县有流血，东西百余步，此赤祥也。至元康末，穷凶极乱，僵尸流血之应也。干宝以为后八载而封云乱徐州，杀伤数万人，是其应也。”

此事又见《晋书·惠帝本纪》：“(元康)六年三月，东海陨霜，伤桑麦。彭城吕县有流血，东西百余步。”时间不是“元康五年”，而是“元康六年”。

## 十五、邓嘉与邓喜

《宋书·五行志》：“吴戍将邓嘉杀猪祠神，治毕县之，忽见一人头往食肉。嘉引弓射中之，咋咋作声，绕屋三日。近赤祥也。后人白嘉谋北叛，阖门被诛。京房《易妖》曰：‘山见葆，江于邑，邑有兵，状如人头赤色。’”《晋书·五行志》视之不明赤眚赤祥文同《宋书》，然作“邓喜”。

邓嘉，《三国志》无传。《宋书·五行志》为邓嘉，《晋书·五行志》为邓喜。干宝《搜神记》亦称邓喜：“吴戍将邓喜杀猪祠神，治毕悬之，忽见一人头往食肉。喜引弓射中之，咋咋作声，绕屋三日。后人白喜谋叛，合门被诛。”

## 十六、愍帝与元帝

《宋书·五行志》：“晋愍帝建武元年，有豕生八足。听不聪之罚也。京房《易传》曰：‘凡妖作，各象其类。足多者，所任邪也。’是后有刘隗之变。”《晋书·五行志》听之不聪豕祸亦有记：“元帝建武元年，有豕生八足，此听不聪之罚，又所任邪也。是后有刘隗之变。”

《晋书·五行志》系抄自《宋书·五行志》，但一为愍帝，一为元帝。《宋书》中华书局本注：“按晋元帝称晋王，改元建武，时愍帝尚在匈奴庭，元帝亦未正位称帝，故沈约志例称晋愍帝建武元年。”

## 十七、庾晞与司马晞

《宋书·五行志》:“晋海西时，庾晞四五年中，喜为挽歌，自摇大铃为唱，使左右齐和。又燕会，辄令倡妓作新安人歌舞离别之辞，其声悲切。时人怪之，后亦果败。”

庾晞，似为武陵王司马晞之误。《宋书·五行志》校勘记云:“《晋书·五行志》亦以此为庾晞事。据《世说新语·黜免篇》刘峻注引《司马晞传》:‘晞字道升，元帝第四子，初封武陵王，拜太宰。太宗即位，谋逆，徙新安。晞未败四五年中，喜为挽歌，自摇大铃，使左右习和之。又燕会，倡妓作新安人歌舞别离之辞，其声甚悲。后果徙新安。’则《宋书·五行志》之庾晞，当是武陵王司马晞，盖沈约原文之误，而《晋书·五行志》又袭《宋志》之误。”

## 十八、萧琮与萧综

《隋书·五行志》:“普通三年正月，建康地震。是时，义州刺史文僧朗以州叛。六年十二月，地震。京房《易飞候》曰:‘地冬动有音，以十二月者，其邑有行兵。’是时，帝令豫章王琮将兵北伐。”

此中豫章王琮应为“综”。见《梁书·武帝本纪》:“(普通三年）春正月庚戌，京师地震。（普通六年）春正月己巳，诏曰：‘庙谟已定，王略方举。侍中、领军将军西昌侯渊藻，可便亲戎，以前启行；镇北将军、南兖州刺史豫章王综董驭雄桀，风驰次迈；其余众军，计日差遣，初中后师，善得严办。朕当六军云动，龙舟济江。’十二月壬辰，京师地震。”

又见《魏书·萧赞传》：“宝夤兄宝卷子赞，字德文，本名综，入国，宝夤改焉。初，萧衍灭宝卷，宝卷宫人吴氏始孕，匿而不言。衍乃纳之，生赞，以为己子，封豫章王。及长，学涉有才思。其母告之以实，赞昼则谈谑如常，夜则衔悲泣涕；结客待士，恒有来奔之志。为衍诸子深所猜疾，而衍甚爱宠之。”

## 十九、大同十年

《隋书·五行志》：“梁大同十年三月，帝幸朱方，至四堑中，及玄武湖，鱼皆驤首见于上，若望乘舆者。帝入宫而没。《洪范五行传》曰：‘鱼阴类也，下人象。又有鳞甲，兵之应也。’下人将举兵围宫，而睥睨乘舆之象也。后果有侯景之乱。”

此事《太平广记》有记，时间为“大同元年”，云：“梁武帝大同元年，幸玄武湖。湖中鱼皆驤者见于水上，若顾望焉，帝入宫方没。此下人将举兵睥睨乘舆之象。寻有侯景之乱。”（《广古今五行记·梁武帝》）

## 二十、天监十九年

《隋书·五行志》:“(天监)十九年九月,西北隐隐有声如雷,赤气下至地。是岁,盗杀东莞、琅邪二郡守,以朐山引魏军。”

此中有三个问题:一是天监只有十八年,没有十九年。二是“是岁”一段,见于《梁书·武帝本纪》“天监十年”。云:“(天监十年)三月辛丑,盗杀东莞、琅邪二郡太守邓晰,以朐山引魏军,遣振远将军马仙琕讨之。”三是“九月”一段,亦见于《梁书·武帝本纪》“天监十年九月”。云:“(天监十年)九月丙申,天西北隆隆有声,赤气下至地。”

## 二十一、仁寿宫与永安宫

《隋书·五行志》:“仁寿中,仁寿宫及长城之下,数闻鬼哭。寻而献后及帝,相次而崩于仁寿宫。”

《隋书·独孤皇后传》却说,献后崩于永安宫,高祖崩于仁寿宫:“仁寿二年八月甲子,月晕四重,己巳,太白犯轩辕。其夜,后崩于永安宫,时年五十。葬于太陵。其后,宣华夫人陈氏、容华夫人蔡氏俱有宠,上颇惑之,由是发疾。及危笃,谓侍者曰:‘使皇后在,吾不及此’云。”又《隋书·高祖本纪》:“(仁寿）四年春正月丙辰，大赦。甲子，幸仁寿宫。夏四月乙卯，上不豫……秋七月甲辰，上以疾甚，卧于仁寿宫，与百僚辞诀，并握手嘘唏。丁未，崩于大宝殿，时年六十四。”

## 二十二、极恶与极凶

《旧唐书·五行志》貌之不恭序文中，有称《传》曰“厥极凶”:《传》曰:“貌之不恭，是谓不肃，厥咎狂，厥罚恒雨，厥极凶。时则有服妖，时则有龟孽，时则有鸡祸，时则有下体生上之痾，时则有青眚青祥。凡草木之类谓之妖，虫豸之类谓之孽，六畜谓之祸，及人谓之痾，甚则异物生谓之眚，身外而来谓之祥也。”

《汉书·五行志》称“极恶”:“传曰：貌之不恭，是谓不肃，厥咎狂，厥罚恒雨，厥极恶。时则有服妖，时则有龟孽，时则有鸡祸，时则有下体生上之痾，时则有青眚青祥。惟金沴木。”此为《洪范五行传》中文字，不能更改，疑为《旧唐书·五行志》史官笔误。

## 二十三、十三宝

《旧唐书·五行志》:“上元三年，楚州刺史崔侁献定国宝十三：一曰玄黄天符，形如笏，长八寸，有孔，辟人间兵疫；二曰玉鸡毛，白玉也，以孝理天下则见；三曰谷璧，白玉也，粟粒，无雕镌之迹，王者得之，五谷丰熟；四曰西王母白环二，所在处外国归伏；五曰碧色宝，圆而有光；六曰如意宝珠，大如鸡卵；七曰红色靺鞨，大如巨栗；八曰琅玕珠二；九曰玉玦，形如玉环，四分缺一；十曰玉印，大如半手，理如鹿形，陷入印中；十一曰皇后采桑钩，如箸，屈其末；十二曰雷公石斧，无孔；十三缺。凡十三宝。置之日中，白气连天。初，楚州有尼曰真如，忽有人接之升天，天帝谓之曰：'下方有灾，令第二宝镇之。'即以十三宝付真如。时肃宗方不豫，以为瑞，乃改元宝应，仍传位皇太子，此近白祥也。"

此事《旧唐书·肃宗本纪》记为"上元三年"；《新唐书·肃宗本纪》与《新唐书·五行志》均记为"上元二年"。

## 二十四、开成年与大和年

《旧唐书·五行志》："开成二年十二月二十八日，狂人刘德广入含元殿，诏付京兆府杖杀之。"

此事《新唐书·五行志》作："大和二年十月，狂人刘德广入含元殿。"二者年号不同，一为开成，一为大和。

## 二十五、庆山涌出

《新唐书·五行志》:“垂拱二年九月己巳，雍州新丰县露台乡大风雨，震电，有山涌出，高二十丈，有池周三百亩，池中有龙凤之形、禾麦之异，武后以为休应，名曰‘庆山’。荆州人俞文俊上言:‘天气不和而寒暑隔，人气不和而赘疣生，地气不和而堆阜出。今陛下以女主居阳位，反易刚柔，故地气隔塞，山变为灾。陛下以为庆山，臣以为非庆也。宜侧身脩德以答天谴，不然，恐灾祸至。’后怒，流于岭南。”

此事《新唐书·则天皇后本纪》所记时间是“十月”:“(垂拱二年)十月己巳，有山出于新丰县，改新丰为庆山，赦囚，给复一年，赐酺三日。”

## 二十六、张景夫与张景佚

《旧唐书·五行志》:“天宝初，临川郡人李嘉胤所居柱上生芝草，状如天尊像，太守张景夫拔柱以献。”

《酉阳杂俎·物异芝》记为张景佚事:“芝，天保初，临川人李嘉胤所居柱上生芝草，状如天尊，太守张景佚拔柱献焉。”

## 二十七、定陵台

《新唐书·五行志》:“大和八年三月辛酉,定陵台大雨,震,庑下地裂二十有六步。占曰:‘士庶分离,大臣专恣,不救大败。’”

此事《旧唐书·文宗本纪》有记:“(大和八年)秋七月辛酉,定陵台大雨,震东廊,廊下地裂一百三十尺,诏宗正卿李仍叔启告修塞。”两者时间不同。

## 二十八、建炎七年

《宋史·五行志》:“建炎七年五月,汴京无云而雷。”

建炎只有四年,疑为“绍兴七年”之误。《宋史·五行志》接着有记:“绍兴三十年十月壬戌,昼漏半,无云而雷;癸亥,日过中,无云而雷。”

## 二十九、咸平二年

《宋史·五行志》:“咸平二年十二月,黄州长析村二虎夜斗,一死,食之殆半,占云:‘守臣灾。’明年,知州王禹偁卒。”

文云王禹偁明年死，则死于咸平三年，而《宋史·王禹偁传》云咸平四年，王禹偁“至郡未逾月而死”。

## 三十、大德二年六月

《元史·五行志》:“(大德)二年六月，抚州崇仁县辛陂村有星陨于地，为绿色陨石，邑人张椿以状闻。”

此事《元史·成宗本纪》有记载，但陨石落地为“五月”:“(大德二年五月)，抚州之崇仁星陨为石。”

## 三十一、羽虫

《元史·五行志》金不从革与言之不从目下，不但列入介虫之孽与毛虫之孽，还列入一段羽虫之孽:“至元十五年四月，济南无棣县获白雉以献。”

此事的背景是，汉代刘向主张列入介虫之孽，刘歆主张列入毛虫之孽，班固接受刘歆的观点，在金及言之不从目下，列入毛虫之孽。《元史·五行志》将其一并列入，还不能算错。但列入羽虫之孽“白雉”就没有道理了。也可能是取白雉的“白”色，归于言之不从的目下。当然，此处内容为休征的故事。

## 三十二、《明史》《清史稿》

### 1. 鼠妖与鼠孽

《明史·五行志》貌之不恭序文有记:“《洪范》曰:‘木曰曲直。’木不曲直,则失其性矣。前史多以恒雨、狂人、服妖、鸡祸、鼠孽、木冰、木妖、青眚青祥皆属之木,今从之。”此中将“鼠妖”改称“鼠孽”。前史未见此称谓,此后《清史稿·灾异志》复称鼠妖。

### 2. 花妖与华孽

《明史·五行志》与《清史稿·灾异志》在“土”的名下,将脂夜之妖称为风霾、晦暝。并且在序文中,列有花妖一项。但在《明史》的正文中,小题目又将花妖称为华孽,记载秋冬季节,花朵反季开放的故事,即桃李华。这应该是在史官的观念中,妖、孽不分,或者是笔误。

### 3. 金石之妖与金异

《明史·五行志》与《清史稿·灾异志》在“金”的名下,有金石之妖。但《明史》在正文中,小题目又改为“金异”。

# 天空的记忆

班固建立《五行志》的初衷，是针对地上的灾异而言的。但在《洪范五行传》中，在五事之后，加入一个“皇之不极”，成为六事；其中又有“五行沴天”一项，这是说，当五行即金木水火土一并发生灾变时，五行就会对一些天象产生感应，导致“日月乱行，星辰逆行”的现象发生。

为此，《汉书 · 五行志》在五行沴天的名下，记载了日食、日变、月变、星陨、星孛等天象的发生。《后汉书 · 五行志》《宋书 · 五行志》均遵循此说，加以记载。唐代在重修《晋书》时，其中的《晋书 · 五行志》内容，几乎全部抄自《宋书 · 五行志》，但唯独没有抄写“五行沴天”的内容，而将其归入《天文志》之中。其实在《宋书》之后，《南齐书 · 五行志》已经没有记载天象，《魏书 · 灵征志上》也没有记载天象，而是单独列出《天象志》四章，将《汉书 · 五行志》中“五行沴天”一类事件，详列其中。之后诸史《五行志》都没有天象记载的章节，只有两个现象例外，那就是他们虽然在《五行志》中删去了“五行沴天”，却始终保留着“陨石”一项；再者，虹蜺、云、雾、雷、电等现象，也始终在记录。

那么，诸史《五行志》及《灵征志》《灾异志》，究竟记载了哪些与五行变异相关的天象呢？本文整理出八种，即日食、月食、日变、月变、星陨、星孛、陨石、天鸣。

## 一、日　食

在诸史之中，只有《汉书》《后汉书》《宋书》的《五行志》中，记载了日食或日蚀的内容。其余诸史，则将日食归于《天文志》《天象志》等。现将上述三史中的日食故事，略记如下：

### 1. 春秋日食

《汉书·五行志》日食一项，其记载始于春秋时期，起于“隐公三年二月己巳，日有食之。《穀梁传》曰，言日不言朔，食晦。《公羊传》曰，食二日”，止于“哀公十四年五月庚申朔，日有食之。在获麟后。刘歆以为三月二日齐、卫分”。例目的正文后面，班固总结道：“凡春秋十二公，二百四十二年，日食三十六。《穀梁》以为朔二十六，晦七，夜二，二日一。《公羊》以为朔二十七，二日七，晦二。《左传》以为朔十六，二日十八，晦一，不书日者二。”

据班固统计，春秋二百四十二年，一共发生了三十六次日食。至于它们预示了什么事情呢？一般情况下，班固会将董仲舒、刘向、刘歆三个人的观点作为说明。比如《春秋》记载，桓公十七年“十月朔，日有食之”。《穀梁传》评说：“言朔不言日，食二日也。”对此刘向认为，此时卫惠公卫朔有罪，出奔齐国，周天子更换了卫国的君王。卫朔借助五国，举兵讨伐周朝，再自立为侯，周朝的王命从此败坏。鲁夫人淫失于齐国，接着杀害了鲁桓公。董仲舒认为，言朔不言日，是因为厌恶鲁桓公，并且他有夫人之祸，将要不久于人世了。刘歆认为，这预示着楚国与郑国将要分离。(《汉书·五行志》)

**2. 西汉日食**

《汉书·五行志》记西汉时期发生日食，起于“高帝三年十月甲戌晦，日有食之，在斗二十度，燕地也。后二年，燕王臧荼反，诛，立卢绾为燕王，后又反，败”。止于“平帝元始元年五月丁巳朔，日有食之，在东井。二年九月戊申晦，日有食之，既”。上述文后有记：“凡汉著纪十二世，二百一十二年，日食五十三，朔十四，晦三十六，先晦一日三。”

据班固统计，西汉二百一十二年，一共发生了五十三次日食。比如汉高祖刘邦三年十月甲戌晦，发生日食，在斗二十度，这是燕国的天象。两年后，燕王臧荼反叛，被诛杀，刘邦立卢绾为燕王，后来卢绾又反叛，被击败。十一月癸卯晦，发生日食，在虚三度，这是齐国的天象。两年后，齐王韩信受封为楚王，第二年被废为列侯，后又反叛，被诛杀。

再如高后二年六月丙戌晦，发生日食。七年正月己丑晦，发生日食，最终的方位在营室九度，这是宫室中的天象。当时吕后很厌恶这个天象，她说："这是对着我来的啊！"第二年，吕后死去。此事《汉书·高后本纪》亦有记："（高后二年）春正月乙卯，地震，羌道、武都道山崩。夏六月丙戌晦，日有蚀之。（七年）春正月丁丑，己丑晦，日有蚀之，既。（八年）秋七月辛巳，皇太后崩于未央宫。遗诏赐诸侯王各千金，将、相、列侯下至郎吏各有差。大赦天下。"

3. 东汉日蚀

《后汉书·五行志》记载日蚀，起于光武帝建武二年，止于建安二十四年。如："光武帝建武二年正月甲子朔，日有蚀之，在危八度。《日蚀说》曰：'日者，太阳之精，人君之象。君道有亏，有阴所乘，故蚀。蚀者，阳不克也。'其候杂说，《汉书·五行志》著之必矣。儒说诸侯专权，则其应多在日所宿之国。诸象附从，则多为王者事。人君改修其德，则咎害除。是时世祖初兴，天下贼乱未除。虚、危，齐也。贼张步拥兵据齐，上遣伏隆谕步，许降。旋复叛称王，至五年中乃破。"又如："（建安）二十四年二月壬子晦，日有蚀之。凡汉中兴十二世，百九十六年，日蚀七十二：朔三十二，晦三十七，月二日三。"

《后汉书》记载日蚀，东汉一百九十六年一共发生七十二次日蚀。比如永平三年八月壬申晦发生日蚀，当时汉明帝修建北宫。永平八年十月壬寅晦发生日蚀，两年后广陵王刘荆谋反自杀。永平十三年十月甲辰晦发生日蚀，十六年又日蚀，十八年又日蚀，汉明帝刘庄死去。

4. 魏晋日蚀

《宋书·五行志》记三国时期日蚀，起于“魏文帝黄初二年六月戊辰晦，日有蚀之”，止于“魏元帝景元二年五月丁未朔，日有蚀之。景元三年三月己亥朔，日有蚀之”。晋代日蚀，起于“晋武帝泰始二年七月丙午晦，日有蚀之”，止于“晋恭帝元熙元年十一月丁亥朔，日有蚀之”。

《宋书》记载日蚀的故事，如魏文帝曹丕时期，黄初二年六月戊辰晦，发生日蚀。有司上奏，请罢免太尉。皇帝下诏说：“灾异之作，以谴元首，而归过股肱，岂禹、汤罪己之义乎？其令百官各虔厥职。后有天地眚，勿复劾三公。”黄初三年正月丙寅朔，又发生日蚀；十一月庚申晦，又发生日蚀。黄初五年十一月戊申晦，又发生日蚀。两年之后，曹丕在嘉福殿死去，时年四十岁。(《三国志·文帝本纪》)

5. 刘宋日蚀

《宋书·五行志》记起于“宋少帝景平二年二月癸巳朔，日有蚀之”，止于“顺帝升明二年九月乙巳朔，日有蚀之。三年三月癸卯朔，日有蚀之”。

《宋书》有记如：“文帝元嘉四年六月癸卯朔，日有蚀之。元嘉六年五月壬辰朔，日有蚀之。十一月己丑朔，又日有蚀之，不尽如钩，蚀时星见，晡方没，河北地暗。元嘉十二年正月乙未朔，日有蚀之。元嘉十七年四月戊午朔，日有蚀之。元嘉十九年七月甲戌晦，日有蚀之。元嘉二十三年六月癸未朔，日有蚀之。元嘉三十年七月辛丑朔，日有蚀之，既，星辰毕见。”

## 二、日　变

所谓日变，包括日色青白、日赤如血、日出黄有黑气、日晕、白虹抱日、日珥、日中有黑气如瓜、黑气如飞鹊等，仅见《汉书·五行志》《后汉书·五行志》《宋书·五行志》，其余诸史中的相关记载，不在《五行志》中。略记如下：

### 1. 西汉日变

《汉书·五行志》记载了两段日变色的故事，分别发生在汉元帝、汉成帝年间。一是“元帝永光元年四月，日色青白，亡景，正中时有景亡光。是夏寒，至九月，日乃有光”。二是“成帝河平元年正月壬寅朔，日月俱在营室，时日出赤。二月癸未，日朝赤，且入又赤，夜月赤。甲申，日出赤如血，亡光，漏上四刻半，乃颇有光，烛地赤黄，食后乃复。三月乙未，日出黄，有黑气大如钱，居日中央”。

2. 东汉日变

《后汉书·五行志》记载日变的故事，分别发生在汉光武帝、汉灵帝、汉献帝年间。一是“光武建武七年四月丙寅，日有晕抱，白虹贯晕，在毕八度。毕为边兵。秋，隗嚣反，侵安定”。二是“灵帝时，日数出东方，正赤如血，无光，高二丈余乃有景。且入西方，去地二丈，亦如之。其占曰，事天不谨，则日月赤。是时月出入去地二三丈，皆赤如血者数矣。光和四年二月己巳，黄气抱日，黄白珥在其表。中平四年三月丙申，黑气大如瓜，在日中。五年正月，日色赤黄，中有黑气如飞鹊，数月乃销。六年二月乙未，白虹贯日”。三是“献帝初平元年二月壬辰，白虹贯日”。

3. 魏晋日变

《宋书·五行志》记载三国时期日变，仅有一段：“吴孙权赤乌十一年二月，白虹贯日，时地又频震。权发诏，深戒惧天眚。”晋代日变，起于“晋武帝泰始五年七月甲寅，日晕再重，白虹贯之”，止于“晋恭帝元熙二年正月壬辰，日晕，东西有直珥各一丈，白气贯之交匝”。

4. 刘宋日变

《宋书·五行志》记载刘宋时期的日变故事，起于“宋文帝元嘉二十九年十一月己卯朔，日始出，色赤如血，外生牙，块垒不员。明年二月，宫车晏驾”，止于“后帝升明元年九月乙未夜，白虹见东方”。

## 三、月　变

所谓月变，包括月蚀、月重见、月蚀非其月等现象。其中《汉书·五行志》有记月变一例："成帝建始元年八月戊午，晨漏未尽三刻，有两月重见。"《后汉书·五行志》有记月变二例："桓帝永寿三年十二月壬戌，月蚀非其月。延熹八年正月辛巳，月蚀非其月。"《宋书·五行志》有记月变二例："晋孝怀帝永嘉五年三月丙申夜，月蚀既；丁酉夜，又蚀既。占曰：月蚀既尽，夫人忧。又曰：其国贵人死。安帝义熙九年十二月辛卯朔旦，月犹见东方。按占，谓之侧匿。"

## 四、星　陨

### 1. 西汉星陨

《汉书·五行志》有记星陨二例：一是"严公七年四月辛卯夜，恒星不见，夜中星陨如雨"。二是"成帝永始二年二月癸未，夜过中，星陨如雨，长一二丈，绎绎未至地灭，至鸡鸣止"。

### 2. 西汉星孛

《汉书·五行志》有记星孛，其中记载春秋时期星孛三段：一是"文公十四年七月，有星孛入于北斗"。二是"昭公十七年冬，有星孛于大辰”。三是“哀公十三年“冬十一月，有星孛于东方”。西汉时期星孛九段，起于“高帝三年七月，有星孛于大角，旬余乃人”，止于“元延元年七月辛未，有星孛于东井，践五诸侯，出河戍北率行轩辕、太微，后日六度有余，晨出东方。十三日夕见西方，犯次妃、长秋、斗、填，蜂炎再贯紫宫中。大火当后，达天河，除于妃后之域。南逝度犯大角、摄提，至天市而按节徐行，炎入市，中旬而后西去，五十六日与仓龙俱伏。……是岁，赵昭仪害两皇子。后五年，成帝崩，昭仪自杀。哀帝即位，赵氏皆免官爵，徙辽西。哀帝亡嗣。平帝即位，王莽用事，追废成帝赵皇后、哀帝傅皇后，皆自杀。外家丁、傅皆免官爵，徙合浦，归故郡。平帝亡嗣，莽遂篡国。”

## 五、陨 石

十五史《五行志》及《灵征志》《灾异志》记载陨石，一直没有间断。究其原因，一是班固《汉书·五行志》中有“金木水火土沴天”一项，即“日月乱行，星辰逆行”，其中包括陨石；再一是陨石属于金石一类，因此也被归于白眚白祥，即金与言之不从；还有陨石下落时会发出声音，因此也会被归于鼓妖，即水与听之不聪。本文按照诸史记载陨石的例目，整理如下：

### 1. 金与白眚白祥中的陨石

在诸史《五行志》言之不从白眚白祥的例目中，有陨石的记载。此事首见于《汉书·五行志》言之不从白眚白祥，如:“史记秦始皇帝三十六年，郑客从关东来，至华阴，望见素车白马从华山上下，知其非人，道住止而待之。遂至，持璧与客曰:‘为我遗镐池君。’因言‘今年祖龙死’。忽不见，郑客奉璧，即始皇二十八年过江所湛璧也。与周子鼂同应。是岁，石陨于东郡，民或刻其石曰:‘始皇死而地分。’此皆白祥，炕阳暴虐，号令不从，孤阳独治，群阴不附之所致也。一曰，石，阴类也，阴持高节，臣将危君，赵高、李斯之象也。始皇不畏戒自省，反夷灭其旁民，而燔烧其石。是岁始皇死，后三年而秦灭。”此后《晋书·五行志》言之不从白眚白祥记:“魏明帝青龙三年正月乙亥，陨石于寿光。案《左氏传》‘陨石，星也’，刘歆说曰:‘庶众惟星陨于宋者，象宋襄公将得诸侯而不终也。’秦始皇时有陨石，班固以为:‘石，阴类也。又白祥，臣将危君。’是后宣帝得政云。武帝太康五年五月丁巳，陨石于温及河阳各二。六年正月，陨石于温，三。成帝咸和八年五月，星陨于肥乡，一。九年正月，陨石于凉州，二。”《隋书·五行志》言之不从白眚白祥记:“开皇十七年，石陨于武安、滏阳间十余。《洪范五行传》曰:‘石自高陨者，君将有危殆也。’后七载，帝崩。”此后的史书白眚白祥中，没有了陨石的记载。

2. 五行沴天中的陨石

在诸史《五行志》皇之不极五行沴天中，有陨石的记载。《汉书·五行志》有记星陨、星孛和陨石，其中陨石有十一段。起于"釐公十六年正月戊申朔，陨石于宋，五。是月，六鶂退飞过宋都"，止于"自惠尽平，陨石凡十一，皆有光耀雷声，成、哀尤屡"。《后汉书·五行志》《宋书·五行志》有记天象，但未记陨石内容。《新唐书·五行志》皇之不极有记："永徽四年八月己亥，陨石于同州冯翊十八，光耀，有声如雷。近星陨而化也。庶民惟星，在上而陨，民去其上之象。一曰：'人君为诈妄所蔽则然。'"其下有天鸣与陨石。

3. 水与听之不聪中的陨石

《宋史·五行志》中没有皇之不极一章，但将相关内容放到水的一章之中，其中有二段陨石记载："淳熙十六年三月壬寅，陨石于楚州宝应县，散如火，甚臭腥。庆元二年六月辛未，黄岩县大石自陨，雷雨甚至，山水瀵涌。"《明史·五行志》《清史稿·灾异志》中均没有皇之不极一章，但也将其中内容放在水之后，其中有陨石的例目。《明史·五行志》水的序文写道："《洪范》曰'水曰润下'。水不润下，则失其性矣。前史多以恒寒、恒阴、雪霜、冰雹、雷震、鱼孽、蝗蝻、豕祸、龙蛇之孽、马异、人痾、疾疫、鼓妖、陨石、水潦、水变、黑眚黑祥皆属之水。今从之。"正文中有陨石记载。《清史稿·灾异志》水的序文写道："《洪范》曰：'水曰润下。'水不润下，则为咎徵。凡恒寒、恒阴、雪霜、冰雹、鱼孽、蝗螨、豕祸、龙蛇之孽、马异、人痾、疾疫、鼓妖、陨石、水潦、水变、黑眚黑祥皆属之于水。”正文中有陨石的记载。

**4. 金与言之不从中的陨石**

《元史·五行志》在金不从革与言之不从中，有陨石的记载：“大德二年六月，抚州崇仁县辛陂村有星陨于地，为绿色陨石，邑人张椿以状闻。”又：“至正十年正月甲戌，棣州白昼空中有声自西北而来，距州二十里陨于地，化为石，其色黑，微有金星散布其上。有司以进，遂藏之司天监。十一月冬至夜，陕西耀州有星坠于西原，光耀烛地，声如雷鸣者三，化为石，形如斧，一面如铁，一面如锡，削之有屑，击之有声。十六年冬十一月，大名路大名县有星如火，自东南流，尾如曳彗，坠入于地，化为石，青黑光莹，状如狗头，其断处类新割者。有司以进，太史验视云‘天狗’，命藏于库。十九年四月己丑，建宁路瓯宁县有星坠于营山前，其声如雷，化为石。二十三年六月庚戌，益都临朐县龙山有星坠入于地，掘之深五尺，得石如砖，褐色，上有星如银，破碎不完。”

## 六、天 鸣

《新唐书·五行志》中有记天鸣一项，包括四例：一是“天宝十四载五月，天鸣，声若雷。占曰：人君有忧”。二是“贞元二十一年八月，天鸣，在西北”。三是“中和三年三月，浙西天鸣，声如转磨。无云而雨”。四是“元和十二年正月乙酉，星见而雨。占曰：无云而雨，是谓天泣”。

# 祥瑞物

诸史与《五行志》及《灵征志》《灾异志》对应，还有记载祥瑞的专志，它们是《宋书·符瑞志》《南齐书·祥瑞志》《魏书·灵征志下》。

本书的主旨是记载五行灾异，为什么又要对祥瑞物专门评析呢？这是因为在吉凶两者之间，始终存在着正反两面的关联性，也就是说，一件事情出现了，人们对于它的吉凶判断，往往能够得出截然相反的两种结论。首先是就对立双方而言，一方的吉祥预测，一般会对应着另一方的凶险。比如秦朝时，长安街上出现十二个长人，被史家们认定为凶兆；但对于汉代而言，却是新王朝兴起的吉兆。其次是对于个体事物而言，自身的吉凶判断，也会发生转化。比如汉代刘歆改名刘秀，是因为他推算出将会有一个叫刘秀的人复兴汉室；但他后来操作失误，反被王莽所害，结果自杀身亡，好事又变成了坏事。

在此，先做以下几点说明：一是在例目上，本文将《宋书·符瑞志》《南齐书·祥瑞志》《魏书·灵征志下》的内容联系起来一并考察，它们之间的相关性还是存在的。二是本章中列出的例目，可以在《太平御览》一类书中，找到更多的例说，本章侧重于翻检谶纬中的论述，择要列入。三是本章每列出一个祥瑞的例目，还会在诸史《五行志》中，找出它在另一方面的定义，以及对应的故事，这样会使二者观点的对立性得到更加真实与生动的展现。

祥瑞的内容十分丰富，根据《宋书·符瑞志》《南齐书·祥瑞志》《魏书·灵征志下》简略整理，就有一百余项，如：沙麓崩，十二长人，大讨曹，石自立，木生字，麒麟，凤凰，神鸟，四龙，灵龟，龙马，白象，狐，鹿，一角兽，白虎，白狼，兔，比翼鸟，雀，福草，乌，甘露，威香，嘉禾，庆云，斗殒精，白燕，金车，玉马，根车，白鸠，玉羊，玉鸡，璧流离，玉英，玄圭，玉器，金胜，丹甑，白鱼，金人，木连理，比目鱼，珊瑚钩，芝草，明月珠，巨鬯，华平，平露，蓂荚，萐甫，朱草，景星，宾连阔达，渠溲，浪井，越常白雉，黄银紫玉，玉女，地珠，天鹿，角端，周印，飞菟，泽兽，騕褭，鯩，同心鸟，趹枪蹄，紫达，小鸟生大鸟，河精，延嬉，大贝，威蕤，醴泉，日月扬光，芝英，碧石，玉瓮，山车，鸡骇犀，陵出黑丹，鼎，白鼠，石树，河水清，野蚕，白鹊，花雪，石柏，绘图，宋高宗故事，祥凤，黨树，神兽，五色狗，石人，三角兽，六角兽，比肩兽，獬豸，白獐，地出宝，古钟，驺虞，五色云等。本文从中选取几段故事，略加说明。

# 一、庆　云

庆云，又称景云、五色云，《宋书·符瑞志》:“云有五色，太平之应也，曰庆云。若云非云，若烟非烟，五色纷缊，谓之庆云。”《太平御览·天部·卷八》:“《周礼》曰：保章氏以五色云物，辨吉凶之祲祥。郑氏注曰：占视日旁云气，青为虫，白为丧，赤为兵荒，黑为水，黄为丰。《京房易飞候》曰：凡候雨，有黑云如群羊，奔如飞鸟，五日必雨。又曰：视四方常有大云五色，其下贤人隐也。青云润泽蔽日，在西北，为举贤良。黄云如覆车，大丰也。又曰：凡候雨，以晦朔弦望，有苍黑云、细云如杼轴，蔽日月，五日必雨。《尚书中候》曰：尧沉璧于河，白云起，回风摇落。又曰：周成王举尧舜礼，沉璧于河，白云起而青云浮至，乃有苍龙负图临河也。”

庆云的故事，一是《宋书·符瑞志》有记:“汉宣帝神爵四年春，斋戒之莫，神光显著。荐鬯之夕，神光交错，或降于天，或登于地，或从四方，来集于坛上。汉章帝元和三年正月，车驾北巡，以太牢祠北岳山，见黄白气。宋孝武帝大明元年五月壬子，紫气从景阳楼上层出，状如烟，回薄良久。明帝泰始二年三月丙午，黄紫云从景阳楼出，随风回，久乃消，华林园令臧延之以闻。泰始二年六月己卯，日入后，有黄白赤白气东西竟天，光明润泽，久乃消。泰始四年十一月辛未，崇宁陵令上书言，自大明八年至今四年二月，宣太后陵明堂前后数有光及五色云，又芳香四满，又五采云在松下，状如车盖。泰始七年四月戊申夜，京邑崇虚馆堂前有黄气，状如宝盖，高十许丈，渐有五色，道士陆修静以闻。”二是《南齐书·祥瑞志》有记：“升明元年六月，庆云见益都。建元元年，世祖拜皇太子日，有庆云在日边。三年，华林园醴泉堂东忽有瑞云，周圆十许丈，高下与景云楼平，五色藻密，光彩映山，徘徊良久，行转南行，过长船入华池。”三是《魏书·灵征志下》有记：“高宗兴光元年二月，有云五色。所谓景云，太平之应也。景明二年六月，有云五色，见于申酉之间。出帝太昌元年六月，日初出，有大黄气成抱。”

再者，十五史《五行志》及《灵征志》《灾异志》言之不从白眚白祥中，也有许多关于云的记载，一般列在眚祥的例目之中，均为不祥之兆。如《新唐书·五行志》有记：“天复元年八月己亥，西方有白云如履底，中出白气如匹练，长五丈，上冲天，分为三彗，头下垂。占曰：天下有兵。白者，战祥也。”

## 二、甘　露

甘露，《宋书·符瑞志》：“甘露，王者德至大，和气盛，则降。柏受甘露，王者耆老见敬，则柏受甘露。竹受甘露，王者尊贤爱老，不失细微，则竹苇受甘露。”《太平御览·天部·卷十二》：“《尚书中候》曰：尧时甘露降。《礼斗威仪》曰：君治政，则轩辕之精散为甘露。《春秋繁露》曰：恩及于物，顺于人而甘露降。《春秋序》曰：桀无道，露冬下。《春秋元命苞》曰：霜以杀木，露以润草。又曰：阴阳散为露。《五经通义》曰：和气津液凝为露，露从地出。王子年《拾遗记》曰：昆仑山有甘露，望之色如丹，着木石则皎然如霜雪，宝器承之如饴，人君圣德则下。”

甘露的故事，一是《汉书·宣帝本纪》有记：“三月，诏曰：乃者凤皇集泰山、陈留，甘露降未央宫。朕未能章先帝休烈，协宁百姓，承天顺地，调序四时，获蒙嘉瑞，赐兹祉福，夙夜兢兢，靡有骄色，内省匪解，永惟罔极。《书》不云乎？‘凤皇来仪，庶尹允谐。’其赦天下徒，赐勤事吏中二千石以下至六百石爵，自中郎吏至五大夫，佐史以上二级，民一级，女子百户牛、酒。加赐鳏、寡、孤、独、三老、孝弟、力田帛。所振贷勿收。”二是《宋书·符瑞志》有记：“宋武帝居在丹徒，始生之夜，有神光照室；其夕，甘露降于墓树。”三是《南齐书·祥瑞志》有记：“升明二年十月，甘露降建康县。十一月，甘露降长山县。十二月，甘露降彭山松树，至九日止。建元元年九月，甘露降淮南郡桃石榴二树。有司奏甘露降新汲县王安世园树。永明二年四月，甘露降南郡桐树。四年二月，甘露降临湘县李树。三月，甘露降南郡桐树。四月，甘露降睢阳县桃树。五年四月，甘露降荆州府中阁外桐树。六年，甘露降芳林园故山堂桐树。九年八月，甘露降上定林寺佛堂庭，中天如雨，遍地如雪，其气芳，其味甘，耀日舞风，至晡乃止。尔后频降钟山松树，四十余日乃止。十月，甘露降泰安陵树。中兴二年三月，甘露降茅山，弥漫数里。”四是《魏书·灵征志下》有记：“世祖始光四年六月，甘露降于太学。王者德至，天和气盛则降。又王者敬老，则柏受甘露。王者尊贤爱老，不失细微，则竹苇受。”

诸史《五行志》记载甘露，始于《宋史·五行志》，其序文中即写道：“且于庶征惟述灾眚，而休祥阙焉，亦岂无所见欤？旧史自太祖而嘉禾、瑞麦、甘露、醴泉、芝草之属，不绝于书，意者诸福毕至，在治世为宜。”其下记道：“大观初，甘露降于九成宫帝鼐室。三年冬，降于尚书省及六曹，御制七言四韵诗赐执政已下。其后内自禁中及宣和殿、延福宫、神霄宫，下至三学、开封府、大理寺、宰臣私第，皆有之，岁岁拜表称贺。”此事《宋史·徽宗本纪》亦有记：“（大观元年春正月庚子）甘露降于帝鼎内，群臣称贺。”《元史·五行志》貌之不恭恒雨中，也有记甘露故事：“至正六年八月，龙兴进贤县甘露降。二十年十月，国子学大成殿松柏树有甘露降其上。”此事《元史·顺帝本纪》亦有记：“（至正二十年）冬十月甲申朔，甘露降于国子监大成殿前柏木。”

## 三、浪　井

浪井，《宋书·符瑞志》：“浪井，不凿自成，王者清静则应。”晋张鉴《浔阳记·浪井》：九江浪井，西汉名将灌婴在高祖六年领兵屯扎九江时开凿，故称灌婴井。后年久湮塞。三国时，孙权曾驻九江，令人掘井。适得故处，并有石函井铭，文曰："汉六年颍阴侯开。"下云："三百年当塞，塞后不满百年当为应运者所开。"孙权大喜，以为瑞兆，遂名瑞井。《太平御览·休征部·卷二》："井：孙氏《瑞应图》曰：王者清净则浪井出，有仙人主之。《典略》曰：浪井者，不凿自成之井。"

浪井的故事，《南齐书·祥瑞志》有记："建元元年四月，有司奏：'延陵令戴景度称，所领季子庙，旧有涌井二所，庙祝列云旧井北忽闻金石声，即掘，深三尺，得沸泉。其东忽有声铮铮，又掘得泉，沸涌若浪。泉中得一银木简，长一尺，广二寸，隐起文曰："庐山道人张陵再拜谒诣起居。"简木坚白而字色黄。'谨案《瑞应图》：'浪井不凿自成，王者清静，则仙人主之。'《孔氏世录》云：'叶精帝道，孔书明巧，当在张陵。'宋均注云：'张陵佐封禅。一云陵，仙人也。'"

## 四、地　珠

地珠，《宋书·符瑞志》："地珠，王者不以财为宝则生珠。"《太平御览·珍宝部·卷二》："阚骃《十三州志》曰：僧强叠国在天竺南，佛寺三千余所。其地有神珠，非玉石，昼夜于国中光明于日。珠径一尺五寸，其色正碧。《南方草木状》曰：凡采珠，一旁小平，形似覆釜，第一。珠母肉玉白，人民以姜齑食之。常璩《华阳国志》曰：广阳县，山出青珠。永昌郡博南县有光珠穴，出光珠。珠有黄珠、白珠、青珠、碧珠。徐衷《南方草物状》曰：凡采珠，常三月。用五牲祈祷。若祠祭有失，则风搅海水，或有大鱼在蚌左右。自蚌珠，长二寸半，在涨海中。其一寸五分，其光色，一旁小平，形似覆釜，为第一。珰珠凡三品，其一寸三分，虽有光色，形不员正，为第二。滑珠，凡三品。”

## 五、十二长人

十二长人，《宋书·符瑞志》：“初，秦始皇世，有长人十二，身长五丈，足迹六尺，见于陇西临洮，前史以为秦亡之征，史臣以为汉兴之符也。自高帝至于平帝，十二主焉。”《太平御览·人事部·卷十八》：“《尚书·洪范五行传》曰：长狄之人，长盖五丈余也。又曰：秦始皇时有大人身长五丈，足迹六尺。夷狄服，见于临洮。天戒秦曰：勿大行夷狄之道，将受其祸云。”

《汉书·五行志》皇之不极下人伐上之痾亦有记：“史记秦始皇帝二十六年，有大人长五丈，足履六尺，皆夷狄服，凡十二人，见于临洮。天戒若曰，勿大为夷狄之行，将受其祸。是岁始皇初并六国，反喜以为瑞，销天下兵器，作金人十二以象之。遂自贤圣，燔《诗》《书》，坑儒士；奢淫暴虐，务欲广地；南戍五岭，北筑长城以备胡越；堑山填谷，西起临洮，东至辽东，径数千里。故大人见于临洮，明祸乱之起。后十四年而秦亡，亡自戍卒陈胜发。”

## 六、白 象

白象，《宋书·符瑞志》：“白象者，人君自养有节则至。”《太平御览·兽部·卷二》作“像”：“像：《春秋运斗枢》曰：摇光之星，散而为像。《尔雅》曰：南方之美者，有梁山之犀、像焉。《说文》曰：像，长鼻、牙，南越之大兽，三岁一乳。《左传·襄公四年》曰：像有齿，以焚其身，贿也。”

白象的故事，《宋书·符瑞志》记：“宋文帝元嘉元年十二月丙辰，白象见零陵洮阳。元嘉六年三月丁亥，白象见安成安复，江州刺史南谯王义宣以闻。汉武帝元狩二年三月，南越献驯象。”《南齐书·祥瑞志》记：“（永明）十一年，白象九头见武昌。”《魏书·灵征志下》记：“天平四年八月，有巨象至于南兖州，砀郡民陈天爱以告，送京师，大赦改年。王者自养有节则至。”

诸史《五行志》言之不从毛虫之孽记载象，始见于《南齐书·五行志》：“永明中，南海王子罕为南兖州刺史，有獐入广陵城，投井而死，又有象至广陵，是后刺史安陵王子敬于镇被害。”

还有《宋史·五行志》有两例象的记载："建隆三年，有象至黄陂县匿林中，食民苗稼，又至安、复、襄、唐州践民田，遣使捕之。明年十二月，于南阳县获之，献其齿革。乾德二年五月，有象至澧阳、安乡等县，又有象涉江入华容县，直过阛阓门；又有象至澧州澧阳县城北。乾道七年，潮州野象数百食稼，农设穽田间，象不得食，率其群围行道车马，敛谷食之，乃去。"以后未见记载。

## 七、麒　麟

麒麟，《宋书·符瑞志》："麒麟者，仁兽也。牡曰麒，牝曰麟。不刳胎剖卵则至。麕身而牛尾，狼项而一角，黄色而马足。含仁而戴义，音中钟吕，步中规矩，不践生虫，不折生草，不食不义，不饮洿池，不入坑阱，不行罗网。明王动静有仪则见。牡鸣曰逝圣，牝鸣曰归和，春鸣曰扶幼，夏鸣曰养绥。"《太平御览·兽部·卷一》："麒麟：《说文》曰：麒麟，仁什藭，马身，牛尾，肉角。《春秋运斗枢》曰：机星得则麟生。《春秋保乾图》曰：岁星散为麟。《尔雅》曰：麟，麇身，牛尾，一角。《礼记·礼运》曰：天不爱其道，地不爱蒲唉，人不爱其情，故麒麟在郊薮。《诗·国风·麟之趾》曰：麟之趾，振振公子，于嗟麟兮。"

麒麟的故事，《宋书·符瑞志》记载，汉武帝至晋成帝年间，有见麒麟十六项。《魏书·灵征志下》有记麒麟一项："高祖延兴元年十一月，肆州秀容民获麟以献。王者不刳胎剖卵则至。”

诸史《五行志》言之不从毛虫之孽有记麒麟，如《旧唐书·五行志》记：“元和七年十一月，龙州武安川畬田中嘉禾生，有麟食之，复生。麟之来，一鹿引之，群鹿随之，光华不可正视。使画工图麟及嘉禾来献。”《宋史·五行志》记：“嘉祐三年六月丁卯，交阯贡异兽二。初，本国称贡骐驎，状如牛身，被肉甲，鼻端有角，食生刍果，必先以杖击其角，然后食。既至，而枢密使田况辨其非麟，诏止称异兽。”《金史·五行志》记：“皇统五年闰月戊寅，大名府进牛生麟。”《元史·五行志》记：“大德九年二月，大同平地县迷兒的斤家，牛生麒麟而死。”《明史·五行志》记：“天启七年三月，莒州牛产犊如麟。”《清史稿·灾异志》记：“康熙十二年九月，揭阳民家猪产麒麟。”

## 八、金人、玉女

金人,《宋书·符瑞志》：“金人，王者有盛德则游后池。”《初学记·宝器部金》：“《齐书》曰：金车，王者至孝则出。金人，王者有盛德则游于后池。林邑有金山，汁流子浦。”

玉女,《宋书·符瑞志》：“玉女，天赐妾也。《礼含文嘉》曰：禹卑宫室，尽力沟洫，百谷用成，神龙女降。”《太平御览·皇王部·卷七》：“《礼含文嘉》曰：禹卑宫室，垂意于沟洫，百谷用成，神龙至，灵龟服，玉女敬养，天赐妾。”又见《神异经·东荒经》:“（东王公）恒与一玉女投壶。”

## 九、石　人

石人，《魏书·灵征志下》:“太祖天兴四年春，新兴太守上言：‘晋昌民贾相，昔年二十二，为雁门郡吏，入句注西陉，见一老父，谓相曰:“自今以后四十二年当有圣人出于北方。时当大乐，子孙永长，吾不及见之。”言终而过。相顾视之，父老化为石人。相今七十。下检石人见存。至帝破慕容宝之岁，四十二年。’”《太平御览·地部·卷十七》:“盛弘之《荆州记》曰：临贺冯乘县东五里，有故县庙，相传汉淮南王安被诛，其子奔逸来至，一夜忽化为石人，当县门而立。百姓怪而观之，其迫察者，手足无不疮烂。《郡国志》曰：桂州兴安县有卧石一枚，其形似人，而举体青黄隐起，俗谓之石人，可以祈雨，小举则雨小，大举则雨大。”

## 十、福　草

福草，又称朱草。《宋书·符瑞志》:“福草者，宗庙肃，则生宗庙之中。”《太平御览·休征部·卷二》:“福草：孙氏《瑞应图》曰：王者宗庙至敬，则福草生于庙。(一云礼草)《礼纬斗威仪》有记：‘人君乘木而王，其政升平，则福草生宗庙中，松柏为长生，山车垂句。’宋均注曰：‘庙中生草，盖福草也，即朱草之别名，可以染祭服，故应仁孝而生庙中。’”

## 十一、比翼鸟

比翼鸟，《宋书·符瑞志》：“比翼鸟，王者德及高远则至。阙。”《尔雅·释地》：“南方有比翼鸟焉，不比不飞，其名谓之鹣鹣。”郭璞注：“似凫，青赤色。”《山海经·海外南经》：“比翼鸟在其东，其为鸟青、赤，两鸟比翼。一曰在南山东。”《山海经·西山经》：“(崇吾之山)有鸟焉，其状如凫，而一臂一目，相得乃飞，名曰蛮蛮，见则天下大水。”

## 十二、玉　马

玉马，《宋书·符瑞志》：“玉马，王者精明，尊贤者则出。阙。”《论语比考谶》：“殷惑女妲己，玉马走。”宋均注曰：“女妲己，有美色也。玉马，喻贤臣奔去也。”(《文选·劝进今上笺注》引)《太平御览·兽部·卷八》：“孙氏《瑞应图》曰：玉马者，王者清明尊贤则至。又曰：乘黄，王者舆服有度则出。騕褭者，神马也，与飞兔同，以明君有德也。又曰：飞兔者，日行三万里。禹治水土，勤劳历年，救民之害，天应其德则至。駃蹄者，后土之什藭，自能言语，王者仁孝于民则出。禹治水土有功而来。又曰：龙马者，仁马，河死戬精也。高八尺五寸，长颈，骼上有翼，旁垂毛，鸣声九音，有明王则见。”

## 十三、木生字

木生字，始见于《汉书·五行志》视之不明草妖：“惠帝五年十月，桃李华，枣实。昭帝时，上林苑中大柳树断仆地，一朝起立，生枝叶，有虫食其叶，成文字，曰‘公孙病已立’。又，昌邑王国社有枯树复生枝叶。”眭孟由此推占出汉宣帝将出，因此是祥瑞；霍光却认为，眭孟妖言惑众，将其杀死。因为此事对汉宣帝是祥瑞，所以《宋书·符瑞志》也记此事。

《太平御览·木部·卷一》：“《唐书》又曰：代宗大历十二年，成都府人郭远，因樵爨获瑞木一茎，有文曰：天下太平。献之。以示百官，宰臣奏贺曰：‘至德之化，先贲于草木。太平之符，遂形文字。伏望藏于秘阁，宣付史馆。’”

诸史《五行志》自《旧唐书·五行志》有记：“（天宝）十二年五月甲子，成都府人郭远，因樵获瑞木一茎，有文曰‘天下太平’四字。”此事似可归于木不曲直、金沴木或草妖，实则为祥瑞。《旧五代史·五行志》木不曲直记载，树木中有字曰“天十四载石进”，是一个字谜，预示着“晋祖即位之年”。《宋史·五行志》木不曲直记载“木生字”极多，如天下太平（四见）、太平之道、王帝万岁、万宋年岁、绍熙五年、天太下赵等。《金史·五行志》视之不明草妖，木中有赤色“太”字。《元史·五行志》视之不明草妖，有记黍叶上生字，上节“天下太平”，下节“天下刀兵”。

## 十四、凤　凰

凤凰，《宋书·符瑞志》:“凤凰者，仁鸟也。不刳胎剖卵则至。或翔或集。雄曰凤，雌曰凰。蛇头燕颔，龟背鳖腹，鹤颈鸡喙，鸿前鱼尾，青首骈翼，鹭立而鸳鸯思。首戴德而背负仁，项荷义而膺抱信，足履正而尾系武。小音中钟，大音中鼓。延颈奋翼，五光备举。兴八风，降时雨，食有节，饮有仪，往有文，来有嘉，游必择地，饮不妄下。其鸣，雄曰节节，雌曰足足。晨鸣曰发明，昼鸣曰上朔，夕鸣曰归昌，昏鸣曰固常，夜鸣曰保长。其乐也，徘徘徊徊，雍雍喈喈。唯凤皇为能究万物，通天祉，象百状，达王道，率五音，成九德，备文武，正下国。故得凤之象，一则过之，二则翔之，三则集之，四则春秋居之，五则终身居之。”上文之下记载，汉昭帝始元三年至刘宋孝武帝建元元年间凤凰所见。

《太平御览·羽族部·卷二》：“《春秋孔演图》曰：凤，火精。《春秋元命苞》曰：火离为凤。《礼斗威仪》曰：君乘土而王，其政太平，则凤集于林苑。《春秋感精符》曰：王者，上感皇天，则鸾凤至。《春秋繁露》曰：恩及羽虫，则凤皇翔。《春秋运斗枢》曰：天枢得，凤皇翔。《春秋合诚图》曰：黄帝游玄扈洛上，与大司马容光等临观，凤皇衔图置帝，再拜受图。又曰：尧坐舟中，与太尉舜临观。凤皇负图授尧。图以赤玉为柙，长三尺，广八寸，厚五寸。黄玉检，白玉检，白玉绳封两端，其章曰‘天赤帝符玺’五字。”

诸史《五行志》视之不明羽虫之孽中记载凤凰，如《后汉书·五行志》记，汉安帝、章帝、桓帝与灵帝时，均有“五色大鸟”，以为是凤凰，其实多为羽虫之孽。类似的事情，《晋书》《宋书》《南齐书》等也有记载。《宋史·五行志》记载许多凤凰的故事，如：“景德元年五月庚寅午时，白州有三凤自东来，入城中，众禽围绕至万岁寺，栖百尺木上。身长九尺，高五尺，文五色，冠如金杯。申时北向而去。画图以闻。”《元史·五行志》亦有记：“至正十一年，广西庆远府有异禽双飞，见于述昆乡，飞鸟千百随之，盖凤凰云。其一飞去，其一留止者，为僮人射死，首长尺许，毛羽五色，有藏之以献于帅府者，久而其色鲜明如生云。”

# 十五、四　龙

四龙，有黄龙、赤龙、青龙、白龙。《宋书·符瑞志》："黄龙者，四龙之长也。不漉池而渔，德至渊泉，则黄龙游于池。能高能下，能细能大，能幽能冥，能短能长，乍存乍亡。赤龙、《河图》者，地之符也。王者德至渊泉，则河出《龙图》。"《太平御览·鳞介部·卷一》："《河图》曰：舜以太尉即位，与三公临观。黄龙五彩，负图出置舜前，以黄玉为柙，白玉检，黄金绳，黄芝为泥，章曰：黄帝符玺。(《春秋运斗枢》同）又曰：黄金千岁生黄龙，青金千岁生青龙，赤金千岁生赤龙，白金千岁生白龙，玄金千岁生玄龙。又曰：黄龙从洛水出，诣虞舜，鳞甲成字，舜令写之。写竟去。《星经》曰：东方七宿为苍龙。(凡有鳞之类，皆属于木，故龙为鳞虫之长。)《归藏·明夷》曰：昔夏后启土乘龙飞以登于天罼，皋陶占之曰吉。《周易·乾卦》曰：云行雨施，品物流形，时乘六龙。又《坤卦》曰：龙战于野，其血玄黄。又《文言》曰：云从龙。又《说卦》曰：震为龙。《易通卦验》曰：立夏，清风至，而龙升天。《尚书中候》曰：黄龙负卷舒图。又曰：青龙衔玄图。"

龙的故事，一是《宋书·符瑞志》有记："汉惠帝二年正月癸酉，两龙见兰陵人家井中。汉文帝十五年春，黄龙见成纪。汉宣帝甘露元年四月，黄龙见新丰。汉成帝鸿嘉元年冬，黄龙见真定。汉成帝永始二年二月癸未，黄龙见东莱。汉光武建武十二年六月，黄龙见东阿。汉章帝元和二年以来，至章和元年，凡三年，黄龙四十四见郡国。元和中，青龙见郡国。元和中，白龙见郡国。汉安帝延光元年八月辛卯，黄龙见九真。延光三年九月辛亥，黄龙见济南历城。延光三年十二月乙未，黄龙见琅邪诸县。延光四年正月壬午，黄龙二见东郡濮阳。汉桓帝建和元年二月，黄龙见沛国谯。汉桓帝元嘉二年八月，黄龙见济阴句阳，又见金城允街。汉桓帝永光元年八月，黄龙见巴郡。汉献帝延康元年三月，黄龙见谯。又郡国十三言黄龙见。”以下至刘宋孝武帝大明元年，有多例。二是《南齐书·祥瑞志》有记：“元徽三年，太祖在青溪宅，斋前池中忽扬波起浪，涌水如山，有金石响，须臾有青龙从池中出，左右皆见之。升明元年，青龙见齐郡。建元四年，青龙见顺阳郡清水县平泉湖中。永明七年，黄龙见曲江县黄池中，一宿二日。中兴二年，山上云障四塞，顷有玄黄五色如龙，长十余丈，从西北升天。”

《汉书》《后汉书》《晋书》《宋书》《魏书》《隋书》《旧唐书》《新唐书》《旧五代史》《宋史》《元史》《明史》《清史稿》诸史《五行志》皇之不极龙蛇之孽中，也记载了许多龙的事件。如《汉书·五行志》有记：“惠帝二年正月癸酉旦，有两龙见于兰陵廷东里温陵井中，至乙亥夜去。刘向以为龙贵象而困于庶人井中，象诸侯将有幽执之祸。其后吕太后幽杀三赵王，诸吕亦终诛灭。京房《易传》曰：‘有德遭害，厥妖龙见井中。’又曰：‘行刑暴恶，黑龙从井出。’”此例与上述《宋书·符瑞志》中的例子内容相同，预测结果却不同。

## 十六、灵　龟

灵龟,《宋书·符瑞志》:“灵龟者,神龟也。王者德泽湛清,渔猎山川从时则出。五色鲜明,三百岁游于蕖叶之上,三千岁常游于卷耳之上。知存亡,明于吉凶。禹卑宫室,灵龟见。玄龟书者,天符也。王者德至渊泉,则洛出龟书。”《太平御览·鳞介部·卷三》:“《周易》曰:或益之十朋之龟。又《说卦》曰:《离》为龟。京房《易纬》曰:灵蓍,四十九茎,下有千岁神龟守之。焦赣《易林》曰:龟厌江海,陆行不止,自令枯槁,失其都市。《尚书·皋陶谟》曰:昆命于玄龟。又《禹贡》曰:九江纳锡大龟。又曰:宁王遗我大宝龟。(文王也。遗我大宝龟,疑则卜之。)《尚书中候》曰:尧沉璧于洛,玄龟负书出,于背甲赤文朱字,止坛场。沉璧于河,黑龟出,赤文题。又曰:周公摄政七年,制礼作乐。成王观于洛,沉甋,礼毕,王退。有玄龟青纯苍光,背甲刻书,上跻于坛,赤文成字,周公写之。《洛书》曰:灵龟者,玄文五色,神灵之精也。上隆法天,下方法地。能见存亡,明于吉凶。王者不埔迒,尊耆老,则出。《洪范五行》曰:龟之言久也,千岁而灵,此禽兽而知吉凶者也。”

龟的故事,一是《宋书·符瑞志》有记:“魏文帝初,神龟出于灵池。吴孙权时,灵龟出会稽章安。魏元帝咸熙二年二月甲辰,朐䏰县获灵龟以献。晋长沙王乂坐同产兄楚王玮事,徙封常山,后还复国。在常山穿井,入地四丈,得白玉方三四尺。玉下有大石，其中有龟长二尺余，时人以为复国之祥。宋文帝元嘉十九年四月戊申，白龟见吴兴余杭，太守文道恩以献。元嘉二十年四月辛卯，白龟见吴兴余杭，扬州刺史始兴王浚以闻。元嘉二十四年十月甲午，扬州刺史始兴王浚获白龟以献。孝武帝大明三年三月戊子，毛龟见宣城广德，太守张辨以献。大明四年六月壬寅，车驾幸籍田，白龟见于千亩，尚书右仆射刘秀之以献。大明七年八月乙未，毛龟见新安王子鸾第，获以献。明帝泰始二年八月丙辰朔，四眼龟见会稽，会稽太守巴陵王休若以献。泰始二年八月丙寅，六眼龟见东阳长山，文如爻卦，太守刘勰以献。泰始六年九月已巳，八眼龟见吴兴故鄣，太守褚渊以献。明帝泰豫元年十月壬戌，义兴阳羡县获毛龟，太守王蕴以献。”二是《南齐书·祥瑞志》有记：“升明三年，太祖为齐王，白毛龟见东府城池中。建元二年，休安陵获玄龟一头。永明五年，武骑常侍唐潜上青毛神龟一头。七年六月，彭城郡田中获青毛龟一头。八月，延陵县前泽畔获毫龟一枚。八年四月，长山县王惠获六目龟一头，腹下有‘万欢’字，并有卦兆。六月，建城县昌城田获四目龟一头，下有‘万齐’字。”三是《魏书·灵征志下》有记：“世祖神䴥三年七月，冀州献白龟。王者不私人以官，尊耆任旧，无偏党之应。高祖兴安二年六月，营州送大龟。高祖延兴元年十二月，徐州竹邑戍士邢德于彭城南一百二十里，得蓍一株，四十九枝，下掘得大龟献之。诏曰：‘龟蓍与经文相合，所谓灵物也。德可赐爵五等。’三年六月，京师获大龟。肃宗神龟元年二月，获龟于九龙殿灵芝池，大赦改元。孝静武定三年十月，有司奏南兖州陈留郡民贾兴达于家庭得毛龟一。”

诸史《五行志》有貌之不恭龟孽一项，故事内容与《宋书·符瑞志》类同，但指向相反，一为祯祥，一为灾异。如《旧唐书·五行志》有记：“大足元年，虔州别驾得六眼龟，一夕而失。大历八年，京师金天门外水渠获毛龟。贞元三年，李纳献毛龟。”

## 十七、狐

狐，《宋书·符瑞志》：“白狐，王者仁智则至。九尾狐，文王得之，东夷归焉。”《太平御览·兽部·卷二十一》：“《山海经》曰：青丘之国，有狐而九尾。郭璞注曰：世平则出，为瑞也。《春秋潜潭巴》曰：白狐至国，民利。不至，下骄恣。”

狐的故事，一是《宋书·符瑞志》有记：“晋成帝咸康八年七月，燕王慕容皝上言白貉见国内。九尾狐，文王得之，东夷归焉。汉章帝元和中，九尾狐见郡国。魏文帝黄初元年十一月甲午，九尾狐见鄄城，又见谯。”二是《魏书·灵征志下》有记：“高祖太和二年十一月，徐州献黑狐。周成王时，治致太平而黑狐见。三年五月，获白狐王者仁智则至。十年三月，冀州获九尾狐以献。王者六合一统则见。周文王时，东夷归之。曰，王者不倾于色则至德至，鸟兽亦至。”

诸史《五行志》言之不从毛虫之孽中，记载狐的故事始于《魏书·灵征志上》，其中有两例“狐魅”的故事：“高祖太和元年五月辛亥，有狐魅截人发，时文，明太后临朝，行多不正之征也。肃宗熙平二年，自春，京师有狐魅截人发，人相惊恐。六月壬辰，灵太后召诸截发者，使崇训卫尉刘腾鞭之于千秋门外，事同太和也。”《隋书·五行志》记有一例狸，二例狐，一例狐魅。《旧唐书·五行志》记有：“大历二年三月，河中献玄狐。”其实，这个内容应该属于《符瑞志》。以后《新唐书》《旧五代史》《宋史》记载狐狸的故事，其指向都为灾异。

# 后　记

二〇〇六年，我在《文史知识》上，发表了第一篇关于《五行志》的文章《二十四史五行志丛谈》。此后我在海内外报刊上，不断开设专栏，陆续撰写《五行志》的相关文章，不下百余篇。但直到这部《五行志随笔》出版，却是我二十余年来，关于《五行志》研究的第一部著作。

常言说，写作，最崇尚厚积薄发。我的这一次《五行志》之旅，正是从几百万字的读书笔记、札记、丛考中，择取出二十几万字的专题文章，做起来不太费力，很快就完成了。但想到这么多年的辛劳，从不惑之年到年逾花甲，从耳聪目明到老眼昏花，夜灯昏暗，冷雨敲窗，那样的情境很苦吗？其实在我的内心，满满的都是快乐与欣慰。这样的读书生活，增进了我对于新旧知识的更多掌握，丰富了我对于历史进程的深刻了解，改变了我对于现实生活的种种认识，唤醒了我对于未来世界的无限期待。不过此时，当我回首写作的经历时，这样一些感受，似乎都如过眼云烟，显得不那么重要了。更大的快乐，却是我对读书过程的享受。疲倦的时候，懈怠的时候，失意的时候，苦闷的时候，躁动的时候，读书是一剂良药，它可以平复你脆弱的心灵，安抚你负面的情绪。读书又是一个自我重塑的过程，与故我告别，与新我融合，完成自我的否定之否定，最终使自己越出固化的生活窠臼，步入新的精神境界。那种快慰的感觉，流动于胸中，让我始终对未来的生活，充满热爱，充满激情。

其实很多年来，关于《五行志》研究，我一直说要出书，甚至在二〇一六年，我准备出版《五行占》，在我的请求下，江晓原先生的序言都写好了。最终我还是将那部书稿推倒重来，更名为《五行志丛考》，至今也没有拿出来。为了这一部随笔集，江晓原先生再一次接受我的请求，为本书写下新的序言。还有周山先生，我与他结识很早，他是一位通才，也是《周易》研究专家。早年他推荐我读《周易》《古史辨》等，对我一生的学术研究影响至深。这本随笔集完成之际，周山先生已经年届七十，他欣然答应赐序，让我倍感欣慰。

如今能够出版这部随笔集，还要感谢贺圣遂先生、鲍静静女士，他们的鼓励，让我有机会在自己巨大的资料库中，择取一杯甘醇的文化美酒，与有兴趣的读者分享。

庚子年十月十九搁笔

**图书在版编目（CIP）数据**

五行志随笔 / 俞晓群著 . —北京：商务印书馆，2022
ISBN 978-7-100-20661-7

Ⅰ. ①五…　Ⅱ. ①俞…　Ⅲ. ①五行—研究
Ⅳ. ① B2

中国版本图书馆 CIP 数据核字（2022）第 020088 号



**五行志随笔**

俞晓群　著

---

商　务　印　书　馆　出　版
（北京王府井大街 36 号　邮政编码 100710）
商　务　印　书　馆　发　行
苏州市越洋印刷有限公司印刷
ISBN 978-7-100-20661-7

---

2022 年 9 月第 1 版　　开本 890×1240　1/32
2022 年 9 月第 1 次印刷　　印张 13⅞

定价：98.00 元